OMG 박문각

박문각 공인중개사

이상기 필수서 ②차 공인중개사법 · 중개실무   이상기 편저

KB089529

WE DO
합격

노 하 우 가   합 격 을   만 든 다 !

PREFACE

이 책의 머리말

공인중개사 자격시험도 어느덧 제34회를 바라보고 있습니다. 청년기를 지나 장년을 향해 나아가고 있는 만큼 공인중개사 자격은 국민생활 속으로 자연스럽게 녹아들어 국민과 가장 가까운 곳에서 활동하며 보다 더 나은 삶을 살아갈 수 있도록 국민 곁에서 성장해 온 국가공인자격증이라고 할 수 있습니다.

공인중개사 자격시험은 그 회차가 거듭될수록 시험의 난이도는 점점 더 높아지고 있고, 응시자 숫자 또한 점점 그 수가 늘고 있는 상황입니다. 충분한 시간을 가지고 노력을 경주하여야 비로소 취득할 수 있는 국가공인자격증으로 그 취득의 어려움은 공지의 사실입니다.

공인중개사 2차 과목 중 공인중개사법·중개실무는 여타 2차 과목에 비하여 학습하기에 비교적 수월하여 고득점 전략과목이라 할 수 있습니다. 본 과목 외 부동산공법, 공시법, 세법 과목은 그 난이도에 있어 만만치 않은 과목들로 수험생분들은 공인중개사법·중개실무 과목에서 고득점하여 2차 평균 점수를 맞추는 데 활용하여야 할 것입니다.

본 필수서는 기본서의 방대한 양을 중요 논점 위주로, 출제경향 및 패턴을 분석하여 축약하여 만들었습니다. 본서의 특징은 암기코드를 만들어 쉽게 암기할 수 있도록 하였고, 표를 활용하여 한눈에 정리할 수 있게 하였습니다. 또한 중요 판례를 다수 수록하여 손쉽게 관련 판례까지 숙지할 수 있도록 하였습니다.

본서의 내용을 충분히 숙지하고 암기한다면 고득점은 그리 어려운 일이 아닐 것입니다. 본서가 제34회 공인중개사 자격시험 2차 공인중개사법·중개실무 과목 고득점의 이정표가 될 것으로 확신합니다.

끝으로 본서가 나오기까지 물심양면 도움 주신 박문각 출판사 관계자 여러분과 강남박문각 임직원분들께 감사드리며 사랑하는 가족들에게도 감사를 전합니다.

2023. 1.

시흥시 정왕동 행정사 사무실에서

이상기 씀

CONTENTS

이 책의 차례

PART 01

공인중개사 법령

제1장 총 칙	···· 8
제2장 공인중개사제도 및 교육제도	···· 16
제3장 중개업의 등록 및 결격사유	···· 25
제4장 중개업무	···· 34
제5장 개업공인중개사의 의무	···· 53
제6장 개업공인중개사의 보수	···· 96
제7장 개업공인중개사간의 상호협력	···· 102
제8장 보 칙	···· 112
제9장 지도·감독 및 각종 규제	···· 115

PART 02

부동산 거래신고 등에 관한 법령

제1장 부동산거래신고제	···· 132
제2장 주택임대차 계약 신고제	···· 148
제3장 외국인 등의 부동산 취득 등에 관한 특례	···· 153
제4장 토지거래허가제	···· 157

제1장 중개대상물의 조사·확인 · · · · 172

제2장 부동산거래 전자계약시스템 · · · · 180

제3장 중개실무 관련 개별 법령 · · · · 184

제4장 경매·공매 관련 실무 · · · · 210

PART

03

중개실무

제1장 총 칙
제2장 공인중개사제도 및 교육제도
제3장 중개업의 등록 및 결격사유
제4장 중개업무
제5장 개업공인중개사의 의무
제6장 개업공인중개사의 보수
제7장 개업공인중개사간의 상호협력
제8장 보 칙
제9장 지도·감독 및 각종 규제

공인중개사법령

Chapter 01

총 칙

🏠 법의 성격

이 법은 ① 부동산중개에 관한 기본법(일반법)이며, ② 민법과 상법에 대하여는 특별법이다. ③ 국내에서만 적용되는 국내법이며, ④ 공법적 성격과 사법적 성격을 모두 가지고 있는 중간법(사회법)의 성격을 지닌다.

① 법 제정의 목적(제1조)

> **법 제1조【목적】** 이 법은 공인중개사의 업무 등에 관한 사항을 정하여 그 '전문성'을 제고하고, 부동산 '중개업'을 건전하게 육성하여, '국민경제'에 이바지함을 목적으로 한다.

② 용어의 정의(제2조)

> **법 제2조【정의】** 이 법에서 사용하는 용어의 정의는 다음과 같다.
> 1. "중개"리 함온 제3조의 규정에 의한 중개대상물에 대하여 거래당사자간의 매매·교환·임대차 그 밖의 권리의 득실변경에 관한 행위를 알선하는 것을 말한다.
> 2. "공인중개사"라 함은 이 법에 의한 공인중개사자격을 취득한 자를 말한다.
> 3. "중개업"이라 함은 다른 사람의 의뢰에 의하여 일정한 보수를 받고 중개를 업으로 행하는 것을 말한다.
> 4. "개업공인중개사"라 함은 이 법에 의하여 중개사무소의 개설등록을 한 자를 말한다.
> 5. "소속공인중개사"라 함은 개업공인중개사에 소속된 공인중개사(개업공인중개사인 법인의 사원 또는 임원으로서 공인중개사인 자를 '포함'한다)로서 중개업무를 수행하거나 개업공인중개사의 중개업무를 보조하는 자를 말한다.
> 6. "중개보조원"이라 함은 공인중개사가 아닌 자로서 개업공인중개사에 소속되어 중개대상물에 대한 현장안내 및 일반서무 등 개업공인중개사의 중개업무와 관련된 단순한 업무를 보조하는 자를 말한다.

(Ⅰ) 중개(仲介)

① 의의: '중개'라 함은 법 제3조의 중개대상물(토지, 건축물 그 밖의 토지의 정착물, 입목, 광업재단, 공장재단 등)에 대하여 거래당사자간의 매매행위, 교환행위, 임대차행위 및 기타 (부동산에 관련한) 권리에 대한 득실변경(발생, 변경, 소멸)에 관한 행위를 알선하는 것을 말한다.

② 중개대상: 중개대상물(부동산)에 대한 거래계약행위(법률행위)를 중개의 대상으로 한다 (중개의 대상이 되는 권리에는 부동산에 대한 소유권, 임차권, 지상권, 지역권, 전세권, 저당권, 가등기담보권, 환매권의 이전, 유치권의 이전 등이 있다).

③ 중개행위의 법적 성질: 중개행위(알선행위)는 거래당사자의 거래행위를 도와주는 '사실행위'에 해당하며, '상행위'에 해당한다[독자적 자기업무로서, 사자(使者)나 대리인으로서의 행위가 아니다].

> **판례**
>
> **중개행위는 사실행위에 해당한다.**
> 중개행위는 당사자 사이에 매매 등 법률행위가 용이하게 성립할 수 있도록 조력하고 주선하는 사실행위라 할 것이다(대판 2003두14888).
>
> **중개행위는 상행위이다.**
> 부동산중개업무는 '기본적 상행위'에 해당하고, 상인이 영업을 위하여 하는 행위는 상행위이며, 상인의 행위는 영업을 위하여 하는 것으로 추정된다(대판 2007다66590).
>
> **일방중개도 중개에 해당된다.**
> 개업공인중개사가 거래당사자 '쌍방'으로부터 모두 중개의뢰를 받아야 하는 것은 아니며, 거래의 '일방' 당사자의 의뢰에 의해 중개대상물을 알선하는 경우도 중개업무에 포함된다(대판 94다47261).

④ 중개의 대상(부동산에 관한 권리)

중개대상인 권리	중개대상이 아닌 권리
• 소유권	• 질권(동산·권리)
• 임차권	• 점유권
• 지상권, 지역권, 전세권	• 유치권(법정담보물권)의 '**성립**'
• 저당권, 근저당권, 담보가등기	• 법정저당권의 '**성립**'
• (등기된) 환매권의 '**이전**'	• 법정지상권의 '**성립**'
• 유치권(목적물 + 피담보채권)의 '**이전**' 등	• **분묘기지권**
• 법정지상권의 '**이전**'	• 판결
• 법정저당권의 '**이전**'	• 상속, 증여, 경매, 공매 등 **법률**의 **규정**

판례 |||||||||||||||||||||||||||||||||||||||||||||||||||||||||||||||||||||||||||||||||||||||||||||||||||||||||||||||||||||||||||||||||||||||||||||||||||

저당권도 중개대상에 해당한다.
공인중개사법 제2조 제1호에서 말하는 '기타(그 밖의) 권리'에는 '저당권' 등 담보물권도 포함되고, 따라서 **타인의 의뢰에 의하여 일정한 수수료를 받고 저당권의 설정에 관한 행위의 알선을 업으로 하는 경우에는 중개업에 해당하고, 그 행위가 금전소비대차의 알선에 부수하여 이루어졌다 하여 달리 볼 것도 아니다**(대판 96도1641).

유치권의 '이전'도 중개대상에 해당한다.
유치권은 일신전속적이 아닌 재산권으로서 피담보채권과 목적물의 점유를 함께 '이전'하는 경우, 그 이전이 가능하다(서울행정법원 2001구860).

법정지상권의 이전도 중개대상에 해당한다.
법정지상권은 건물의 소유에 부속되는 종속적인 권리가 되는 것이 아니며 하나의 독립된 법률상의 물권으로서의 성격을 지니고 있는 것이기 때문에 건물의 소유자가 건물과 법정지상권 중 어느 하나만을 처분하는 것도 가능하다(대판 2000다1976).

💡 부동산에 관한 환매계약이 성립하도록 알선하는 것은 중개행위에 해당하며, 등기된 환매권의 양도를 알선하는 것도 중개행위에 포함된다.

(2) **중개업**(仲介業)

① **의의** : '중개업'이란 ㉠ 다른 사람의 의뢰에 의하여 ㉡ 일정한 보수를 받고 ㉢ 중개를 '업'으로 하는 것을 말한다. 즉, 위의 3가지 요건을 모두 구비한 경우에는 '중개업'에 해당된다.

② **중개업의 요건**

다른 사람의 '의뢰' (불특정 다수)	• 중개(의뢰)계약을 체결한다는 의미 • 쌍방의뢰(쌍방중개)일 수도 있고, 일방의뢰(일방중개)일 수도 있다. • 특정인만을 대상으로 한 경우에는 중개업이 아니다.
일정한 '보수' (영리추구목적)	• 법정한도 범위 내에서 중개보수를 받아야 한다. • 중개보수를 받기로 약속하거나 요구만 한 상태가 아니라, 현실적으로 받아야 중개업에 해당된다. • 보수를 받지 않으면 중개업이 아니다.
중개행위	• 중개대상물에 대한 거래행위를 알선
'업(業)**'으로 하는 것** (계속적·반복적 행위)	• 중개를 직업적으로 행하는 것을 말한다. • 어떠한 행위를 직업적으로 행한다는 것은, 불특정다수를 대상으로 계속적·반복적으로 영리를 목적으로 한다는 의미이다. • 일시적으로 '우연히' 1회를 한 경우에는 중개업이 아니다.
무등록중개의 경우	• **무등록중개업을 하면 3년 이하의 징역 또는 3천만원 이하의 벌금으로 처벌된다.** • 그러나 무등록인 상태라도 '중개업'에 해당하지 '않는' 경우에는 처벌되지 아니 한다.

판례

수수료를 현실적으로 받아야 중개업에 해당한다.
중개대상물의 거래당사자들로부터 수수료를 현실적으로 받지 아니하고, **단지 수수료를 받을 것을 약속하거나 거래당사자들에게 수수료를 요구하는 데 그친 경우에는 '중개업'에 해당한다고 할 수 없어, 무등록중개행위로서의 처벌대상이 아니다**(대판 2006도4842).

알선 · 중개를 '업으로 한다'의 의미
① 공인중개사법 제2조 제1호 소정의 '알선 · 중개를 업으로 한다.' 함은 반복 · 계속하여 영업으로 알선 · 중개를 하는 것을 의미한다고 해석하여야 할 것이므로, **알선 · 중개를 업으로 하였는지의 여부는 알선 · 중개행위의 반복 계속성, 영업성 등의 유무와 그 행위의 목적이나 규모, 회수, 기간, 태양 등 여러 사정을 종합적으로 고려하여 사회통념에 따라 판단하여야 할 것인 즉,** ② 우연한 기회에 단 1회 건물전세 계약의 중개를 하고 수수료를 받은 사실만으로는 알선 · 중개를 업으로 한 것이라고 볼 수 없다(대판 88도998).

(3) 공인중개사

① **의의**: 이 법에 의하여 공인중개사 자격을 취득한 자를 말한다.

② **종류**: 공인중개사의 종류는 다음과 같다.
  ㉠ 공인중개사
  ㉡ 공인중개사인 개업공인중개사
  ㉢ 소속공인중개사

(4) 개업공인중개사(開業公認仲介士)

① **의의**: '개업공인중개사'란 이 법에 의하여 중개사무소를 개설 '등록'을 한 자를 말한다.

② **종류**: 개업공인중개사에는 아래와 같은 종류가 있다.
  ㉠ 법인인 개업공인중개사(중개법인)
  ㉡ 공인중개사인 개업공인중개사
  ㉢ 부칙상의 개업공인중개사

(5) 소속공인중개사

'소속공인공인중개사'란 개업공인중개사에 소속된 공인중개사(개업공인중개사인 법인의 사원 · 임원으로서 공인중개사인 자를 포함한다)로서 중개업무를 수행하거나 개업공인중개사의 중개업무를 보조하는 자를 말한다.

(6) 중개보조원

'중개보조원'이란 공인중개사가 아닌 자로서 개업공인중개사에 소속되어 중개대상물에 대한 현장안내 및 일반서무 등 중개업무와 관련된 단순업무를 보조하는 자를 말한다.

③ 중개대상물(제3조)

> **법 제3조【중개대상물의 범위】** 이 법에 의한 중개대상물은 다음 각 호와 같다.
> 1. 토지
> 2. 건축물 그 밖의 토지의 정착물
> 3. 그 밖에 대통령령이 정하는 재산권 및 물건
>
> **시행령(대통령령) 제2조【중개대상물의 범위】** 「공인중개사법」 제3조 제3호의 규정에 따른 중개대상물은 다음 각 호와 같다.
> 1. 「입목에 관한 법률」에 따른 입목
> 2. 「공장 및 광업재단 저당법」에 따른 공장재단 및 광업재단

(1) 중개대상물

토 지	• 1필지 토지의 일부(용익물권, 임차권의 중개) • 사유(私有)하천(소유권, 저당권의 이전 및 설정 중개)
	〈중개대상 아닌 것〉 • 1필지 토지의 일부에 대한 소유권이전 및 저당권 설정은 불가하다. • 대토권(代土權)
건 물	• 민법상의 건물 개념이다(기둥 + 지붕 + 주벽). • 1동 건물의 일부(전세권, 임대차) • 미등기 · 무허가건물 • 장래의 건물(분양권) • 재건축 · 재개발 입주권(도정법, 빈집법)
	〈중개대상 아닌 것〉 • 세차장구조물, 주택법상의 입주권(청약통장 등)
기타 토지의 정착물	• **명인방법을 갖춘** 수목의 집단(소유권 이전의 중개)
입 목	• 수목의 집단이 입목법에 따라 입목등기된 것 • 소유권보존등기를 한 수목의 집단
광업재단	• 광업기업의 재산으로서 재단목록을 작성하여 재단등기를 한 것을 말한다.
공장재단	• 공장기업의 재산으로서 재단목록을 작성하여 재단등기를 한 것을 말한다.
	〈중개대상 아닌 것〉 어업재단, 항만운송사업재단 등

중개대상물은 개업공인중개사만이 직업적으로 중개업을 할 수 있는 개업공인중개사의 고유하고도 전속적인 중개대상물이며, 일반인은 이에 대한 중개를 '업'으로 할 수 없고, 위반하면 무등록중개업자로 처벌(3년 또는 3천)된다.

판례

대토권(代土權)은 중개대상물이 아니다.

1. **대토권은 이 사건 주택이 철거될 경우 일정한 요건하에 택지개발지구 내에 이주자 택지를 공급받을 지위에 불과하고, 특정한 토지나 건물에 해당한다고 볼 수 없으므로, 법 제3조에서 정한 중개대상물에 해당하지 않는다고 볼 것이다.**

2. 또한 이 사건 대토권의 매매 등을 알선한 행위가 공제사업자를 상대로 개업공인중개사의 손해배상책임을 물을 수 있는 중개행위에 해당한다고 할 수 없다(대판 2011다23682).

중개대상물로서의 건축물의 의미

1. 중개대상물의 범위에 관하여 토지와 '건축물, 그 밖의 토지의 정착물' 등을 규정하고 있는바, **여기서 말하는 '건축물'은 민법 제99조상의 부동산에 해당하는 건축물에 한정되어야 할 것이다.** 그런데 법률상 독립된 부동산으로서의 건물이라고 하려면 최소한의 기둥과 지붕, 그리고 주벽이 이루어져야 할 것이다.

2. **세차장구조물은** 콘크리트 지반 위에 볼트조립방식 등을 사용하여 철제 파이프 또는 철골의 기둥을 세우고 그 상부에 철골 트러스트 또는 샌드위치 판넬 지붕을 덮었으며, 기둥과 기둥 사이에 차량이 드나드는 쪽을 제외한 나머지 2면 또는 3면에 천막이나 유리 등으로 된 구조물로서 주벽이라고 할 만한 것이 없고, 볼트만 해체하면 쉽게 토지로부터 분리 · 철거가 가능하므로 이를 토지의 정착물이라 볼 수는 없다고 할 것이다(대판 2008도9427). 그러므로 이는 **중개대상물로 인정할 수 없다.**

분양권과 (주택법상의) 입주권

1. 〈분양권은 중개대상물이다〉 부동산중개업법 제3조 제2호에 규정된 중개대상물 중 '건물'에는 기존의 건축물뿐만 아니라, 장차 건축될 특정의 건물도 포함된다고 볼 것이므로 **아파트의 특정 동, 호수에 대하여 피분양자가 선정되거나 분양계약이 체결된 후에는 그 특정아파트가 완성되기 전이라 하여도 이에 대한 매매 등 거래를 중개하는 것은 '건물'의 중개에 해당한다**(대판 2004도62).

2. 특정 동 · 호수에 대하여 피분양자가 선정되거나 분양계약이 체결되지는 않았으나 아파트 전체의 건축이 완료됨으로써 분양 대상이 될 세대들이 객관적으로 존재하여 분양목적물로의 현실적인 제공이 가능한 상태에 이르렀다면, 이에 대한 거래를 중개하는 것은 건축물의 중개에 해당한다(대판 2010다16519).

3. 〈주택법상의 입주권은 중개대상물이 아니다〉 특정한 아파트에 입주할 수 있는 권리가 아니라 아파트에 대한 추첨기일에 신청을 하여 당첨이 되면 **아파트의 분양예정자로 선정될 수 있는 지위를 가리키는 데에 불과한 "입주권"은** 부동산중개업법 제3조 제2호 소정의 **중개대상물인 건물에 해당한다고 보기 어렵다**(대판 90도1287).

4. 〈재건축 · 재개발 입주권은 중개대상물이다〉 도시 및 주거환경정비법상의 사업계획승인을 얻어서 건설 공급하는 주택의 입주자로 선정된 지위(소위, 재건축 · 재개발 입주권)는 거래가능하고, 중개가능하다. 매매계약의 경우에는 부동산거래신고의 대상이기도 하다.

권리금은 중개대상물이 아니다.

영업용 건물의 영업시설 · 비품 등 유형물이나 거래처, 신용, 영업상의 노하우 등 무형의 재산적 가치 (이른바 권리금)는 중개대상물이라고 할 수 없으므로, 그러한 유 · 무형의 재산적 가치의 양도에 대하여 이른바 "권리금" 등을 수수하도록 중개한 것은 중개행위에 해당하지 아니한다(대판 2005도6054).

(2) 중개대상물이 되기 위한 요건

법정중개대상물 해당	• 법정 중개대상물에 우선 해당되어야 한다. • 권리금, 자동차, 선박, 항공기 등은 중개대상물이 아니다.
거래가능성	• 사적 소유의 대상으로서 거래가 가능해야 한다. 〈중개대상 제외〉 • 국 · 공유재산 • 공도(公道) • 공유수면(公有水面) : 바다, 하천 • 포락지 • 무주의 부동산 • 미채굴 광물
중개가능성	• 법률행위이어야 한다. [법률의 규정에 의하여 성립되는 것은 중개대상이 아니다.] • 법정지상권의 성립, 유치권의 성립, 분묘기지권, 상속, 경매, 공용수용 등은 중개개상이 아니다. • 환매권의 행사 = (중개의 개입여지가 없다)

≪◆ 시행령규정

구 분	입 목	광업재단	공장재단
근거법	입목에 관한 법률	광업재단저당법	공장저당법
개 념	입목법에 의해 등기된 수목의 집단	광산에 속하는 일단의 기업재산	공장에 속하는 일단의 기업재산
범위 (구성)	• 입목등기시 수종(나무 종류)이나 수량 (나무의 숫자)의 제한은 없다. • 입목은 1필의 토지 전부 또는 일부에 생육하고 있어도 등기가 가능하다.	• 기업재산의 전부 또는 일부로써 구성	
요 건	• 입목등록원부에 등록	• 재단목록을 작성	

	• 소유권, 저당권의 목적이 된다(공장재단의 경우는 저당권자의 동의가 있으면 임대차가 가능).	
	• 명인방법을 갖춘 수목의 집단은 소유권의 대상은 되나 저당권의 대상은 되지 않는다는 점에서 입목과 구별된다.	
소유권 보존등기	• 토지소유권, 지상권의 처분의 효력은 입목에 영향을 미치지 아니한다(토지와 별개의 부동산).	• 집합물로서 일체성 인정 : 재단 전체를 1개의 부동산으로 취급한다.
	• 입목에 대한 저당권의 효력은 그 지반인 토지에는 미치지 않는다.	• 재단을 구성하는 각각의 구성물들은 재단과 구별하여 분리 처분할 수 없다.
	• 입목에 대한 저당권의 효력은 벌채된 입목에도 미친다.	• 재단 등기 후, 10월이 경과되도록 저당권설정이 없는 경우에는 재단등기는 실효된다.
	• 저당권 존속기간 내 벌채된 경우 저당권자는 경매권 인정(대금은 공탁)	
	• 이 경우 입목소유자는 상당한 담보를 공탁하고 경매의 면제를 신청할 수 있다.	
	• 지상권자 또는 토지의 임차인에게 속하는 입목이 저당권의 목적이 되어 있는 경우에는 지상권자 또는 임차인은 저당권자의 승낙 없이 그 권리를 포기하거나 계약을 해지할 수 없다(입목법 제7조).	
	• 입목과 토지가 동일인 소유이었다가 저당권실행으로 입목과 토지의 소유자가 달라진 경우에는 토지소유자는 입목소유자에게 지상권을 설정한 것으로 본다. 법정지상권이 성립(입목법 제6조) : 지료는 당사자 협의	
공 시	• 토지등기부 '표제부'에 입목등기번호가 표시된다.	• 그 재단에 속한 부동산 등의 등기부 '해당구(상당구) 사항란'에 공장재단(광업재단)에 속하였다는 취지가 기재된다.

Chapter 02 공인중개사제도 및 교육제도

① 공인중개사 자격시험제도

(1) 시험시행기관

① **원칙**: 특별시장, 광역시장, 도지사

② **예외**: 국토교통부 장관(시험수준의 균형유지 등을 위하여 필요한 때에는 공인중개사 <u>정책심의위원회의 의결을 거쳐</u>)

③ **위탁시행**: 협회 및 대통령령으로 정하는 자

(2) 출제위원: 학식과 경험이 풍부한 자

① 부동산중개업무 및 관련 분야에 관한 학식과 경험이 풍부한 자 중에서, 시험시행기관장이 임명 또는 위촉한다.

② **성실의무 위반으로 신뢰도를 현저히 저하시킨 경우**: 명단을 다른 시험시행기관장 및 그 출제위원이 소속하고 있는 기관의 장에게 통보 ⇨ 국토교통부장관 또는 시ㆍ도지사는 '5년간' 출제위원으로 위촉하여서는 아니 된다.

(3) 응시결격사유

> ① **자격이 취소되고 "3년"이 경과되지 아니한 자**는 시험에 응시할 수 없다.
> ② **시험무효 처분일로부터 "5년"이 경과되지 아니한 자**는 시험에 응시할 수 없다.
> ㉠ 시험시행기관의 장은 시험에서 부정한 행위를 한 응시자에 대하여는 그 시험을 무효로 하고, 그 처분이 있는 날부터 5년간 시험응시자격을 정지한다.
> ㉡ 시험시행기관의 장은 부정행위를 한 자의 명단을 지체 없이 이를 다른 시험시행기관의 장에게 통보하여야 한다.

(4) 응시원서 + 응시수수료

① **원칙**: 지방자치단체조례(특ㆍ광 시ㆍ도 조례)

② **국토부장관이 직접 시행하는 경우**: 국토부장관이 결정ㆍ공고하는 수수료

③ **위탁시행의 경우**: 업무를 '위탁받은 자'가 위탁한 자의 승인을 얻어 결정ㆍ공고

④ **응시수수료의 반환**: 시험시행기관의 장은 응시수수료를 납부한 자가 응시의사를 철회하는 경우에는 응시수수료의 전부 또는 일부를 반환하여야 한다.

> ㉠ 수수료를 과·오납한 경우에는 그 과·오납한 금액의 "전부"
> ㉡ 시험시행기관의 귀책사유로 시험에 응하지 못한 경우에는 납입한 수수료의 "전부"
> ㉢ 응시원서 접수기간 내에 접수를 취소하는 경우에는 납입한 수수료의 "전부"
> ㉣ 응시원서 접수마감일의 다음 날부터 7일 이내에 접수를 취소하는 경우에는 납입한 수수료의 "100분의 60"
> ㉤ 위에서 정한 기간을 경과한 날부터 시험시행일 "10일 전까지" 접수를 취소하는 경우에는 납입한 수수료의 "100분의 50"

⑸ **시험의 공고**(관보 및 일간신문)

① **개략적 공고**: "2월 28일"까지

② **구체적 공고**: 시행일 "90일" 전까지

⑹ **시험시기**

시험은 매년 "1회 이상" 시행한다(다만, 시험시행기관의 장은 시험을 실시하기 어려운 부득이한 사정이 있는 경우에는 <u>정책심의위원회의 의결을 거쳐</u> 당해 연도의 시험을 생략할 수 있다).

⑺ **자격증의 교부**: 시·도지사

① 시험시행기관의 장은 시험의 합격자가 결정된 때에는 이를 공고하여야 한다.

② "시·도지사"는 시험합격자 결정공고일로부터 "1개월" 이내에 시험합격자에 관한 사항을 공인중개사자격증 교부대장에 기재한 후, 당해 시험합격자에게 공인중개사자격증을 교부하여야 한다.

③ 자격증 교부대장은 전자적 처리가 불가능한 특별한 사유가 없으면 전자적 처리가 가능한 방법으로 작성·관리하여야 한다.

④ 자격증을 잃어버리거나(분실), 못쓰게 된 경우(훼손)에는 당해 자격증을 "교부한 시·도지사에게" 자격증 재교부를 신청할 수 있다(수수료 납부).

② 자격증의 관리

(1) 자격증 양도 · 대여 등의 금지

위반시 "자격취소" 사유에 해당되며, 또한 "1년 이하의 징역 또는 1천만원 이하의 벌금" 사유에도 해당된다. 자격증을 양수 · 대여받은 자는 1년 이하의 징역 또는 1천만원 이하의 벌금사유에 해당된다.

> **판례**
>
> **자격증 양도 대여**
> 1. '공인중개사자격증의 대여'란 다른 사람이 그 자격증을 이용하여 공인중개사로 행세하면서 공인중개사의 업무를 행하려는 것을 알면서도 그에게 자격증 자체를 빌려주는 것을 말한다(대판 2006도9334).
> 2. 공인중개사가 무자격자로 하여금 그 공인중개사 명의로 개설등록을 마친 중개사무소의 경영에 관여하거나 자금을 투자하고 그로 인한 이익을 분배받도록 하는 경우라도, **공인중개사 자신이 그 중개사무소에서 공인중개사의 업무인 부동산거래 중개행위를 수행하고 무자격자로 하여금 공인중개사의 업무를 수행하도록 하지 않는다면, 이를 가리켜 등록증 · 자격증의 대여를 한 것이라고 말할 수는 없다**(대판 2006도9334).
> 3. **무자격자가 공인중개사의 업무를 수행하였는지 여부는 외관상 공인중개사가 직접 업무를 수행하는 형식을 취하였는지 여부에 구애됨이 없이 실질적으로 무자격자가 공인중개사의 명의를 사용하여 업무를 수행하였는지 여부에 따라 판단하여야 한다**(대판 2006도9334).
> 4. 공인중개사가 비록 스스로 몇 건의 중개업무를 직접 수행한 바 있다 하더라도, 적어도 **무자격자가 성사시킨 거래에 관해서는 무자격자가 거래를 성사시켜 작성한 계약서에 자신의 인감을 날인하는 방법은 자신이 직접 공인중개사 업무를 수행하는 형식만 갖추었을 뿐, 실질적으로는 무자격자로 하여금 자기 명의로 공인중개사 업무를 수행하도록 한 것이므로, 이는 공인중개사자격증의 대여행위에 해당한다**(대판 2006도9334).
> 5. 공인중개사가 자신의 명의로 중개사무소 개설등록이 되어 있으나, 실제로는 공인중개사가 아닌 자가 주도적으로 운영하는 형식(즉, 자격증 등록증 양도 대여형식)으로 동업하여 중개사무소를 운영한 경우에, **자격증 명의자가 일방적으로 폐업신고를 하였다 하여, 대여 받은 자의 업무를 방해한다는 이유로 형법상의 업무방해죄로 처벌되지는 않는다**(대판 2006도6599). 즉, 불법으로 자격증 대여를 받아서 영업하는 것은 법에서 보호하는 정당하고 적법한 업무로 보지 않기 때문에 보호되지 않는다. 다만, 위의 경우에 자격증 등록증 양도 대여로는 당연히 처벌된다.

(2) 유사명칭의 사용금지

공인중개사 "아닌 자"는 공인중개사 또는 이와 유사한 명칭을 사용하지 못한다. 이를 위반시에는 "1년 이하의 징역 또는 1천만원 이하의 벌금"에 처한다.

┌─────┐
│판례 │||||||||||||||||||||||||||||||||||||||||||||||||||||||||||||||||||||||||||||||||||||||||||||||||||||||||||||||||||||
└─────┘

유사명칭 사용

'중개사무소의 대표자'를 가리키는 명칭은 일반인으로 하여금 그 명칭을 사용하는 자를 공인중개사로 오인하도록 할 위험성이 있는 것으로 공인중개사법 제28조가 사용을 금지하는 '공인중개사와 유사한 명칭'에 해당한다. 그러므로 **무자격자가 자신의 명함에 '부동산뉴스 대표'라는 명칭을 기재하여 사용한 것이 공인중개사와 유사한 명칭을 사용한 것에 해당한다**(대판 2006도9334).

③ 공인중개사 정책심의위원회

1) 정책심의위원회 : 국토부 소속의 임의기관

① 공인중개사의 업무에 관한 중요한 사항들을 심의하기 위하여 **"국토교통부"**에 '공인중개사 정책심의위원회'를 **"둘 수 있다."**

② '국토교통부' 관할이며, 또한 필수기관이 아닌 '임의기관'에 해당한다.

2) 정책심의위원회의 심의사항

① 정책심의위원회에서는 다음의 사항을 심의한다(법 제4조의2 제1항).

시	1. (공인중개사의 **시험** 등) 공인중개사의 '**자격취득**'에 관한 사항
육	2. 부동산 중개업의 '**육성**'에 관한 사항
변	3. 중개 '**보수 변경**'에 관한 사항
손	4. '**손해배상책임**'의 보장 등에 관한 사항

② **심의사항의 구속력** : 심의위원회에서 공인중개사 자격취득에 관한 사항을 정하는 경우에는 시·도지사(특별시장·광역시장·도지사·특별자치도지사)는 이에 따라야 한다.

3) 정책심의위원회의 구성과 운영

(1) 구 성

① **전체구성** : 심의위원회는 '위원장 1명을 포함한 7명 이상 11명 이내의 위원'으로 구성

② **위원장** : (심의위원회) '위원장'은 국토교통부 '제1차관'이 된다.

③ 위 원

㉠ 구성 : (심의위원회) '위원'은 다음의 어느 하나에 해당하는 사람 중에서 '국토교통부장관'이 임명하거나 위촉한다.

공무원	1. **국토교통부의 4급 이상** 또는 이에 상당하는 공무원이나 **고위공무원단에 속하는 일반직공무원**
변, 회, 부, 소	2. '**변호사**' 또는 공인'**회계사**'의 자격이 있는 사람 3. '**부교수**' 이상의 직(職)에 재직하고 있는 사람 4. 소비자단체 또는 한국 '**소비자원**'의 임직원으로 재직하고 있는 사람
추천자	5. 공인중개사협회에서 **추천하는 사람** 6. 공인중개사자격시험의 시행에 관한 업무를 위탁받은 기관(산업관리공단)의 장이 **추천하는 사람** 7. 비영리민간단체에서 **추천한 사람**
전문가	8. 부동산·금융 관련 분야에 **학식과 경험이 풍부한 사람**

ⓒ 임기: 위원의 임기는 위의 2. ~ 8.까지의 위원은 **임기를 "2년"으로 한다.** 위원의 사임 등으로 새로 위촉된 위원의 임기는 전임위원 임기의 **"남은 기간"**으로 한다.

④ **간사**: 심의위원회에 사무를 처리할 '간사' 1명을 둔다. 간사는 심의위원회의 위원장이 국토교통부 소속 공무원 중에서 지명한다.

⑵ **운 영**

① 심의위원회의 회의는 재적위원 **"과반수"**의 출석으로 개의(開議)하고, 출석위원 **"과반수"**의 찬성으로 의결한다.

② 심의위원회에 출석한 위원 및 관계 전문가에게는 예산의 범위에서 수당과 여비를 지급할 수 있다. 다만, 공무원인 위원이 그 소관 업무와 직접적으로 관련되어 심의위원회에 출석하는 경우에는 그러하지 아니하다.

③ 위의 규정한 사항 외에 심의위원회의 운영 등에 필요한 기타의 사항(기타의 운영세칙)은 심의위원회 의결을 거쳐 위원장이 정한다.

4) 위원장의 직무

① **"위원장"**은 심의위원회를 대표하고, 심의위원회의 업무를 총괄한다.

② **"위원장"**은 심의위원회의 회의를 소집하고, 그 의장이 된다.

③ 위원장이 심의위원회의 회의를 소집하려면 회의 **'개최 7일 전'**까지 회의의 일시, 장소 및 안건을 각 위원에게 통보하여야 한다. 다만, 긴급하게 개최하여야 하거나 부득이한 사유가 있는 경우에는 회의 **'개최 전날'**까지 통보할 수 있다.

④ 위원장은 심의에 필요하다고 인정하는 경우 관계 전문가를 출석하게 하여 의견을 듣거나 의견 제출을 요청할 수 있다.

⑤ 위원장이 부득이한 사유로 직무를 수행할 수 없을 때에는 위원장이 미리 **"지명한 위원"**이 그 직무를 대행한다.

5) 위원의 제척·기피·회피 등

① **위원의 제척사유** : 심의위원회의 위원이 다음의 어느 하나에 해당하는 경우에는 심의위원회의 심의·의결에서 "제척(除斥)"된다.

당사자	1. 위원(또는 그 배우자나 배우자이었던 사람)이 **해당 안건의 "당사자"**(당사자가 법인·단체 등인 경우에는 그 임원을 포함)가 되거나 그 안건의 당사자와 공동권리자 또는 공동의무자인 경우
친 족	2. 위원이 해당 안건의 당사자와 **"친족"이거나 친족이었던 경우**
참고인·감정인	3. 위원이 해당 안건에 대하여 증언, 진술, 자문, 조사, **"연구, 용역"또는 감정을 한 경우**
대리인	4. 위원(이나 위원이 속한 법인·단체 등)이 해당 안건의 당사자의 **"대리인"이거나 대리인이었던 경우**

② **위원의 회피** : '위원 본인'이 제척사유에 해당하는 경우에는 '스스로' 해당 안건의 심의·의결에서 '회피(回避)'하여야 한다.

③ **국토부장관의 해촉** : '국토교통부장관'은 위원이 제척사유에 해당하는 데에도 불구하고 **회피하지 아니한 경우에는 해당 위원을 '해촉(解囑)'할 수 있다.**

④ **당사자의 기피** : 해당 안건의 '당사자'는 위원에게 공정한 심의·의결을 기대하기 어려운 사정이 있는 경우에는 심의위원회에 '기피 신청'을 할 수 있고, 심의위원회는 '의결'로 이를 결정한다. 이 경우 기피 신청의 대상인 위원은 그 의결에 참여하지 못한다.

④ 교육제도

1) 실무교육(實務敎育)

(1) 실무교육의 수료의무와 면제

① 중개사무소의 '개설등록을 하고자' 하는 자는 '등록신청일 전 1년 이내'에 "시·도지사"가 실시하는 "실무교육"을 수료하여야 한다.

② 중개법인의 '임원(사원)'이 되고자 하는 자는 중개법인의 등록신청일 전 '1년 이내'에 실무교육을 받아야 한다.

③ 중개법인의 분사무소의 '책임자'가 되고자 하는 자는 분사무소 설치신고일 전 '1년 이내'에 실무교육을 받아야 한다.

④ '소속공인중개사'는 개업공인중개사의 고용신고일 전 '1년 이내'에 실무교육을 받아야 한다.

⑤ **실무교육의 면제**

〈실무교육의 면제〉 다만, 다음의 경우는 실무교육이 면제된다.
㉠ 폐업신고 후 "**1년 이내**"에 중개사무소의 개설등록을 다시 신청하려는 자
㉡ 개업공인중개사로서 폐업신고를 한 후 "**1년 이내**"에 소속공인중개사로 고용신고를 하려는 자
㉢ 고용관계 종료신고 후 "**1년 이내**"에 고용신고를 다시 하려는 자
㉣ 소속공인중개사로서 고용관계 종료신고 후 "**1년 이내**"에 중개사무소의 개설등록을 신청하려는 자

⑵ **실무교육의 내용 및 시간**

① **교육내용**: 개업공인중개사 및 소속공인중개사의 직무수행에 필요한 "**법률지식, 부동산중개 및 경영 실무, 직업윤리**" 등

② **교육시간**: "28시간 이상 32시간 이하"

2) 연수교육(研修敎育)

⑴ **연수교육의 대상**

① 실무교육을 받은 '개업공인중개사' 및 '소속공인중개사'는 실무교육을 받은 후, '2년마다' "시·도지사"가 실시하는 "연수교육"을 받아야 한다.

② 연수교육의 실시권자는 '시·도지사'이며, 연수교육의 대상은 실무교육을 받은 개업공인중개사나 소속공인중개사를 대상으로 하며, 기간은 '실무교육을 받은 후' '2년'마다 연수교육을 받아야 한다.

⑵ **연수교육의 통지**

시·도지사는 연수교육을 실시하려는 경우 실무교육 또는 연수교육을 받은 후 '**2년이 되기 2개월 전까지**' 연수교육의 일시·장소·내용 등을 대상자에게 통지하여야 한다.

⑶ **연수교육의 내용 및 시간**

① **교육내용**: 부동산중개 관련 법·제도의 "**변경사항**, 부동산중개 및 경영 실무, 직업윤리" 등

② **교육시간**: "12시간 이상 16시간 이하"

⑷ **위반시 제재**

연수교육을 정당한 사유 없이 받지 아니한 자에 대하여는 "500만원 이하의 과태료"를 '시·도지사'가 부과한다.

3) 직무교육(職務敎育)

(1) 직무교육의 수료의무

① '중개보조원'은 고용신고일 전 1년 이내에 "시 · 도지사 또는 등록관청"이 실시하는 '직무교육'을 받아야 한다.

② 직무교육의 실시권자는 '시 · 도지사' 또는 '등록관청'이며, 직무교육의 대상은 '중개보조원'이 되고자 하는 자이다.

(2) 직무교육의 면제

중개보조원의 고용관계 종료신고 후, "1년 이내"에 고용신고를 다시 하려는 자는 직무교육이 면제된다.

(3) 직무교육의 내용 및 시간

① **교육내용** : 중개보조원의 직무수행에 필요한 "직업윤리" 등

② **교육시간** : "3시간 이상 4시간 이하"

4) 교육의 지침

① **국토교통부장관의 교육지침** : "국토교통부장관"은 시 · 도지사가 실시하는 실무교육, 직무교육 및 연수교육의 전국적인 균형유지를 위하여 필요하다고 인정하면 해당 '교육의 지침'을 마련하여 시행할 수 있다.

② **교육지침의 내용** : 교육지침에는 다음 각 호의 사항이 포함되어야 한다.

> 1. **교육의 목적**
> 2. **교육대상**
> 3. **교육과목 및 교육시간**
> 4. **강사의 자격**
> 5. **수강료**
> 6. 수강신청, 출결(出缺) 확인, 교육평가, 교육수료증 발급 등 **학사 운영** 및 관리
> 7. 그 밖에 균형 있는 교육의 실시에 필요한 기준과 절차

5) (부동산거래) 사고예방교육

(1) 사고예방교육의 실시

"국토교통부장관, 시 · 도지사 및 등록관청"은 필요하다고 인정하면 대통령령으로 정하는 바에 따라 개업공인중개사 등의 '부동산거래사고 예방을 위한 교육'을 "실시<u>할 수</u>" 있다.

(2) 사고예방교육의 통지

국토교통부장관, 시·도지사 및 등록관청은 부동산거래질서를 확립하고, 부동산거래사고로 인한 피해를 방지하기 위하여 부동산거래사고 예방을 위한 교육을 실시하려는 경우에는 교육일 '10일 전까지' 교육일시·교육장소 및 교육내용, 그 밖에 교육에 필요한 사항을 공고하거나 교육대상자에게 통지하여야 한다.

(3) 교육비의 지원

① 국토교통부장관, 시·도지사 및 등록관청은 개업공인중개사 등이 부동산거래사고 예방 등을 위하여 교육을 받는 경우에는 대통령령으로 정하는 바에 따라 필요한 비용을 지원할 수 있다.

② 부동산거래사고 예방 등의 교육을 위하여 지원할 수 있는 비용은 다음과 같다.

> 1. 교육시설 및 장비의 설치에 필요한 비용
> 2. 교육자료의 개발 및 보급에 필요한 비용
> 3. 교육 관련 조사 및 연구에 필요한 비용
> 4. 교육실시에 따른 강사비

≫◆ 교육별 비교표

구 분	실무교육	연수교육	직무교육	사고예방교육
실시권자	시·도지사	시·도지사	시·도지사 또는 등록관청	국장, 시·도지사, 등록관청
대상자	개업공인중개사, 임원(사원), 분사무소 책임자, 소속공인중개사(중개보조원은 제외)		중개보조원	개업공인중개사 "등"
기 간	(사전) 1년 이내	매 2년마다	(사전) 1년 이내	—
교육시간	28~32시간	12~16시간	3~4시간	—
교육통지	—	실무(연수)교육을 받은 후 2년이 되기 2개월 전까지	—	교육일 10일 전까지
교육내용	법률지식, 중개 및 경영실무, 직업윤리	법·제도의 변경사항, 중개 및 경영실무, 직업윤리	직업윤리	—
지침마련	국토부장관	국토부장관	국토부장관	—
제 재	—	500만원 이하 과태료 (시·도지사 부과)	—	—

Chapter 03

중개업의 등록 및 결격사유

① 중개업의 등록(登錄)

중개사무소 개설등록은 "중개사무소를 두고자 하는 지역의 시장·군수·구청장"에게 하여야 한다.

(I) 등록의 법적 성질

① 일신전속권(양도·대여 불가)

② 대인적(對人的)

③ 영속성

④ 기속성

> ※ 등록관청은 중개사무소 개설등록 신청이 다음의 어느 하나에 해당하는 경우를 제외하고는 개설등록을 해주어야 한다(영 제13조 제2항).
> ㉠ 공인중개사 또는 법인이 아닌 자가 중개사무소의 개설등록을 신청한 경우
> ㉡ 중개사무소의 개설등록을 신청한 자가 공인중개사법상의 등록의 결격사유(제10조)의 어느 하나에 해당하는 경우
> ㉢ 일정한 개설등록 기준에 적합하지 아니한 경우
> ㉣ 그 밖에 이 법 또는 다른 법령에 따른 제한에 위반되는 경우

⑤ (중개업의) 적법요건(등록을 한 자만이 적법하게 중개업을 수행할 수 있다)

(2) 중개업 등록절차〈신청 → 등록 → 보증 → '등록증'〉

≫◆ 등록절차

(등록요건의 구비) 및 (등록) 신청	• **공인중개사(소속공인중개사를 '제외'한다)** 또는 **법인이 아닌 자**는 등록을 신청할 수 없다(법 제9조 제2항). • 소속공인중개사 상태에서는 등록을 할 수 없다(이중소속금지 위반). • 개업공인중개사가 업무정지 기간 중에 폐업을 한 경우, 그 업무정지 기간이 경과되지 아니하면 등록을 신청할 수 없다. • 부칙상의 개업공인중개사로 등록을 할 수는 없다.
등록통지	• 등록관청이 등록대장에 종별에 따라 구분하여 기재하여 "등록"하고, 이를 서면으로 통지한다. • 등록관청은 등록신청일로부터 '7일 이내'에 등록을 하고 **통지**하여야 한다.
보증설정	• 등록을 한 개업공인중개사는 '**업무개시 전**'까지 업무보증을 설정하여야 한다.
등록증 교부 및 통보	• 등록관청은 중개사무소의 개설등록을 한 자가 업무보증을 설정하였는지 여부를 확인한 후 중개사무소 개설 "등록증"을 '지체 없이' 교부하여야 한다(규칙 제5조 제1항). • 등록관청은 중개사무소 개설등록증을 교부한 때에는 그 등록사항을 다음 달 10일까지 공인중개사협회에 통보하여야 한다. • 개업공인중개사는 등록증을 중개사무소 보이기 쉬운 곳에 게시하고, 업무를 개시하여야 한다.

자격취득 ➡ 등록신청 ➡ 등록통지 ➡ 보증설정 ➡ 인장등록 ➡ 업무개시

① 등록요건(기준)

	자연인(개인) 등록기준
결	1. "**결**격사유"가 없어야 한다.
공	2. **공**인중개사 "자격증"이 있어야 한다.
실	3. 시·도지사가 시행하는 "**실**무교육"을 등록신청하기 '1년 이내'에 수료하여야 한다.
사	4. "중개**사**무소"를 확보하여야 한다. • 건축물대장(가설건축물대장은 "제외")에 기재된 건물이거나, 또는 준공검사·사용승인 등이 된 건물이어야 한다. • 무허가건물은 인정되지 않는다. • 확보방법 : 소유권, 임대차 계약, 전세권설정, 사용대차 등

법인의 등록기준
1. '목적' : "법 제14조에 규정된 업무"만을 영위할 목적으로 설립되어야 한다.
2. 상법상 "회사"이거나, 협동조합법상의 협동조합(사회적 협동조합은 제외)으로서, 자본금이 **5천만원** 이상이어야 한다.
3. '**대표자**'가 공인중개사이어야 한다.
4. 대표자를 "**제외**"한 '임원(사원)'의 **1/3 이상**이 공인중개사이어야 한다.
5. '임원(사원)' "**전원**"이 실무교육을 수료하여야 한다.
6. '**중개사무소**'를 확보하여야 한다.

② 등록신청

신청서류	1. 등록신청서 2. 사무소 확보증명서류(건물 등기부 등) + (건축물대장이 없는 경우에는 대장기재 '지연 사유서' 첨부) 3. 실무교육 수료확인증 사본(실무교육을 위탁받은 기관 또는 단체가 실무교육 수료 여부를 등록관청이 전자적으로 확인할 수 있도록 조치한 경우는 제외한다) 4. "여권용" 사진 ★ 업무보증설정 증명서류는 등록신청시의 제출서류가 아니다.
외국인 · 외국법인	결격사유 없음을 증명하는 서류(결격사유 없음을 증명할 수 있는 그 나라의 증명서류나 영사관 등의 확인서류) + 영업소 등기 증명서면(외국법인에 한함)
처리기간	7일 이내 등록대장에 등록 기재 후 서면통지

등록관청이 다음 달 10일까지 협회에 통보해야 할 사항	
등	1. **등록**사항
처	2. 행정**처분**(업무정지, 등록취소) 사항
신	3. 분사무소 설치**신고** 사항
	4. 휴업 · 폐업 · 재개 · 휴업기간변경 **신고** 사항
	5. 사무소 이전**신고** 사항
	6. 고용인의 고용 및 해고 **신고** 사항

💡 업무보증설정신고는 협회 통보사항이 아님에 유의

⑶ 등록의 효력소멸

① 등록의 효력 소멸 사유

> ㉠ 등록 '취소' 처분
> ㉡ 개업공인중개사 '사망'
> ㉢ 중개법인의 '해산'
> ㉣ '폐업신고'가 수리된 경우

> ★ 등록취소 사유가 발생했다고 하여 바로 등록의 효력이 소멸되지는 않는다. 등록관청에서 등록의 취소처분을 하여야 등록의 효력이 소멸된다.

② 위반의 효과

등록의 효력이 소멸된 후 계속 중개업무를 수행한 경우에는 "무등록중개업"으로 처벌된다(3-3).

⑷ 등록에 대한 제제

① **이중등록의 금지**: 절대적 등록취소 + (1년 − 1천)

② **이중소속의 금지**

이중소속금지	행정처분	행정형벌	비 고
개업공인중개사	절대적 등록취소	1년−1천	−
소속공인중개사	자격정지	1년−1천	(자격정지 중 이중소속은 자격취소사유)
중개보조원	−	1년−1천	(행정형벌만 있다)

③ **등록증 양도·대여**: 절대적 등록취소 + (1년 − 1천)

> 💡 등록증 양수·대여받은 자(1년 − 1천)

④ **허위(거짓)·부정 등록**: 절대적 등록취소 + (3년 − 3천)

⑤ **무등록중개업**: 3년 이하 징역 또는 3천만원 이하 벌금

> 무등록중개업의 유형(등, 폐, 취)
> ㉠ 처음부터 중개업 **등록**을 하지 않고 중개업무를 행하는 경우
> ㉡ 등록신청을 하였으나 **등록**처분이 있기 전에 중개업을 한 경우
> ㉢ 등록관청에 **폐**업신고가 수리된 후에도 중개업무를 계속 행하는 경우
> ㉣ 등록의 효력이 소멸된 후에도 계속 중개업무를 행하는 경우(**예** 해산 후 계속업무)
> ㉤ 등록이 **취**소된 후에도 계속 중개업무를 행하는 경우

무등록중개업 관련 주의사항

① 휴업기간 또는 업무정지 기간 중에 중개업무를 계속하여도 무등록은 아니다.

② 등록의 통지를 받고 등록증을 교부받기 전에 중개업무를 하여도 무등록은 아니다.

③ **무등록으로 중개를 하여도 그 거래계약의 효력은 유효하다**(등록은 적법요건일 뿐이지 거래의 효력발생요건은 아니다).

④ **무등록중개업을 한 자는 중개보수청구권이 없다. 중개보수지급약정은 무효이다. 그러므로 이미 받은 것이 있다면 이는 반환하여야 한다.**

판례

무등록중개업

1. 부동산컨설팅업을 하면서 공인중개사법에 따라 등록을 받지 아니하고 부동산컨설팅행위에 수반하여 부동산을 중개한 사실은 무등록중개업에 해당한다(대판 2006도7594).

2. 변호사의 직무에 부동산중개행위가 당연히 포함된다고 해석할 수도 없고, 변호사는 공인중개사법에 규정된 중개사무소 개설등록의 기준을 적용받지 않는다고 할 수는 없다(대판 2003두14888). (그러므로 변호사가 공인중개사자격증과 중개사무소 개설등록 없이 중개업을 수행하는 경우에는 무등록중개업으로 처벌된다)

무등록중개업과 무등록중개의 보수 지급약정

1. 〈무등록'중개업'은 처벌되고, 보수약정도 무효이다〉 중개사무소의 개설등록을 하지 않고 부동산중개'업'을 한 자에게 행정적 제재나 형사적 처벌을 가하는 것만으로는 부족하고, 그러한 자격이 없는 자가 한 중개보수 약정에 대한 사법상의 효력을 제한하는 이른바 강행법규에 해당하고, 따라서 **자격 요건을 갖추지 못한 자가 한 부동산중개보수 약정은 무효이다**(대판 2008다75119).

2. 〈무등록'중개'는 처벌되지 않으며, 보수약정도 유효하다〉 공인중개사 자격이 없는 자가 우연한 기회에 단 1회 타인간의 거래행위를 중개한 경우 등과 같이, **중개를 '업'으로 한 것이 '아니라면'** 그에 따른 중개보수 지급약정이 강행법규에 위배되어 무효라고 할 것은 아니고(주: **유효하다**), 다만, 중개보수 약정이 부당하게 과다하여 민법상 신의성실 원칙이나 형평 원칙에 반한다고 볼만한 사정이 있는 경우에는 상당하다고 인정되는 범위 내로 감액된 보수액만을 청구할 수 있다(대판 2010다86525).

⑸ **종별의 변경**

① **원칙, 신규등록**(등록신청서 제출)

공인중개사인 개업공인중개사가 중개법인으로 종별을 변경하고자 하는 경우

= 기존의 등록증을 반납하고, 기존에 제출했던 서류는 변동사항이 없는 한 다시 제출하지 아니할 수 있다.

② 예외, 등록증 재교부신청

부칙상 개/공 → 동일 등록관청 관할구역 내에서 공인중개사인 개업공인중개사로 업무계속을 하고자 하는 경우

= 기존의 등록증의 기재사항변경으로 인한 등록증 재교부신청(자격증 첨부)을 한다.

③ 등록신청서 및 등록증 재교부신청

구 분	등록신청서 제출	등록증 재교부신청서 제출
사 유	1. 신규 등록 2. 종별변경(원칙)	1. 등록증의 훼손, 분실 2. 등록증의 기재사항 변경(법인의 대표자 변경 등, 주소 변경 등)
수수료	지방자치단체조례	지방자치단체조례
처리기간	7일 이내	즉시

② 개업공인중개사 '등'의 결격사유

공인중개사법 제10조 【등록의 결격사유 등】 ① 다음 각 호의 어느 하나에 해당하는 자는 중개사무소의 개설등록을 할 수 없다.

1. 미성년자
2. 금치산자 또는 한정치산자
3. 파산선고를 받고 복권되지 아니한 자
4. 금고 이상의 실형의 선고를 받고 그 집행이 종료(집행이 종료된 것으로 보는 경우를 포함한다)되거나 집행이 면제된 날부터 3년이 경과되지 아니한 자
5. 금고 이상의 형의 집행유예를 받고 그 유예기간 중에 있는 자
6. 제35조 제1항의 규정에 의하여 공인중개사의 자격이 취소된 후 3년이 경과되지 아니한 자
7. 제36조 제1항의 규정에 의하여 공인중개사의 자격이 정지된 자로서 자격정지 기간 중에 있는 자
8. 제38조 제1항 제2호·제4호부터 제8호까지, 같은 조 제2항 제2호부터 제11호까지에 해당하는 사유로 중개사무소의 개설등록이 취소된 후 3년(제40조 제3항의 규정에 의하여 등록이 취소된 경우에는 3년에서 동항 제1호의 규정에 의한 폐업기간을 공제한 기간을 말한다)이 경과되지 아니한 자
9. 제39조의 규정에 의하여 업무정지처분을 받고 제21조의 규정에 의한 폐업신고를 한 자로서 업무정지 기간(폐업에 불구하고 진행되는 것으로 본다)이 경과되지 아니한 자
10. 제39조의 규정에 의하여 업무정지처분을 받은 개업공인중개사인 법인의 업무정지의 사유가 발생한 당시의 사원 또는 임원이었던 자로서 당해 개업공인중개사에 대한 업무정지기간이 경과되지 아니한 자
11. 이 법을 위반하여 300만원 이상의 벌금형의 선고를 받고 3년이 경과되지 아니한 자
12. 사원 또는 임원 중 제1호 내지 제11호의 어느 하나에 해당하는 자가 있는 법인

② 제1항 제1호 내지 제11호의 어느 하나에 해당하는 자는 소속공인중개사 또는 중개보조원이 될 수 없다.

③ 등록관청은 개업공인중개사·소속공인중개사·중개보조원 및 개업공인중개사인 법인의 사원·임원(이하 "개업공인중개사 등"이라 한다)이 제1항 제1호부터 제11호까지의 어느 하나에 해당하는지 여부를 확인하기 위하여 관계 기관에 조회할 수 있다.

제10조의2【벌금형의 분리 선고】「형법」제38조에도 불구하고 제48조 및 제49조에 규정된 죄와 다른 죄의 경합범(競合犯)에 대하여 벌금형을 선고하는 경우에는 이를 분리 선고하여야 한다.

(1) 결격의 효과

① 결격사유에 해당하는 자는 개업공인중개사로 중개사무소 개설등록을 할 수 없으며, 또한 고용인으로조차 근무할 수 없다.

② 기존의 개업공인중개사가 이러한 결격사유가 발생되면 기존의 등록은 취소된다(원칙 8가지).

③ 중개법인의 임원이 결격사유가 발생되면 중개법인은 절대적 등록취소사유에 해당한다(2개월 내 해소).

④ 기존의 고용인이 결격사유가 발생되면 개업공인중개사는 '업무정지'의 대상이 된다(2개월 내 해소).

(2) 결격사유

사 유	결격사유	기 간	등록 취소	비 고
제한능력자	**미성년자** (만 19세가 되지 않은 자)	만 19세 미만 까지 결격	—	예외 없음
	* **피한정후견인, 피성년후견인** (개시심판 받은 자)	종료 심판시 까지 결격	○	예외 없음
파산자	**파산선고 받고 복권되지 아니한 자** (신용불량자, 개인회생신청자 제외)	면책·복권시 까지 결격	○	〈파산법〉 ① 면책 결정 받으면 당연복권 ② 파산선고 (사기파산 제외) 받고 10년이 경과되면 당연 복권된다.

금고 이상형 (징역, 금고) ★ 법 종류 불문	〈집행종료〉 ① 만기석방 ② 가석방: 잔 형기 경과	3년 결격	○	(무기형에 대한 가석방은 잔형기(10년) + 3년 경과시에 종사가능)
	〈집행면제〉 ① 법률의 변경(개·폐) ② 형 집행의 시효완성 ③ 외국에서 형의 집행을 받은 경우 ④ 특별사면을 받은 경우	3년 결격	○	일반사면은 결격 아님
	• 집행유예	유예기간 결격	○	선고유예 제외
★ 이 법 위반 (타법 위반은 결격 아님)	취소	(이 법 위반) 자격취소	3년 결격	○	시험응시 결격사유
		(이 법 위반) 등록취소	3년 결격	—	예외 있음
		〈예외〉 ① 등록취소 + "3년"이 적용되지 않는 경우(결. 사. 해. 미. 승) 　⊙ '결격'사유 　⊙ '사망'('해산') 　⊙ 등록기준 '미달'로 등록취소 ② 위반행위 승계한 개업공인중개사 : "3년"에서 폐업기간 공제			
	정지	자격정지	자격정지기간 동안은 결격	—	소속공인중개사 限
		▶ 업무정지 ① 업무정지 기간 중 폐업신고를 한 경우 ② 중개법인의 업무정지 '사유발생 당시'의 '임 원(사원)'이었던 자	업무정지 기간 결격	—	업무정지사유발생 당시의 경영 책임 (사유발생 당시 임원 이 결격이며, 사유발생 후에 선임된 임원은 결격이 아님)
	(이 법 위반) 벌금형 300만원 이 상의 선고를 받고 〈이. 벌. 3. 3〉		3년 결격	○	타법 위반은 결격 사유 아님
중개법인의 임원(사원) 중 결격사유발생 : 2월 이내에 그 사유를 해소 하여야 한다. 그렇지 않으면 중개법인의 등록은 취소			○	

개업공인중개사가 공인중개사법을 위반하여 300만원 이상 벌금형을 선고받으면 등록취소 사
유에 해당한다. 이 경우 결격기간의 기산점은 취소된 이후부터가 아닌 벌금형 선고일로부터
3년간 결격기간에 해당한다.

≫◆ 법의 구분에 의한 등록, 자격취소의 비교

구 분	공인중개사법		타 법	
	개업공인중개사 (등록)	공인중개사 (자격)	개업공인중개사 (등록)	공인중개사 (자격)
징 역	○	○	○	×
징역 집유	○	○	○	×
징역 선유	×	×	×	×
금 고			○	×
금고 집유			○	×
금고 선유			×	×
벌금(300만원 이상)	○	×	×	×
벌금 선유	×	×	×	×

- **범례**: 취소(○), 취소되지 않는 경우(×)
- 공인중개사법에 의하여는 금고형은 받을 수 없다. 법 제48조, 제49조(형벌규정)에는 징역형과 벌금형만 규정되어 있다.
- 공인중개사의 자격은 "이 법에 의해 징역형의 선고를 받은 경우" 취소된다.

≫◆ 공인중개사시험 응시자격과 결격사유의 구별

사 유	공인중개사 시험응시	중개업의 종사
자격취소 + 3년	불 가	불가(등록결격에 해당)
부정행위 + 5년	불 가	가능(중개보조원)

결격사유이나 등록취소와 무관한 경우
① 미성년자
② 이 법 위반으로 등록취소 된 후 3년이 경과되지 아니한 자
③ 업무정지 처분 후 폐업한 자로서 업무정지기간 중 인 자
④ 자격정지 기간 중인 자
💡 위의 결격사유에 해당된다 하더라도 그 사유로서 이 법에 의하여 다시 등록이 취소되는 것은 아니다.

중개업무(중개업 경영일반)

① 개업공인중개사의 업무범위

(Ⅰ) 개업공인중개사의 업무범위

개/공 종류	① 지역 범위	② 겸업 범위	③ 중개대상물 범위
중개법인	전 국	• **법 제14조에 규정된 업무만을** 수행할 수 있다.	종별구분 없이 동일
공인중개사인 개업공인중개사	전 국	• (이 법상) 겸업의 제한이 없다. • **법 제14조 규정업무 + 겸업 가능한 업무**	
부칙상의 개업공인중개사	중개사무소가 소재하는 특별시·광역시·도 + 부칙 개/공이 가입한 당해 거래정보망에 공개된 물건(위반시 업무정지)	• **법 제14조 규정업무**(다만, 경매·공매 물건의 알선과 입찰신청 대리는 불가) + **겸업 가능한 업무**	

≪◆ 중개법인의 업무범위(법 제14조)

고유업	① **중개업**
관리대행	② 상업용 건축물 및 주택의 임대관리 등 부동산의 **관리대행** ※ (임대업 ×)
컨설팅	③ 부동산의 이용·개발·거래에 관한 **상담**(부동산컨설팅) ※ (부동산개발업 ×)
도배 등 알선	④ **기타** 중개업에 부수되는 업무로서 대통령령이 정하는 업무 (각종 용역업의 <u>알선</u>)(이사업체·도배업체 등의 <u>소개, 알선</u>) ※ (용역업 ×)
분양대행	⑤ '<u>주택</u>' 및 '<u>상가</u>'의 **분양대행** ※ [토지(택지)분양대행 ×](분양업 ×)

체인업	⑥ 개업공인중개사를 대상으로 한 중개업의 **경영기법 및 경영정보의 제공** (= 프랜차이즈 ○, 경영컨설팅 ○) ※ (공인중개사를 대상으로 한 창업기법의 제공 ×)(일반인을 대상으로 한 경영기법의 제공 ×)
경매알선	⑦ **경매 및 공매**대상 부동산의 권리분석 및 취득의 알선과 매수신청대리업무

≪◆ 부칙상의 개업공인중개사 정리

경	① **경매·공매대상** 부동산에 대한 권리분석 및 취득의 알선과 매수신청(입찰신청)의 대리를 할 수 없다(부칙 제6조 제2항). (위반시에는 변호사법 위반으로 처벌)
사	② **사무소의 명칭**에 "공인중개사사무소"라는 문자를 사용하여서는 아니 된다(부칙 제6조 제3항). (위반시에는 100만원 이하의 과태료)
지	③ 업무 **지역은** 당해 중개사무소가 소재하는 특별시·광역시·도의 관할 구역으로 하며, 그 관할 구역 안에 있는 중개대상물에 한하여 중개행위를 할 수 있다. 다만, 법 제24조의 규정에 의한 부동산거래정보망에 가입하고 이를 이용하여 중개하는 경우에는 당해 정보망에 공개된 관할 구역 외의 중개대상물에 대하여도 이를 중개할 수 있다(위반시에는 업무정지).

> 🏛 **정리**
> ① 중개법인이 법 제14조 업무 외의 업무를 영업으로 할 경우에는 임의적 **등록취소사유에 해당된다.**
> ② 중개업에 대한 보수는 법정수수료의 적용을 받으며, **중개업 외의 겸업업무**에 대해서는 중개업이 아니므로, 법정 '중개'수수료 규정이 적용되지 않고 당사자간의 약정에 따라 **약정보수**를 받을 수 있다. 그러므로 중개보수에 대한 제한규정인 초과금품수수(금지행위)의 적용도 받지 않는다.
> ③ 개인인 개업공인중개사는 원칙적으로 겸업에는 제한이 없다.
> ④ 개업공인중개사(부칙상 개·공 제외)가 민사집행법에 의한 '**경매**' 대상 부동산의 매수신청 또는 입찰신청의 '**대리**'를 하는 때에는 대법원규칙이 정하는 요건을 갖추어 법원에 등록을 하고 그 감독을 받아야 한다(법 제14조 제3항). (경매물건의 '알선'이나, '공매'물건에 대한 알선 및 입찰대리는 법원에 등록할 필요는 없다)
> ⑤ 부칙상의 개업공인중개사는 경매물건뿐만 아니라 공매물건도 알선 및 입찰대리를 할 수 없다.
> ⑥ 부칙상 개업공인중개사는 사무소 이전은 전국으로 할 수 있으나, 이전 후에도 업무지역의 제한은 여전히 받는다.

⑵ 특수법인

특수법인은 공인중개사법을 근거로 중개를 하는 것이 아니라, 개별적인 특별법을 근거로 설립되고, 그 특별법을 근거로 하여 자신의 고유업과 이에 관련되는 중개를 할 수 있는 법인을 말한다. 이러한 특수법인에 대하여는 공인중개사법이 부분적으로만 적용된다.

구 분	지역농업협동조합	한국자산관리공사
근거법률	농업협동조합법	한국자산관리공사 설립에 관한 법률
중개업 등록 ★	등록불요	등록 필요
등록기준 ★	적용되지 않음	적용되지 않음
업무범위	조합원을 대상으로 농지에 한해 매매, 교환, 임대차의 중개를 할 수 있다.	비업무용 부동산의 관리·매각·매매의 중개를 할 수 있다.
업무 보증금	2천만원 이상	4억원 이상
분사무소 설치요건	※ **분사무소 책임자 요건은 공인중개사법이 적용되지 않는다.** 그러므로 책임자가 공인중개사일 필요는 없다(실무교육을 받을 필요도 없다). ※ 시, 군, 구별로 1개를 초과할 수 없다(공인중개사법이 일부 적용된다).	

💡 특수법인의 업무범위는 (고유업 + 중개업)이다. 그러므로 특수법인과 중개법인의 업무범위(중개업 + 6가지 겸업)가 동일한 것은 아니다.

② 개업공인중개사의 고용인

구 분		개업공인중개사의 고용인	
		소속 공인중개사	중개보조원
공통점	신고의무	① 고용신고는 고용인의 "<u>업무개시 전</u>"까지 개업공인중개사가 하여야 한다 (위반시 업무정지). ② 고용신고를 받은 "등록관청"은 법 제10조에 따른 '결격사유 해당 여부' 와 '교육(실무교육, 직무교육) 수료 여부'를 확인하여야 한다. ③ 소속공인중개사 또는 중개보조원으로 '외국인'을 고용하는 경우에는 외 국인의 결격사유 없음을 증명하는 서류를 첨부하여야 한다. ④ 고용신고는 전자문서에 의한 신고도 가능하다. ⑤ 고용관계종료신고(해고신고)는 고용관계 종료일(해고일)로부터 "<u>10일 이내</u>"에 개업공인중개사가 신고하여야 한다(위반시 업무정지).	
	양적제한	고용인 고용의 수에 대한 제한은 없다.	
	질적제한	법 제10조의 결격사유에 해당하는 자를 고용하면 안 된다.	
	※ 금지행위(제33조), 비밀준수의무(제29조), 결격사유(제10조), 이중소속 금지, 사고예방교 육은 고용인 모두에게 적용된다(이는 개업공인중개사 "등"에게 모두 적용된다).		
차이점	자격유무	공인중개사 자격증 보유	자격증 없음
	업무범위	중개업무수행 + 보조업무	보조업무만 가능
	서명 및 날인	**서명 "및" 날인 의무 있음** **(거래계약서·확인설명서)**	없 음
	인장등록의무	있 음	없 음
	부동산 거래신고	신고 대행 가능 **(방문신고에 한함)**	불 가
	행정처분의 대상	자격취소(공인중개사로서), 자격정지(소공으로서)의 대상이 됨.	해당 없음(중개보조원은 행정처분의 대상이 되지 않음에 유의)
	교육대상	**실무교육과 연수교육의 대상**	**직무교육의 대상**

(1) 고용인의 책임 및 개업공인중개사의 고용상의 책임

구 분	고용인의 책임	개업공인중개사의 책임	책임의 특성
1	민사책임(고의, 과실)	민사책임(무과실책임)	부진정 연대채무(면책 없음)
2	행정상의책임(소속공인중개사는 자격정지)	행정상의 책임 (등록취소 또는 업무정지)	대신책임의 성격(면책 없음)
3	형사책임(징역 또는 벌금)	형사책임: (해당 조에 규정된) 벌금형	양벌규정(제50조)이 적용 (단, ※ **면책조항 있음**).

1. **고용인의 '업무상' 행위는 그를 고용한 개업공인중개사의 행위로 '본다'(간주규정).**
   ① 민사책임: 고용인이 중개업무와 관련하여 고의·과실로서 중개의뢰인에게 재산상의 손해를 발생케 한 경우에는 그 **고용인과 더불어 그를 고용한 개업공인중개사도 함께 민사상 손해배상책임(무과실책임)을 지게 된다.**
   ② 행정책임: 고용인의 행위가 이 법상의 행정처분으로서 등록취소나 업무정지의 대상이 되는 경우에는 **그를 고용한 개업공인중개사가 등록이 취소되거나 업무정지처분을 받게 된다(대신책임).**
   ③ 형사책임: **고용인의 행위가 이 법상의 행정형벌(징역 또는 벌금)의 대상이 되는 경우에는 그를 고용한 개업공인중개사에 대하여도 해당되는 벌금형으로 처벌한다(법 제50조 양벌규정의 적용).** 다만, 양벌규정에 따라 개업공인중개사가 벌금형의 선고를 받아도 이는 결격(법 제10조)으로 처리되는 것은 아니며(판례), 벌금만 내면 된다. 또한 이러한 양벌규정에 의한 벌금형은 반드시 부과되는 것은 아니며, **개업공인중개사가 그 고용인에 대한 관리 감독상의 주의의무를 게을리 하지 않은 경우에는 면책조항이 적용되어, 벌금형의 선고를 받지 않는다.**
2. 고용인의 업무상 행위로 인하여 개업공인중개사의 공인중개사 "자격이 취소"되거나, "징역형"으로 처벌되는 경우는 없음에 유의하여야 한다.
3. 개업공인중개사가 민사상의 손해배상책임을 지더라도 고용인의 배상책임이 면책되는 것은 아니다. 따라서 **개업공인중개사가 고용인의 업무상 행위로 인한 민사상의 손해배상을 한 때에는 그 고용인에 대하여 "구상권"을 행사할 수 있다.**

판례 ⁞⁞⁞

고용인의 업무상 행위

1. '업무상 행위'의 개념은 단순히 '권리의 득실 · 변경에 관한 행위를 알선하는 것'뿐만 아니라 **중개보조원이 중개의뢰인이 맡겼던 계약금을 횡령한 경우에도 중개업무와 관련된 행위로 본다**(대판 67다2222).

2. '고용인의 업무상 행위'는 중개대상물의 거래에 관한 알선업무뿐만 아니라 위 업무와 관련이 있고, **외형상 객관적으로 중개업무 또는 그와 관련된 것으로 보이는 행위도 포함된다**(대판 92다14350).

3. 고용인의 업무상 행위는 외형상 객관적으로 고용인의 사업활동 내지 사무집행행위 또는 그와 관련된 것이라고 보일 때에는 **행위자의 주관적 사정을 고려하지 않는다**(대판 94다43115).

구상권

사용자는 그 사업의 성격과 규모, 시설의 현황, 피용자의 업무내용과 근로조건 및 근무태도, 가해행위의 발생원인과 성격, 가해행위의 예방이나 손실의 분산에 관한 사용자의 배려의 정도, 기타 제반 사정에 비추어 손해의 공평한 분담이라는 견지에서 **신의칙상 상당하다고 인정되는 한도 내에서만 피용자에 대하여 손해배상을 청구하거나 그 구상권을 행사할 수 있다**(대판 2009다59350).

동업관계에서도 사용자 책임이 적용

동업관계에 있는 자들이 공동으로 처리하여야 할 업무를 동업자 중 1인에게 맡겨 그로 하여금 처리하도록 한 경우 다른 동업자는 그 업무집행자의 동업자인 동시에 사용자의 지위에 있다 할 것이므로, 업무집행과정에서 발생한 사고에 대하여 사용자로서 손해배상책임이 있다(대판 2005다65562).

배상책임과 관련하여 과실상계

1. **중개보조원이 업무상 행위로 거래당사자인 피해자에게 고의로 불법행위를 저지른 경우라 하더라도 중개보조원을 고용하였을 뿐 이러한 불법행위에 가담하지 아니한 개업공인중개사에게 책임을 묻고 있는 피해자에 과실이 있다면, 법원은 과실상계의 법리에 좇아 손해배상책임 및 그 금액을 정하면서 이를 참작하여야 한다**(대판 2008다22276, 대판 2011다21143).

2. 건물주에게서 임대차계약 체결, 보증금 수령 등 건물 관리 업무 일체를 위임받은 중개보조원이 임대차계약 체결 후 보증금을 건물주에게 지급하지 않고 횡령을 하자 건물주가 공인중개사와 공인중개사협회를 상대로 손해배상을 구한 사안에서, 중개보조원이 수년에 걸쳐 횡령행위를 하면서 장기간 월세도 제대로 입금하지 않고 있는 상황이었음에도 **건물주가 임차인에게 계약 내용을 전혀 확인하지 않은 채 중개보조인의 말만 믿고 그에게 계속하여 임대차계약의 진행 일체를 일임하면서 횡령행위를 방치한 사정이 보이고**, 그러한 사정은 손해 발생 및 확대에 영향을 주었다고 보아야 하며, 공인중개사나 협회가 건물주의 부주의를 이용하여 고의로 불법행위를 저지른 것으로는 보이지 않으므로, 위 사정을 손해배상책임의 존부와 범위를 심리 · 판단하면서 참작하였어야 함에도 이를 전혀 참작하지 않은 원심판단에 과실상계 내지 손해배상책임 제한에 관한 법리오해의 위법이 있다고 한 사례(대판 2011다21143)(주: 과실상계가 인정된다)

3. **사용자의 감독이 소홀한 틈을 이용하여 고의로 불법행위를 저지른 피용자가 바로 그 사용자의 부주의를 이유로 자신의 책임의 감액을 주장하는 것은 신의칙상 허용될 수 없고**, 사용자와 피용자가 명의대여자와 명의차용자의 관계에 있다고 하더라도 마찬가지이다(대판 2009다59350).

양벌규정에 의한 개업공인중개사의 벌금형은 결격사유가 아니다.

양벌규정은 형사법상 자기책임주의의 원칙에 대한 예외로서 그러한 양벌규정을 행정처분의 근거로 규정한 법규를 해석함에 있어서는 그 문언에 맞게 엄격하게 해석할 것이 요구되는 점 등에 비추어, **법 제10조(등록의 결격) 제1항 제11호에 규정된 '이 법을 위반하여 벌금형의 선고를 받고 3년이 경과되지 아니한 자'에는 중개보조인 등이 중개업무에 관하여 법 제8조(유사명칭의 사용금지)에 위반하여 그 사용주인 개업공인중개사가 법 제50조의 양벌규정으로 처벌받는 경우는 포함되지 않는다고 해석하여야 할 것이다**(대판 2007두26568)(주 : 그러므로 양벌규정에 의하여 개업공인중개사가 벌금형의 선고를 받는다 하더라도 이로 인하여 개업공인중개사의 등록이 취소되지는 아니한다).

③ 사무소의 명칭·표기의무 등

(1) 사무소의 명칭·간판규정

① 개업공인중개사는 "공인중개사사무소"(부칙 개·공 제외) 또는 "부동산중개"라는 명칭을 사용하여야 한다.

② 개업공인중개사는 옥외광고물을 설치하는 경우 「옥외광고물 등의 관리와 옥외광고산업 진흥에 관한 법률 시행령」 제3조에 따른 옥외광고물 중 벽면이용 간판, 돌출간판 또는 옥상간판에는 등록증에 표기된 개업공인중개사의 성명을 표기하여야 한다. 성명은 '인식할 수 있는 정도의 크기'로 표기해야한다.

③ 중개법인의 경우에는 '대표자'의 성명을 표기하여야 하고, 중개법인의 분사무소의 경우에는 신고필증에 기재된 '책임자'의 성명을 표기하여야 한다.

④ 등록관청은 간판규정 위반시 그 간판의 철거를 명할 수 있으며, 불응시 행정대집행법에 의한 (행정)대집행을 할 수 있다.

> **판례**
>
> **중개사무소 명칭**
> 부동산개업공인중개사가 간판, 유리벽, 명함에 상호 또는 공인중개사 표시와 함께 '법률중개사'나 '부동산법률중개사'라는 표시·기재(LBA법률중개사 등)를 한 행위가 변호사법에서 금지하는 '법률상담 기타 법률사무를 취급하는 뜻의 표시 또는 기재'에 해당하지 않는다(대판 2006도7899). 즉, 변호사법 위반으로 처벌되지 않는다. 중개사무소 간판("공인중개사 사무소", 또는 "부동산중개")에 법률중개사나, 부동산법률중개사라는 표시를 추가하여 표시하여도 무방하다. 명함도 마찬가지이다.

⑤ **간판철거의무**

　㉠ 개업공인중개사는 다음의 어느 하나에 해당하는 경우에는 '지체 없이' 사무소의 간판을 철거하여야 한다.

　㉡ 등록관청은 간판의 철거를 개업공인중개사가 이행하지 아니하는 경우에는 「행정대집행법」에 따라 대집행을 할 수 있다.

간판철거규정	
취	ⓐ 제38조 제1항 또는 제2항에 따라 중개사무소의 개설등록 **취소처분**을 받은 경우
폐	ⓑ 제21조 제1항에 따라 등록관청에 **폐업사실을 신고**한 경우
이	ⓒ 제20조 제1항에 따라 등록관청에 중개사무소의 **이전사실을 신고**한 경우

(2) 광고물에 성명표기의무

① 개업공인중개사가 의뢰받은 중개대상물에 대하여 표시 · 광고를 하려면 다음 사항을 명시하여야 한다. 다만, 중개보조원에 관한 사항은 명시해서는 아니 된다.

　㉠ 중개사무소의 **소재지** 및 **연락처, 명칭**

　㉡ 개업공인중개사의 **성**명(법인인 경우에는 대표자의 성명)

② 개업공인중개사가 인터넷을 이용하여 중개대상물에 대한 표시 · 광고를 하는 때에는 위 ①의 사항 외에 중개대상물의 종류별로 다음 사항을 명시하여야 한다.

　㉠ 중개대상물의 종류, 소재지, 면적, 가격

　㉡ 거래형태

　㉢ 건축물 및 그 밖의 토지의 정착물인 경우 다음의 사항

　　ⓐ 총 층수

　　ⓑ 「건축법」 또는 「주택법」 등에 따른 사용승인 · 사용검사 · 준공검사 등을 받은 날

　　ⓒ 해당 건축물의 방향, 방의 개수, 욕실의 개수, 입주가능일, 주차대수 및 관리비

③ **위반시 제재** : 개업공인중개사가 중개대상물의 표시 · 광고시 명시할 사항(인터넷 광고 포함)을 위반한 경우 100만원 이하의 과태료를 부과하며, 등록관청이 부과한다.

④ 구체적인 표시 · 광고 방법에 대해서는 국토교통부장관이 정하여 고시한다.

(3) 부당한 표시 · 광고 금지

① 개업공인중개사는 중개대상물에 대하여 다음 각 호의 어느 하나에 해당하는 부당한 표시 · 광고를 하여서는 아니 된다.

> ㉠ 중개대상물이 존재하지 않아서 실제로 거래를 할 수 없는 중개대상물에 대한 표시·광고
> ㉡ 중개대상물이 존재하지만 실제로 중개의 대상이 될 수 없는 중개대상물에 대한 표시·광고
> ㉢ 중개대상물이 존재하지만 실제로 중개할 의사가 없는 중개대상물에 대한 표시·광고
> ㉣ 중개대상물의 가격 등 내용을 사실과 다르게 거짓으로 표시·광고하거나 사실을 과장되게 하는 표시·광고
> ㉤ 중개대상물의 입지조건, 생활여건, 가격 및 거래조건 등 중개대상물 선택에 중요한 영향을 미칠 수 있는 사실을 빠뜨리거나 은폐·축소하는 등의 방법으로 소비자를 속이는 표시·광고

② 부당한 표시·광고의 세부적인 유형 및 기준 등에 관한 사항은 국토교통부장관이 정하여 고시한다.

③ **개업공인중개사로서** 부당한 표시·광고를 한 자는 500만원 이하의 과태료를 부과하며 등록관청이 부과권자이다.

④ 개업공인중개사가 "**아닌 자**"는 중개대상물에 대한 표시·광고를 하여서는 아니 된다. 위반시에는 1년 이하의 징역 또는 1천만원 이하의 벌금에 처한다.

(4) 인터넷 표시·광고 모니터링

① 국토교통부장관은 인터넷을 이용한 중개대상물에 대한 표시·광고가 제18조의2의 규정을 준수하는지 여부를 모니터링 할 수 있다.

② **자료제출요구**: 국토교통부장관은 모니터링을 위하여 필요한 때에는 정보통신서비스 제공자에게 관련 자료의 제출을 요구할 수 있다. 이 경우 관련 자료의 제출을 요구받은 정보통신서비스 제공자는 정당한 사유가 없으면 이에 따라야 한다.

③ **조치요구**: 국토교통부장관은 모니터링 결과에 따라 정보통신서비스 제공자에게 이 법 위반이 의심되는 표시·광고에 대한 확인 또는 추가정보의 게재 등 필요한 조치를 요구할 수 있다. 이 경우 필요한 조치를 요구받은 정보통신서비스 제공자는 정당한 사유가 없으면 이에 따라야 한다.

④ 국토교통부장관은 모니터링 업무를 다음 기관에 위탁할 수 있다.

> ㉠ 「공공기관의 운영에 관한 법률」 제4조에 따른 공공기관
> ㉡ 「정부출연연구기관 등의 설립·운영 및 육성에 관한 법률」 제2조에 따른 정부출연연구기관
> ㉢ 「민법」 제32조에 따라 설립된 비영리법인으로서 인터넷 표시·광고 모니터링 또는 인터넷 광고 시장 감시와 관련된 업무를 수행하는 법인
> ㉣ 그 밖에 인터넷 표시·광고 모니터링 업무 수행에 필요한 전문인력과 전담조직을 갖췄다고 국토교통부장관이 인정하는 기관 또는 단체

⑤ 국토교통부장관은 업무위탁기관에 예산의 범위에서 위탁업무 수행에 필요한 예산을 지원할 수 있다.

⑥ **위반시 제재**: 위 ②와 ③에 대한 국토교통부장관의 자료제출요구나 조치요구에 응하지 않은 정보통신서비스제공자는 500만원 이하의 과태료를 부과하며, 부과권자는 국토교통부장관이다.

(5) 모니터링 업무의 내용 및 방법

① 모니터링 업무수탁기관은 모니터링 업무를 수행하려면 구분에 따라 계획서를 국토교통부장관에게 제출하여야 한다.

　㉠ 기본 모니터링: 모니터링 대상, 체계 등 기본계획서 **매년 12월 31일까지 제출**

　㉡ 수시 모니터링: 모니터링 기간, 내용 및 방법 등의 계획서 제출

② 모니터링 기관은 업무를 수행한 경우 결과보고서를 국토교통부장관에게 제출하여야 한다.

　㉠ 기본 모니터링: 매분기 마지막 날부터 30일 이내

　㉡ 수시 모니터링: 완료한 날부터 15일 이내

③ 국토교통부장관은 제출받은 결과보고서를 시 · 도지사 및 등록관청 등에 통보하고 필요한 조사 및 조치를 요구할 수 있다.

④ 시 · 도지사 및 등록관청 등은 국토교통부장관의 요구를 받으면 신속하게 조사 및 조치를 완료하고, 완료한 날부터 10일 이내에 그 결과를 국토교통부장관에게 통보해야 한다.

⑤ 모니터링의 기준, 절차 및 방법 등에 관한 세부적인 사항은 국토교통부장관이 정하여 고시한다.

(6) 게시의무: 중개사무소 보이기 쉬운 곳에 게시

게시의무(원본)	
등	① 중개사무소 **등록증**(분사무소 - **신고필증**)(원본)
자	② 개업공**인중개사** 및 '소속공인중개사'의 공인중개사 **자격증**(원본)
보	③ (업무)**보증**의 설정을 증명할 수 있는 서류
수	④ 중개**보수** · 실비의 요율 및 한도액표
사	⑤ **사업자 등록증**

위반시 제재: 100만원 이하 과태료

④ 중개사무소

1) 중개사무소의 설치 ➡ 1등록 1사무소의 원칙

※ 2 이상의 중개사무소 설치금지(개인) : 임의적 취소 +1/1

① **사무소의 위치**

등록관청 관할구역 안에 중개사무소를 두어야 한다.

② **기타** : 면적확보 의무는 없으며, 중개사무소를 반드시 본인 명의로 소유 또는 임차하여야 하는 것은 아니다. 어떠한 형태든 사무소에 대한 사용권한이 있으면 된다. 또한, 중개사무소는 건축법상의 적법한 사무소이어야 한다.

💡 중개사무소는 건축물대장(가설건축물대장은 제외)에 기재된 건물이거나, 또는 <u>준공검사 · 사용승인 등이 된 건물</u>이어야 한다. 불법 · 무허가건물은 허용되지 않는다.

2) 중개사무소의 이전

① **사후신고** : 이전한 후 "10일 이내"에 등록관청(관할구역 밖으로 이전시에는 "이전 후" 등록관청)에 이전사실을 신고하여야 한다.

② **구비서류**

중개사무소 이전신고 시 구비서류	
이	㉠ **이전신고서**
사	㉡ **사무소확보증명서류**[임대차계약서 등 + (건축물대장지연시) 지연사유서)]
등	㉢ **등록증**(반납 후 재교부 원칙 / 관할구역 안에서 이전시에는 변경교부 가능)

③ **등록증의 재교부 및 협회에 통보**

㉠ 등록관청은 이전신고를 받은 때에는 그 내용이 적합한 경우 등록증을 재교부하여야 한다(수수료 납부 ○). 다만, 등록관청 관할 구역 내로 이전한 경우에는 등록관청은 등록증에 변경사항을 기재하여 이를 교부할 수 있다(수수료 납부 ×).

㉡ 등록관청은 이전신고를 받은 때에는 '다음 달 10일'까지 공인중개사협회에 통보하여야 한다.

④ **서류송부**(관할지역 밖으로 이전 시) : 이전신고를 받은 이전 후의 등록관청은 종전의 등록관청에 관련 서류를 송부하여 줄 것을 요청하여야 한다. 이 경우 종전의 등록관청은 지체 없이 관련 서류를 이전 후 등록관청에 송부하여야 한다.

송부하는 서류	
등	㉠ 중개사무소 **등록대장**
신	㉡ 중개사무소 개설 **등록신청서류**
1	㉢ 최근 **1년간**의 행정처분서류 및 행정처분절차가 진행 중인 경우 관련 서류

💡 등록증은 송부서류가 아니다(주의). = 등록증은 중개사무소 이전신고시 제출할 서류이다.

⑤ **행정처분의 승계**: 중개사무소 이전신고 전에 발생한 사유로 인한 개업공인중개사에 대한 행정처분은 "이전 후" 등록관청이 이를 행한다.

3) 법인의 분사무소 ➡ 1등록 1사무소 원칙의 예외(중개법인에 한함)

(1) 법인의 분사무소 설치요건

분사무소 설치요건
① **책임자는** 공인중개사이어야 한다. 또한 실무교육을 받아야 하며, 결격사유가 없어야 한다(특수법인에는 적용 ×).
② 분무소마다 2억원 이상의 업무 **보증을 추가로** 설정하여야 한다.
③ **시 · 군 · 구별로** 1개소를 초과할 수 없다(시 · 도별로 ×).
④ 주된 사무소의 소재지가 속한 시 · 군 · 구를 "**제외**"한 시 · 군 · 구별로 설치할 수 있다.

(2) 설치신고

① 분사무소설치신고서에 구비서류를 첨부하여 "주된 사무소 소재지 등록관청"에 제출하여야 한다.

중개법인의 분사무소 설치신고 시 구비서류	
신	㉠ 분사무소 설치**신고서**
실	㉡ (책임자의) **실무교육수료증사본**
보	㉢ **업무보증** 설정증명서류
사	㉣ **사무소** 확보증명서류

② 설치신고를 받은 주된 사무소 등록관청은 '7일 이내'에 설치신고확인서를 교부하여야 한다. 또한 분사무소 소재지 관할 시 · 군 · 구청장에게 "지체 없이" 통보하고, 다음 달 10일까지 공인중개사협회에도 통보하여야 한다.

(3) 분사무소의 이전

① 이전한 날로부터 "10일 이내"에 "주된 사무소의 소재지를 관할하는 등록관청"에 이전신고를 하여야 한다.

분사무소 이전신고시 구비서류	
이	㉠ **이전신고서**
사	㉡ **사무소확보증명서류**[임대차계약서 등 + (건축물대장지연시) 지연사유서)]
신	㉢ 설치**신고확인서** (반납 후 재교부 원칙 / 관할구역 안에서 이전시에는 변경교부 가능)

② 분사무소의 이전신고를 받은 등록관청은 '지체 없이' 그 분사무소의 이전 전 '및' 이전 후의 소재지를 관할하는 시·군·구청장에게 이를 통보하여야 한다.

③ 분사무소와 관련된 서류는 모두 주된 사무소 소재지 등록관청이 관할하고 있으므로, 분사무소의 관할구역 밖으로의 이전과 관련하여서는 서류의 송부는 없다.

≫◆ 분사무소 관련 관할관청

구 분	해당 관할관청
분사무소 설치신고 및 이전신고	주된 사무소 소재지 관할 등록관청
분사무소의 휴업·폐업·재개·휴업기간변경신고	
분사무소에서 사용할 인장등록	
분사무소에 대한 업무정지처분	
분사무소에서 주택거래 중개시 중개보수 기준	분사무소 소재지 관할 시·도 조례

■ 공인중개사법 시행규칙[별지 제9호 서식] <개정 2021. 1. 12.>

분사무소 설치신고서

접수번호		접수일		처리기간	7일

신고인	성명(대표자)		주민등록번호(외국인등록번호)	
	주소(체류지)			
	(전화번호 :		휴대전화 :	)

본 사	명칭		등록번호	
	소재지			
	(전화번호 :		휴대전화 :	)

분사무소	소재지			
			(전화번호 :	)
	책임자	성명	주민등록번호(외국인등록번호)	
		주소(체류지)	공인중개사 자격증 발급 시·도	

「공인중개사법」 제13조 제3항 및 같은 법 시행령 제15조 제3항에 따라 위와 같이 신고합니다.

년   월   일

신청인   (서명 또는 인)

시장 · 군수 · 구청장   귀하

신청인 제출서류	1. 분사무소 책임자의「공인중개사법」제34조 제1항에 따른 실무교육의 수료확인증 사본 1부 2. 「공인중개사법 시행령」제24조에 따른 보증의 설정을 증명할 수 있는 서류 1부 3. 건축물대장(「건축법」제20조 제5항에 따른 가설건축물대장은 제외합니다)에 기재된 건물(준공검사, 준공인가, 사용승인, 사용검사 등을 받은 건물로서 건축물대장에 기재되기 전의 건물을 포함합니다)에 분사무소를 확보(소유 · 전세 · 임대차 또는 사용대차 등의 방법에 의하여 사용권을 확보하여야 합니다)하였음을 증명하는 서류 1부(건축물대장에 기재되지 않은 건물에 분사무소를 확보하였을 경우에는 건축물대장 기재가 지연되는 사유를 적은 서류도 함께 내야 합니다).	수수료 시 · 군 · 구 조례로 정하는 금액
담당 공무원 확인사항	1. 법인 등기사항증명서 2. 건축물대장	

※ 시장 · 군수 · 구청장은 법 제5조 제2항에 따라 공인중개사 자격증을 발급한 시 · 도지사에게 분사무소 책임자의 공인중개사 자격 확인을 요청하여야 합니다.

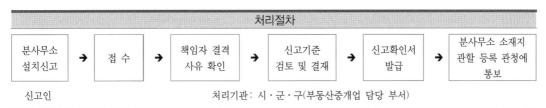

처리절차

분사무소 설치신고 → 접 수 → 책임자 결격 사유 확인 → 신고기준 검토 및 결재 → 신고확인서 발급 → 분사무소 소재지 관할 등록 관청에 통보

신고인   처리기관 : 시 · 군 · 구(부동산중개업 담당 부서)

210mm×297mm[백상지 80g/㎡(재활용품)]

■ 공인중개사법 시행규칙 [별지 제10호 서식] <개정 2021. 1. 12.>

제   호

분사무소설치 신고확인서

사진(여권용 사진)
(3.5cm×4.5cm)

성명(법인의 대표자)		생년월일	
중개사무소의 명칭		주된 사무소 등록번호	
주된 사무소 소재지			
분사무소	소재지		
	책임자		생년월일
분사무소 등록인장 (중개행위시 사용)		<변경 인장>	

「공인중개사법」 제13조 제3항에 따라 위와 같이 분사무소 설치신고를 했음을 증명합니다.

년   월   일

시장 · 군수 · 구청장

직인

210mm×297mm[백상지(1종) 120g/m²]

4) 중개사무소 공동활용

(1) 설치의 임의사항

업무의 효율적인 수행을 위하여 다른 개업공인중개사와 중개사무소를 공동으로 사용할 수 있다.

> ① 기존 개업공인중개사 甲의 사무소를 함께 사용하기 위하여 공인중개사 乙이 甲의 사무소에 신규등록의 형태로 공동사용 하는 경우에는 <u>기존 개업공인중개사 甲의 (사용)</u> "**승낙서**"를 **첨부하여** 등록관청에 <u>신규등록</u>을 하면 된다.
> ② 기존 개업공인중개사 甲의 사무소를 함께 사용하기 위하여 공인중개사인 개업공인중개사 乙이 자신의 사무소를 甲의 사무소로 이전하는 형태로 공동사용하는 경우에는 <u>기존 개업공인중개사 甲의 **(사용)** "**승낙서**"를 **첨부하여**</u> 등록관청에 중개사무소 <u>이전신고</u>를 하면 된다.
> ③ **개업공인중개사의 종별이 서로 다른 경우에도 공동사무소는 가능하다**. 예를 들어 공인중개사인 개업공인중개사와 중개법인이 공동사무소를 함께 운영할 수도 있다.
> ④ 공동사무소 자체의 <u>이전신고는 각자가</u> 한다.
> ⑤ 공동사무소 자체의 설치신고를 따로 할 필요가 없다(<u>설치신고서를 제출하지 않는다</u>).

(2) 설치의 제한 : 업무정지 개업공인중개사는 불가

업무의 정지 기간 중에 있는 개업공인중개사("업무정지 개업공인중개사"라 한다)는 다음의 어느 하나에 해당하는 방법으로 다른 개업공인중개사와 중개사무소를 공동으로 사용할 수 없다.

> ① "업무정지 개업공인중개사"가 다른 개업공인중개사에게 중개사무소의 공동사용을 위하여 '**승낙서를 주는 방법**'(다만, 업무정지개업공인중개사가 영업정지 처분을 받기 전부터 중개사무소를 공동사용 중인 다른 개업공인중개사는 제외한다)
> ② "업무정지 개업공인중개사"가 다른 개업공인중개사의 중개사무소를 공동으로 사용하기 위하여 중개사무소의 '**이전신고를 하는 방법**'

(3) 법률관계 – 각자 운영, 각자 책임

① 소위, 공동사무소는 중개사무소의 공동 활용에 불과할 뿐이고, 구성 개업공인중개사가 "각자" 운영하고, "각자" 책임진다.

② 등록, 업무보증, 인장등록, 고용인 고용책임, 게시의무, 거래계약서의 보관의무, 부동산거래신고 등 "각자" 개별적으로 하여야 한다.

③ 공동사무소의 대표자는 없다. 공동사무소 설치신고서를 별도로 제출하지 않는다.

⑤ 인장등록

1) 인장등록의 의무

(1) 개업공인중개사

① 중개사무소의 개설등록 후부터 '업무개시 전'까지 중개행위에 사용할 인장을 등록하여야 하며,

② 중개사무소 개설등록 신청시에나 고용신고시에도 인장등록을 신청할 수도 있다.

(2) 소속공인중개사

① '업무개시 전'까지 중개행위에 사용할 인장을 등록하여야 하며,

② 중개사무소 개설등록 신청시에나 고용신고시에도 인장등록을 신청할 수도 있다.

    💡 중개보조원은 인장등록을 하지 아니한다.

    💡 인장등록은 전자문서에 의하여도 가능하다.

2) 등록할 인장

구 분		등록할 인장	등록장소	등록절차
법인인 개업공인 중개사	주된 사무소	상업등기규칙에 의하여 신고한 **법인의 인장**(법인대표자 인장 ×)	등록관청	인감증명서 제출로 갈음
	분사무소	① 원칙은 법인의 인장을 등록하여 사용하나, ② 편의상 상업등기규칙에 의하여 **법인의 대표자가 보증하는 인장으로 등록할 수 있다.**	**주된 사무소** 소재지 등록관청	
공인중개사인 개업공인중개사, 부칙 개/공, 소속공인중개사		'가'족관계등록부나 '주'민등록표에 기재된 성명이 나타난 인장으로서, 크기는 가로 세로 각각 '7밀리' 이상 '30밀리' 이하의 인장	등록관청	인장등록 신고서 제출

  💡 개인인장은 가족관계등록부나 주민등록표에 기재된 성명이 나타나야 한다. 즉,

    ① 실명이 나타나야 한다.

    ② 크기의 제한이 있다.

    ③ 인감도장을 등록해도 되고, 중개시 사용할 별도의 인장도 무방하다.

  💡 인장의 등록은 국토교통부령 별지(제11호의2) 서식(인장등록신고서)에 따른다(중개사무소 개설등록증 원본을 첨부하여야 한다).

3) 인장변경

① 인장이 변경된 경우에는 인장변경 후 '7일 이내' 변경등록하여야 한다(사후등록임에 유의).

② 인장의 변경등록은 국토교통부령 별지(제11호의2) 서식(등록인장변경신고서)에 따른다 (중개사무소 개설등록증 원본을 첨부하여야 한다).

4) 제재 : 업무정지, 자격정지

인장을 등록하지 아니 하거나 등록한 인장을 사용하지 아니한 경우에는 개업공인중개사는 "업무정지"의 대상이며, 소속공인중개사는 "자격정지"의 대상이다.

⑥ 휴업 · 폐업신고

⑴ 휴업 · 폐업의 신고(사전신고, 전자문서 불가)

① 3개월을 '초과'하여 휴업을 '하고자' 하거나 **폐업**을 '하고자' 하는 경우에는 휴 · 폐업신고 서에 **등록증**을 **첨부**하여 등록관청에 **미리 신고**하여야 한다.

② 3개월 이하의 휴업은 신고의무가 없다.

③ 중개업 등록 후 3개월을 초과하는 업무 미개시는 휴업신고를 요한다(위반시 100만원 이하 과태료). 중개업 등록 후 6개월을 초과하는 업무 미개시는 임의적 등록취소사유에 해당된다.

④ 휴업신고에 의한 휴업기간은 '6개월'을 **초과할 수 없다.** 다만, 질병으로 인한 요양, 징집으로 인한 입영, 취학 또는 임신하거나 출산한 경우, 그 밖에 이에 준하는 사유가 있는 경우에는 그러하지 아니하다.

⑤ 개업공인중개사는 폐업의 자유를 갖는다(그러므로 업무정지 중이나 휴업 중에도 폐업은 가능하다. 다만, 업무정지 기간 중에는 폐업신고 후에 다시 등록을 할 수 없다).

⑥ 사망 시에는 폐업신고를 하지 않아도 무방하다(세대를 같이 하는 자가 신고해야 할 필요가 없다).

⑵ 휴업기간변경신고 ➡ 사전신고, 전자문서 가능

휴업기간을 '변경하고자' 할 때에도 변경신고서(전자문서 포함)에 의하여 변경신고를 하여야 한다.

⑶ (업무)재개신고 ➡ 사전신고, 전자문서 가능

휴업신고 후 업무를 '재개하고자' 할 때에는 미리 재개신고(전자문서 포함)를 하여야 한다. 이 경우 등록관청은 휴업신고 때 반납받았던 등록증을 '즉시' 반환하여야 한다.

(4) 「부가가치세법」상 휴업·폐업 신고서 제출

① 개업공인중개사가 법 제18조 제1항에 따라 휴업 등의 신고시 「부가가치세법」 제8조 제7항에 따른 신고를 같이 하려는 경우에는 제1항의 신고서(「공인중개사법」 휴·폐업 신고서)에 같은 법 시행령 제13조 제1항에 따른 신고서(「부가세법」 휴·폐업 신고서)를 함께 제출해야 한다. 이 경우 등록관청은 함께 제출받은 신고서를 지체 없이 관할 세무서장에게 송부(정보통신망을 이용한 송부를 포함한다. 이하 이 조에서 같다)해야 한다.

② 관할 세무서장이 「부가가치세법 시행령」 제13조 제5항에 따라 제1항의 신고서를 받아 해당 등록관청에 송부한 경우에는 제1항의 신고서가 제출된 것으로 본다.

(5) 제 재

① 부득이한 사유 없이 계속하여 6월을 초과하여 휴업한 경우 - "임의적 등록취소사유"에 해당된다.

② 휴업·폐업·재개·휴업기간변경신고 위반시 - 100만원 이하 과태료

구 분	휴업신고	폐업신고	재개신고	휴업기간변경신고
신고방법	등록증 첨부하여 '방문신고'하여야 한다.		방문신고뿐만 아니라, '전자문서에' 의한 신고 가능	
제 재	100만원 이하 과태료			
서 식	동일 서식			

Chapter 05 개업공인중개사의 의무

① 개업공인중개사의 기본윤리

1) 품위유지, 공정 중개의무

① 개업공인중개사 및 소속공인중개사는 전문직업인으로서 품위를 유지하고 신의와 성실로써 공정하게 중개 관련 업무를 수행하여야 한다(제29조 제1항).

② 이러한 의무는 중개보조원에게는 적용되지 않는다.

💡 참고 : 선량한 관리자의 주의의무는 '판례상' 인정되는 의무이다(공인중개사법상의 규정은 없다).

2) 비밀준수의무

(1) 비밀준수의무의 원칙

개업공인중개사 "등"은 그 직무상 알게 된 비밀을 누설하여서는 아니 되며, 개업공인중개사 등이 그 직을 떠난 후에도 또한 같다(제29조 제2항).

① **적용대상** : 개업공인중개사 "등", 즉 개업공인중개사뿐만 아니라, 고용인(중개보조원 포함) 모두에게도 적용된다.

② **적용기간** : 중개업을 그만둔 이후에도 계속 적용된다.

(2) 위반시 제재

① 1년 이하의 징역 또는 1천만원 이하의 벌금

② **반의사불벌죄** : 피해자의 명백한 의사에 반해서는 처벌하지 않는다(고소가 있어야 처벌되는 것이 아니다. 즉, 친고죄가 아니다).

② 중개계약상의 의무

(1) 일반중개계약상의 의무

① 의뢰인은 중개의뢰내용을 명확하게 하기 위하여 필요한 경우에는 개업공인중개사에게 다음의 사항을 기재한 일반중개계약서의 작성을 요청할 수 있다(제22조).

일반중개계약서 기재 요청사항	
거	㉠ **거래**예정가격
위	㉡ 중개대상물의 **위치** 및 규모
수	㉢ 거래예정가격에 대한 **중개보수**
준	㉣ 기타 개업공인중개사와 중개의뢰인이 **준수**하여야 할 사항

② 국토교통부장관은 표준이 되는 서식을 정하여 그 사용을 권장할 수 있다. 권장양식은 국토교통부령으로 정해져 있으나 이를 사용할 법상의 의무는 없다.

> 💡 일반중개계약서는 개업공인중개사에게 작성의무는 "없다". 또한 보관의무도 "없으며", 국토부장관이 권장하고 있는 권장양식을 사용할 의무도 "없음"에 주의

(2) 전속중개계약상의 의무

	의무사항	내용	제재
전속중개계약상의 의무	① "전속중개계약서"를 반드시 작성하여야 한다. 전속중개계약서는 법정 강제양식이 규정되어 있으며 이 양식을 사용하여야 한다.	중개의뢰인에게 교부하고 개업공인중개사는 '3년'간 보존하여야 한다.	업무정지
	② 물건에 대한 정보를 공개하여야 한다. 다만, 의뢰인이 비공개를 요청한 경우에는 공개하여서는 아니 된다.	'7일 이내' 거래정보망 '또는' 일간신문에 공개하여야 한다(택 1).	임의적 등록취소
	③ 공개한 내용을 지체 없이 의뢰인에게 통지하여야 한다.	문서(서면)로써 통지하여야 한다.	업무정지
	④ 업무처리 상황을 의뢰인에게 보고하여야 한다.	'2주일에 1회 이상' 문서(서면)로써 통지하여야 한다.	업무정지
일반중개계약/전속중개계약 공통적용	⑤ 물건을 취득하고 하는 의뢰인에게 중개대상물을 (확인)설명하여야 한다.		500 이하의 과태료
	⑥ 거래가 성사된 후에는 거래정보사업자에게 거래사실을 지체 없이 통보하여야 한다.	거래정보망의 물건을 삭제시켜주어야 한다.	업무정지

(3) 전속 개업공인중개사가 공개할 물건 정보

	전속중개계약시의 정보공개사항
기	① 중개대상물을 특정하기 위하여 필요한 사항(**기본적인 사항**)
권	② 중개대상물의 **권리관계**에 관한 사항(다만, 각 권리자의 주소 · 성명 등 인적사항에 관한 정보는 공개하여서는 아니 된다)
제	③ **공법**상 이용**제한** 및 거래**규제**에 관한 사항
상	④ **수도** · 전기 · 가스 · 소방 · 열공급 · 승강기 설비, 오수 · 폐수 · 쓰레기 처리시설 등의 **상태** ⑤ **벽면** 및 도배의 **상태**
조	⑥ **일조** · 소음 · 진동 등 환경**조건** ⑦ **도로** 및 대중교통수단과의 연계성, 시장 · 학교 등과의 근접성, 지형 등 **입지조건**
금	⑧ 중개대상물의 **거래예정금액**
공	⑨ **공시지가**(다만, 임대차의 경우에는 공시지가를 공개하지 아니할 수 있다)

(4) **전속중개계약의 유효기간** : 원칙은 3개월이며 특약으로 달리 약정할 수도 있다.

(5) **전속중개의뢰인의 의무**

① 유효기간 이내의 위약금 또는 비용 지불 책임

유효기간 이내	전속중개의뢰인의 책임	
'**다른**' 개업공인중개사 통해 거래성사시	전속개업공인중개사에게 약정보수의 100%를 "위약금"으로 지불하여야 한다.	
소개한 전속 개업공인중개사를 '**배제**'하고 직거래시	전속개업공인중개사에게 약정보수의 100%를 "위약금"으로 지불하여야 한다.	
중개의뢰인이 스스로 발견한 상대방과 직거래	전속개업공인중개사에게 약정보수의 "50% 범위 내에서 전속 개업공인중개사가 지출한 **비용**(사회통념상 인정되는 비용)"을 지불하여야 한다.	

② 전속개업공인중개사의 확인 · 설명에 협조하여야 한다(협조의무).

■ 공인중개사법 시행규칙 [별지 제14호 서식] <개정 2014. 7. 29.>　　　　　　　　　　　(앞쪽)

일 반 중 개 계 약 서

([ ] 매도 [ ] 매수 [ ] 임대 [ ] 임차 [ ] 그 밖의 계약(　　　))

※ 해당하는 곳의 [ ]란에 ∨표를 하시기 바랍니다.

중개의뢰인(갑)은 이 계약서에 의하여 뒤쪽에 표시한 중개대상물의 중개를 개업공인중개사(을)에게 의뢰하고 을은 이를 승낙한다.

1. 을의 의무사항

　　을은 중개대상물의 거래가 조속히 이루어지도록 성실히 노력하여야 한다.

2. 갑의 권리·의무 사항

　　1) 갑은 이 계약에도 불구하고 중개대상물의 거래에 관한 중개를 다른 개업공인중개사에게도 의뢰할 수 있다.

　　2) 갑은 을이 「공인중개사법」(이하 "법"이라 한다) 제25조에 따른 중개대상물의 확인·설명의무를 이행하는 데 협조하여야 한다.

3. 유효기간

　　이 계약의 유효기간은　　　　년　　　　월　　　　일까지로 한다.

　　※ 유효기간은 3개월을 원칙으로 하되, 갑과 을이 합의하여 별도로 정한 경우에는 그 기간에 따른다.

4. 중개보수

　　중개대상물에 대한 거래계약이 성립한 경우 갑은 거래가액의 (　　　)%(또는　　　　　원)을 중개보수로 을에게 지급한다.

　　※ 뒤쪽 별표의 요율을 넘지 않아야 하며, 실비는 별도로 지급한다.

5. 을의 손해배상 책임

　　을이 다음의 행위를 한 경우에는 갑에게 그 손해를 배상하여야 한다.

　　1) 중개보수 또는 실비의 과다수령 : 차액 환급

　　2) 중개대상물의 확인·설명을 소홀히 하여 재산상의 피해를 발생하게 한 경우 : 손해액 배상

6. 그 밖의 사항

　　이 계약에 성하시 않은 사항에 내하여는 갑과 을이 합의하여 별도로 징할 수 있다.

이 계약을 확인하기 위하여 계약서 2통을 작성하여 계약 당사자간에 이의가 없음을 확인하고 각자 서명 또는 날인한 후 쌍방이 1통씩 보관한다.

　　　　　　　　　　　　　　　　　　　　　　　　　　　　　　　　　　　　　　　년　　　월　　　일

계약자

중개의뢰인 (갑)	주소(체류지)		성 명	(서명 또는 인)
	생년월일		전화번호	
개업 공인중개사 (을)	주소(체류지)		성명(대표자)	(서명 또는 인)
	상호(명칭)		등록번호	
	생년월일		전화번호	

210mm×297mm[일반용지 60g/㎡(재활용품)]

(뒤쪽)

※ 중개대상물의 거래내용이 권리를 이전(매도·임대 등)하려는 경우에는「Ⅰ. 권리이전용(매도·임대 등)」에 적고, 권리를 취득(매수·임차 등)하려는 경우에는「Ⅱ. 권리취득용(매수·임차 등)」에 적습니다.

Ⅰ. 권리이전용(매도·임대 등)

구 분			[ ] 매도 [ ] 임대 [ ] 그 밖의 사항( )		
소유자 및 등기명의인	성명			생년월일	
	주소				
중개대상물의 표시	건축물	소재지		건축연도	
		면적	m² 구조	용도	
	토 지	소재지		지목	
		면적	m² 지역·지구 등	현재 용도	
	은행융자·권리금·제세공과금 등(또는 월임대료·보증금·관리비 등)				
권리관계					
거래규제 및 공법상 제한사항					
중개의뢰 금액					
그 밖의 사항					

Ⅱ. 권리취득용(매수·임차 등)

구 분	[ ] 매수 [ ] 임차 [ ] 그 밖의 사항( )	
항 목	내 용	세부 내용
희망물건의 종류		
취득 희망가격		
희망 지역		
그 밖의 희망조건		

첨부서류	중개보수 요율표(「공인중개사법」제32조 제4항 및 같은 법 시행규칙 제20조에 따른 요율표를 수록합니다) ※ 해당 내용을 요약하여 수록하거나, 별지로 첨부합니다.

유의사항

[개업공인중개사 위법행위 신고안내]

개업공인중개사가 중개보수 과다수령 등 위법행위시 시·군·구 부동산중개업 담당 부서에 신고할 수 있으며, 시·군·구에서는 신고사실을 조사한 후 적정한 조치를 취하게 됩니다.

■ 공인중개사법 시행규칙 [별지 제15호 서식] <개정 2021. 8. 27.>

전 속 중 개 계 약 서

([　] 매도 [　] 매수 [　] 임대 [　] 임차 [　] 그 밖의 계약(　　　　))

※ 해당하는 곳의 [　]란에 ∨표를 하시기 바랍니다. (앞쪽)

중개의뢰인(갑)은 이 계약서에 의하여 뒤쪽에 표시한 중개대상물의 중개를 개업공인중개사(을)에게 의뢰하고 을은 이를 승낙한다.

1. 을의 의무사항
   ① 을은 갑에게 계약체결 후 2주일에 1회 이상 중개업무 처리상황을 문서로 통지하여야 한다.
   ② 을은 이 전속중개계약 체결 후 7일 이내 「공인중개사법」(이하 "법"이라 한다) 제24조에 따른 부동산거래정보망 또는 일간신문에 중개대상물에 관한 정보를 공개하여야 하며, 중개대상물을 공개한 때에는 지체 없이 갑에게 그 내용을 문서로 통지하여야 한다. 다만, 갑이 비공개를 요청한 경우에는 이를 공개하지 아니한다.
   (공개 또는 비공개 여부:　　　　)
   ③ 법 제25조 및 같은 법 시행령 제21조에 따라 중개대상물에 관한 확인·설명의무를 성실하게 이행하여야 한다.
2. 갑의 권리·의무 사항
   ① 다음 각 호의 어느 하나에 해당하는 경우에는 갑은 그가 지급해야 할 중개보수에 해당하는 금액을 을에게 위약금으로 지급해야 한다. 다만, 제3호의 경우에는 중개보수의 50퍼센트에 해당하는 금액의 범위에서 을이 중개행위를 할 때 소요된 비용(사회통념에 비추어 상당하다고 인정되는 비용을 말한다)을 지급한다.
   1. 전속중개계약의 유효기간 내에 을 외의 다른 개업공인중개사에게 중개를 의뢰하여 거래한 경우
   2. 전속중개계약의 유효기간 내에 을의 소개에 의하여 알게 된 상대방과 을을 배제하고 거래당사자간에 직접 거래한 경우
   3. 전속중개계약의 유효기간 내에 갑이 스스로 발견한 상대방과 거래한 경우
   ② 갑은 을이 법 제25조에 따른 중개대상물 확인·설명의무를 이행하는 데 협조하여야 한다.
3. 유효기간
   이 계약의 유효기간은　　　　년　　　월　　　일까지로 한다.
   ※ 유효기간은 3개월을 원칙으로 하되, 갑과 을이 합의하여 별도로 정한 경우에는 그 기간에 따른다.
4. 중개보수
   중개대상물에 대한 거래계약이 성립한 경우 갑은 거래가액의 (　　)%(또는　　　원)을 중개보수로 을에게 지급한다.
   ※ 뒤쪽 별표의 요율을 넘지 않아야 하며, 실비는 별도로 지급한다.
5. 을의 손해배상 책임
   을이 다음의 행위를 한 경우에는 갑에게 그 손해를 배상하여야 한다.
   1) 중개보수 또는 실비의 과다수령: 차액 환급
   2) 중개대상물의 확인·설명을 소홀히 하여 재산상의 피해를 발생하게 한 경우: 손해액 배상
6. 그 밖의 사항
   이 계약에 정하지 않은 사항에 대하여는 갑과 을이 합의하여 별도로 정할 수 있다.

이 계약을 확인하기 위하여 계약서 2통을 작성하여 계약 당사자간에 이의가 없음을 확인하고 각자 서명 또는 날인한 후 쌍방이 1통씩 보관한다.

년　　　월　　　일

계약자

중개의뢰인	주소(체류지)		성 명	(서명 또는 인)
(갑)	생년월일		전화번호	
개업 공인중개사 (을)	주소(체류지)		성명(대표자)	(서명 또는 인)
	상호(명칭)		등록번호	
	생년월일		전화번호	

210mm×297mm[일반용지 60g/㎡(재활용품)]

(뒤쪽)

※ 중개대상물의 거래내용이 권리를 이전(매도 · 임대 등)하려는 경우에는 「Ⅰ. 권리이전용(매도 · 임대 등)」에 적고, 권리를 취득(매수 · 임차 등)하려는 경우에는 「Ⅱ. 권리취득용(매수 · 임차 등)」에 적습니다.

Ⅰ. 권리이전용(매도 · 임대 등)

구 분	[ ] 매도　[ ] 임대　[ ] 그 밖의 사항(　　　　　　　　　　　　　　　)			
소유자 및 등기명의인	성명		생년월일	
	주소			
중개대상물의 표시	건축물	소재지		건축연도
		면적　　　　　m²	구조	용도
	토 지	소재지		지목
		면적　　　　　m²	지역 · 지구 등	현재 용도
	은행융자 · 권리금 · 제세공과금 등(또는 월임대료 · 보증금 · 관리비 등)			
권리관계				
거래규제 및 공법상 제한사항				
중개의뢰 금액	원			
그 밖의 사항				

Ⅱ. 권리취득용(매수 · 임차 등)

구 분	[ ] 매수　[ ] 임차　[ ] 그 밖의 사항(　　　　　　　　　　　)	
항 목	내 용	세부 내용
희망물건의 종류		
취득 희망가격		
희망 지역		
그 밖의 희망조건		
첨부서류	중개보수 요율표(「공인중개사법」 제32조 제4항 및 같은 법 시행규칙 제20조에 따른 요율표를 수록합니다) ※ 해당 내용을 요약하여 수록하거나, 별지로 첨부합니다.	

유의사항

[개업공인중개사 위법행위 신고안내]
개업공인중개사가 중개보수 과다수령 등 위법행위시 시 · 군 · 구 부동산중개업 담당 부서에 신고할 수 있으며, 시 · 군 · 구에서는 신고사실을 조사한 후 적정한 조치를 취하게 됩니다.

③ 중개대상물 확인 · 설명의무

물건에 대한 설명 시에는 반드시 설명의 근거자료(대장, 등기사항증명서 등)를 제시하고 성실하고 정확하게 설명하여야 하며, 거래가 성사된 경우에는 거래계약서와 확인 · 설명서를 작성하여 의뢰인 쌍방에게 교부하여야 한다.

(1) **중개대상물의 확인 · 설명의 방법** : (거래당사자에게 ×, 구두로써만 ×)

① 권리 "취득" 의뢰인에게 (대장 · 등기부 등) 근거자료를 제시하고 성실 · 정확하게 설명(제시하거나 설명 ×)

② **위반시** : 500만원 이하의 과태료처분대상(개/공)

(2) **확인 · 설명의무**

구 분	확인 · 설명의무
시 기	중개계약체결시~거래계약성립 전까지
대 상	권리를 "**취득**"하고자 하는 의뢰인
방 법	권리관계 등에 대하여 확인하여 **근거자료를** "제시하고" 성실 · 정확하게 **설명** 근거자료 : 등기사항증명서 · 등기필증, 토지 · 건축물대장, 지적도 · 임야도, 토지이용계획확인서, 기타자료
처 벌	개/공 : **500만원 이하의 과태료**, 소 · 공 : **자격정지**
시행자	개업공인중개사(의무), 소속공인중개사(권한)

(3) **설명사항**(영 제21조)

	중개시 취득의뢰인에게 설명해야 할 사항
기	① 당해 중개대상물에 관한 **기본적인 사항**
권	② 당해 중개대상물의 **권리관계**에 관한 사항
제	③ **토지이용계획**, **공법상** 거래**규제** 및 이용**제한**에 관한 사항
상	④ **수도** · 전기 · 가스 · 소방 · 열공급 · 승강기 및 배수 등 시설물의 **상태** ⑤ **벽면** 및 도배의 **상태**
조	⑥ 일조 · 소음 · 진동 등 "**환경조건**" ⑦ **도로** 및 대중교통수단과의 연계성, 시장 · 학교와의 근접성 등 "**입지조건**"
금	⑧ **거래예정금액**
세	⑨ 중개대상물에 대한 권리를 '**취득**'함에 **따라 부담하여야 할 조세의 종류**, 세율
수	⑩ 중개 **수수료(보수)** 및 실비의 금액과 그 산출내역

(4) 자료요구

① 개업공인중개사는 확인 또는 설명을 위하여 필요한 경우에는 중개대상물의 매도·임대의 뢰인 등 권리를 "이전"하고자 하는 자에게 당해 중개대상물에 대한 '상태'에 관한 자료를 요구할 수 있다.

② '상태'에 관한 자료 : ㉠ 수도·전기·가스 등 (내·외부) 시설물의 상태, ㉡ 벽면 및 도배 상태, ㉢ 일조·소음·진동 등 환경조건

③ 자료요구에 불응시 : 불응한 사실을 (매수·임차의뢰인 등) 권리를 취득하려는 의뢰인에 게 "설명하고", 확인·설명서에 기재하여야 한다(설명하거나 기재 ×).

(5) 중개의뢰인에 대한 신분증 제시 요구권

개업공인중개사는 중개업무의 수행을 위하여 필요한 경우에는 중개의뢰인에게 주민등록증 등 신분을 확인할 수 있는 증표를 제시할 것을 요구할 수 있다.

> **판례** ....
>
> **확인·설명의무**
>
> 1. 부동산중개계약에 따른 개업공인중개사의 **확인·설명의무와 이에 위반한 경우의 손해배상의무는** 중개의뢰인이 개업공인중개사에게 **소정의 수수료를 지급하지 아니하였다고 해서 당연히 소멸되는 것이 아니다**(대판 2001다71484).
> 2. **설명사항으로서의 권리관계에는 권리자에 관한 사항도 포함된다.** 그러므로 개업공인중개사는 매도의뢰인이 진정한 권리자와 동일인지의 여부를 부동산등기부와 주민등록증 등을 통하여 조사·확인해야 할 의무가 있다.
> 3. **개업공인중개사가 중개대상물의 현황을 측량까지 하여 확인·설명할 의무는 없다**(서울고판 95 다46199).
> 4. **중개대상물건에 근저당이 설정된 경우에는 개업공인중개사는 채권최고액만을 조사·확인해서 의뢰인에게 설명하면 족하고,** 실제의 현재 채무액까지 설명해 주어야 할 의무는 없다. 그러나 부동산개업공인중개사가 실제의 피담보채무액에 관한 그릇된 정보를 제대로 확인하지도 않은 채 진실인 것처럼 의뢰인에게 그대로 전달하여 이를 믿고 상대방과 계약을 체결하였다면 선량한 관리자의 주의로 신의를 지켜 성실하게 중개행위를 하여야 할 의무에 위반된다(대판 98다30667).
> 5. **개업공인중개사는 다가구주택의 일부에 대한 임대차계약을 중개함에 있어서** 임차의뢰인이 임 대차계약이 종료된 후에 임대차보증금을 제대로 반환받을 수 있는지 판단하는 데 필요한 다 가구주택의 권리관계 등에 관한 자료를 제공하여야 한다.
> 6. **개업공인중개사는 다가구주택의 일부에 대한 임대차계약을 중개함에 있어서** 공인중개사법 시행 규칙이 정한 위 서식에 따른 중개대상물 확인·설명서의 중개목적물에 대한 '실제 권리관계 또는 공시되지 아니한 물건의 권리 사항'란에 그 내용을 기재하여 교부하여야 할 의무가 있고, 만일 임대의뢰인이 **다른 세입자의 임대차보증금, 임대차의 시기와 종기 등에 관한 자료요구에 불응한 경우에는 그 내용을 위 중개대상물 확인·설명서에 기재하여야 할 의무가 있다.** 그러므로 개업공인중개사가 고의나 과실로 이러한 의무를 위반하여 임차의뢰인에게 재산상의 손해를 발생하게 한 때에는 공인중개사법 제30조에 의하여 이를 배상할 책임이 있다(대판 2011다63857).
> 7. 공인중개사가 중개대상물 확인·설명서에 기재하여야 할 '실제권리관계 또는 공시되지 아니한 물건의 권리사항'에 상가건물 임대차보호법에 따른 임대차가 포함된다(대판 2016다261175).

④ 중개대상물 확인·설명서 작성의무

① 개업공인중개사는 거래계약이 체결되어 거래계약서 작성할 때 법 제25조 제3항 본문에 따라 국토교통부령으로 정하는 중개대상물 확인·설명서에 제1항 각 호의 사항을 적어 거래당사자에게 발급해야 하고 확인·설명서의 원본, 사본 또는 전자문서를 3년간 보존하여야 한다. 다만, 확인·설명사항이 「전자문서 및 전자거래 기본법」 제2조 제9호에 따른 공인전자문서센터에 보관된 경우에는 그러하지 아니하다(영 제21조 제3항, 제4항).

② 중개대상물 확인·설명서 서식은 시행규칙의 별지서식으로 규정되어 있다. 이에는 ㉠ 주거용 건축물, ㉡ 비주거용 건축물, ㉢ 토지, ㉣ 입목·광업재단·공장재단에 대한 확인·설명서로 모두 4종류가 있다. 각각의 중개대상물의 종류에 맞는 확인·설명서를 기재하여야 한다.

■ 공인중개사법 시행규칙 [별지 제20호 서식] <개정 2021. 12. 31.> (4쪽 중 제1쪽)

중개대상물 확인 · 설명서[Ⅰ] (주거용 건축물)

([ ] 단독주택   [ ] 공동주택   [ ] 매매 · 교환   [ ] 임대)

확인 · 설명 자료	확인 · 설명 근거자료 등	[ ] 등기권리증 [ ] 등기사항증명서 [ ] 토지대장 [ ] 건축물대장 [ ] 지적도 [ ] 임야도 [ ] 토지이용계획확인서 [ ] 그 밖의 자료( )
	대상물건의 상태에 관한 자료요구 사항	

유의사항	
개업공인중개사의 확인 · 설명 의무	개업공인중개사는 중개대상물에 관한 권리를 취득하려는 중개의뢰인에게 성실 · 정확하게 설명하고, 토지대장 등본, 등기사항증명서 등 설명의 근거자료를 제시해야 합니다.
실제 거래가격 신고	「부동산 거래신고 등에 관한 법률」 제3조 및 같은 법 시행령 별표 1 제1호 마목에 따른 실제 거래가격은 매수인이 매수한 부동산을 양도하는 경우 「소득세법」 제97조 제1항 및 제7항과 같은 법 시행령 제163조 제11항 제2호에 따라 취득 당시의 실제 거래가액으로 보아 양도차익이 계산될 수 있음을 유의하시기 바랍니다.

Ⅰ. 개업공인중개사 기본 확인사항

① 대상물건 의 표시	토 지	소재지				
		면적(m²)		지 목	공부상 지목	
					실제 이용 상태	
	건축물	전용면적(m²)			대지지분(m²)	
		준공년도 (증개축년도)		용 도	건축물대장상 용도	
					실제 용도	
		구 조		방 향		(기준:)
		내진설계 적용 여부		내진능력		
		건축물대장상 위반건축물 여부	[ ] 위반 [ ] 적법	위반내용		

② 권리관계	등기부 기재사항	소유권에 관한 사항		소유권 외의 권리사항	
		토 지		토 지	
		건축물		건축물	
	민간 임대 등록 여부	등 록	[ ] 장기일반민간임대주택 [ ] 공공지원민간임대주택 [ ] 그 밖의 유형( )		
			임대의무기간	임대개시일	
		미등록	[ ] 해당사항 없음		
	계약갱신 요구권 행사 여부		[ ] 확인(확인서류 첨부) [ ] 미확인 [ ] 해당 없음		
	다가구주택 확인서류 제출 여부		[ ] 제출(확인서류 첨부) [ ] 미제출 [ ] 해당 없음		

③ 토지이용 계획, 공법상 이용 제한 및 거래 규제에 관한 사항(토지)	지역 · 지구	용도지역		건폐율 상한	용적률 상한
		용도지구		%	%
		용도구역			
	도시 · 군계획 시설	허가 · 신고 구역 여부	[ ] 토지거래허가구역		
		투기지역 여부	[ ] 토지투기지역 [ ] 주택투기지역 [ ] 투기과열지구		
	지구단위계획구역, 그 밖의 도시 · 군관리계획		그 밖의 이용제한 및 거래규제사항		

210mm×297mm[백상지(80g/m²) 또는 중질지(80g/m²)]

	도로와의 관계	(m × m)도로에 접함 [ ] 포장 [ ] 비포장		접근성	[ ] 용이함 [ ] 불편함
④ 입지조건	대중교통	버 스	( ) 정류장, 소요시간: ([ ] 도보 [ ] 차량) 약 분		
		지하철	( ) 역, 소요시간: ([ ] 도보 [ ] 차량) 약 분		
	주차장	[ ] 없음 [ ] 전용주차시설 [ ] 공동주차시설 [ ] 그 밖의 주차시설 ( )			
	교육시설	초등학교	( ) 학교, 소요시간: ([ ] 도보 [ ] 차량) 약 분		
		중학교	( ) 학교, 소요시간: ([ ] 도보 [ ] 차량) 약 분		
		고등학교	( ) 학교, 소요시간: ([ ] 도보 [ ] 차량) 약 분		
	판매 및 의료시설	백화점 및 할인매장	( ), 소요시간: ([ ] 도보 [ ] 차량) 약 분		
		종합의료시설	( ), 소요시간: ([ ] 도보 [ ] 차량) 약 분		

⑤ 관리에 관한 사항	경비실	[ ] 있음 [ ] 없음	관리주체	[ ] 위탁관리 [ ] 자체관리 [ ] 그 밖의 유형

⑥ 비선호시설(1km 이내)	[ ] 없음 [ ] 있음 (종류 및 위치:)

⑦ 거래예정금액 등	거래예정금액	
	개별공시지가(m²당)	건물(주택) 공시가격

⑧ 취득시 부담할 조세의 종류 및 세율	취득세	%	농어촌특별세	%	지방교육세	%
	※ 재산세와 종합부동산세는 6월 1일 기준 대상물건 소유자가 납세의무를 부담					

Ⅱ. 개업공인중개사 세부 확인사항

⑨ 실제 권리관계 또는 공시되지 않은 물건의 권리 사항

		수 도	파손 여부	[ ] 없음 [ ] 있음 (위치:)	
⑩ 내부·외부 시설물의 상태 (건축물)			용수량	[ ] 정상 [ ] 부족함 (위치:)	
		전 기	공급상태	[ ] 정상 [ ] 교체 필요 (교체할 부분:)	
		가스(취사용)	공급방식	[ ] 도시가스 [ ] 그 밖의 방식 ( )	
		소 방	단독경보형 감지기	[ ] 없음 [ ] 있음(수량: 개)	※ 「화재예방, 소방시설 설치·유지 및 안전관리에 관한 법률」 제8조 및 같은 법 시행령 제13조에 따른 주택용 소방시설로서 아파트(주택으로 사용하는 층수가 5개층 이상인 주택을 말한다)를 제외한 주택의 경우만 작성합니다.
		난방방식 및 연료공급	공급방식	[ ] 중앙공급 [ ] 개별공급 시설작동	[ ] 정상 [ ] 수선 필요 ( ) ※ 개별 공급인 경우 사용연한 ( ) [ ] 확인불가
			종 류	[ ] 도시가스 [ ] 기름 [ ] 프로판가스 [ ] 연탄 [ ] 그 밖의 종류 ( )	
		승강기	[ ] 있음 ([ ] 양호 [ ] 불량) [ ] 없음		
		배 수	[ ] 정상 [ ] 수선 필요 ( )		
		그 밖의 시설물			

(4쪽 중 제3쪽)

⑪ 벽면 · 바닥면 및 도배 상태	벽 면	균열	[ ] 없음 [ ] 있음 (위치 :)
		누수	[ ] 없음 [ ] 있음 (위치 :)
	바닥면	[ ] 깨끗함 [ ] 보통임 [ ] 수리 필요 (위치 :)	
	도 배	[ ] 깨끗함 [ ] 보통임 [ ] 도배 필요	
⑫ 환경 조건	일조량	[ ] 풍부함 [ ] 보통임 [ ] 불충분 (이유 :)	
	소 음	[ ] 아주 작음 [ ] 보통임 [ ] 심한 편임	진 동 [ ] 아주 작음 [ ] 보통임 [ ] 심한 편임

III. 중개보수 등에 관한 사항

⑬ 중개보수 및 실비의 금액과 산출내역	중개보수		<산출내역> 중개보수 :
	실 비		실 비 :
	계		※ 중개보수는 시 · 도 조례로 정한 요율한도에서 중개의 뢰인과 개업공인중개사가 서로 협의하여 결정하며 부 가가치세는 별도로 부과될 수 있습니다.
	지급시기		

「공인중개사법」 제25조 제3항 및 제30조 제5항에 따라 거래당사자는 개업공인중개사로부터 위 중개대상물에 관한 확인 · 설명 및 손해배상책임의 보장에 관한 설명을 듣고, 같은 법 시행령 제21조 제3항에 따른 본 확인 · 설명서와 같은 법 시행령 제24조 제2항에 따른 손해배상책임 보장 증명서류(사본 또는 전자문서)를 수령합니다.

년 월 일

매도인 (임대인)	주 소		성 명	(서명 또는 날인)
	생년월일		전화번호	
매수인 (임차인)	주 소		성 명	(서명 또는 날인)
	생년월일		전화번호	
개업 공인중개사	등록번호		성명 (대표자)	(서명 및 날인)
	사무소 명칭		소속 공인중개사	(서명 및 날인)
	사무소 소재지		전화번호	
개업 공인중개사	등록번호		성명 (대표자)	(서명 및 날인)
	사무소 명칭		소속 공인중개사	(서명 및 날인)
	사무소 소재지		전화번호	

작성방법(주거용 건축물)

<작성일반>
1. "[ ]" 있는 항목은 해당하는 "[ ]"안에 √로 표시합니다.
2. 세부항목 작성시 해당 내용을 작성란에 모두 작성할 수 없는 경우에는 별지로 작성하여 첨부하고, 해당란에는 "별지 참고"라고 적습니다.

<세부항목>
1. 「확인·설명자료」 항목의 "확인·설명 근거자료 등"에는 개업공인중개사가 확인·설명 과정에서 제시한 자료를 적으며, "대상물건의 상태에 관한 자료요구 사항"에는 매도(임대)의뢰인에게 요구한 사항 및 그 관련 자료의 제출 여부와 ⑨ 실제 권리관계 또는 공시되지 않은 물건의 권리사항부터 ⑫ 환경조건까지의 항목을 확인하기 위한 자료의 요구 및 그 불응 여부를 적습니다.
2. ① 대상물건의 표시부터 ⑧ 취득시 부담할 조세의 종류 및 세율까지는 개업공인중개사가 확인한 사항을 적어야 합니다.
3. ① 대상물건의 표시는 토지대장 및 건축물대장 등을 확인하여 적고, 건축물의 방향은 주택의 경우 거실이나 안방 등 주실(主室)의 방향을, 그 밖의 건축물은 주된 출입구의 방향을 기준으로 남향, 북향 등 방향을 적고 방향의 기준이 불분명한 경우 기준(예: 남동향 − 거실 앞 발코니 기준)을 표시하여 적습니다.
4. ② 권리관계의 "등기부 기재사항"은 등기사항증명서를 확인하여 적습니다.
5. ② 권리관계의 "민간임대 등록 여부"는 대상물건이 「민간임대주택에 관한 특별법」에 따라 등록된 민간임대주택인지 여부를 같은 법 제60조에 따른 임대주택정보체계에 접속하여 확인하거나 임대인에게 확인하여 "[ ]"안에 √로 표시하고, 민간임대주택인 경우 「민간임대주택에 관한 특별법」에 따른 권리·의무사항을 임차인에게 설명해야 합니다.

> * 민간임대주택은 「민간임대주택에 관한 특별법」 제5조에 따른 임대사업자가 등록한 주택으로서, 임대인과 임차인간 임대차 계약(재계약 포함)시 다음과 같은 사항이 적용됩니다.
>   ① 같은 법 제44조에 따라 임대의무기간 중 임대료 증액청구는 5퍼센트의 범위에서 주거비 물가지수, 인근 지역의 임대료 변동률 등을 고려하여 같은 법 시행령으로 정하는 증액비율을 초과하여 청구할 수 없으며, 임대차계약 또는 임대료 증액이 있은 후 1년 이내에는 그 임대료를 증액할 수 없습니다.
>   ② 같은 법 제45조에 따라 임대사업자는 임차인이 의무를 위반하거나 임대차를 계속하기 어려운 경우 등에 해당하지 않으면 임대의무 기간 동안 임차인과의 계약을 해제·해지하거나 재계약을 거절할 수 없습니다.

6. ② 권리관계의 "계약갱신요구권 행사 여부" 및 "다가구주택 확인서류 제출 여부"는 다음 각 목의 구분에 따라 적습니다.
   가. "계약갱신요구권 행사 여부"는 대상물건이 「주택임대차보호법」의 적용을 받는 주택으로서 임차인이 있는 경우 매도인(임대인)으로부터 계약갱신요구권 행사 여부에 관한 사항을 확인할 수 있는 서류를 받으면 "확인"에 √로 표시하여 해당 서류를 첨부하고, 서류를 받지 못한 경우 "미확인"에 √로 표시하며, 임차인이 없는 경우에는 "해당 없음"에 √로 표시합니다. 이 경우 개업공인중개사는 「주택임대차보호법」에 따른 임대인과 임차인의 권리·의무사항을 매수인에게 설명해야 합니다.
   나. "다가구주택 확인서류 제출 여부"는 대상물건이 다가구주택인 경우로서 매도인(임대인) 또는 개업공인중개사가 주민센터 등에서 발급받은 다가구주택 확정일자 부여현황(임대차기간, 보증금 및 차임)이 적힌 서류를 제출하면 "제출"에 √로 표시하고, 제출하지 않은 경우에는 "미제출"에 √로 표시하며, 다가구주택이 아닌 경우에는 "해당 없음"에 √로 표시하고 그 사실을 중개의뢰인에게 설명해야 합니다.
7. ③ 토지이용계획, 공법상 이용제한 및 거래규제에 관한 사항(토지)의 "건폐율 상한 및 용적률 상한"은 시·군의 조례에 따라 적고, "도시·군계획시설", "지구단위계획구역, 그 밖의 도시·군관리계획"은 개업공인중개사가 확인하여 적으며, "그 밖의 이용제한 및 거래규제사항"은 토지이용계획확인서의 내용을 확인하고, 공부에서 확인할 수 없는 사항은 부동산종합공부시스템 등에서 확인하여 적습니다(임대차의 경우에는 생략할 수 있습니다).
8. ⑥ 비선호시설(1km 이내)의 "종류 및 위치"는 대상물건으로부터 1km 이내에 사회통념상 기피 시설인 화장장·납골당·공동묘지·쓰레기처리장·쓰레기소각장·분뇨처리장·하수종말처리장 등의 시설이 있는 경우, 그 시설의 종류 및 위치를 적습니다.
9. ⑦ 거래예정금액 등의 "거래예정금액"은 중개가 완성되기 전 거래예정금액을, "개별공시지가(m²당)" 및 "건물(주택)공시가격"은 중개가 완성되기 전 공시된 공시지가 또는 공시가격을 적습니다[임대차의 경우에는 "개별공시지가(m²당)" 및 "건물(주택)공시가격"을 생략할 수 있습니다].
10. ⑧ 취득시 부담할 조세의 종류 및 세율은 중개가 완성되기 전 「지방세법」의 내용을 확인하여 적습니다(임대차의 경우에는 제외합니다).
11. ⑨ 실제 권리관계 또는 공시되지 않은 물건의 권리 사항은 매도(임대)의뢰인이 고지한 사항(법정지상권, 유치권, 「주택임대차보호법」에 따른 임대차, 토지에 부착된 조각물 및 정원수, 계약 전 소유권 변동 여부, 도로의 점용허가 여부 및 권리·의무 승계 대상 여부 등)을 적습니다. 「건축법 시행령」 별표 1 제2호에 따른 공동주택(기숙사는 제외합니다) 중 분양을 목적으로 건축되었으나 분양되지 않아 보존등기만 마쳐진 상태인 공동주택에 대해 임대차계약을 알선하는 경우에는 이를 임차인에게 설명해야 합니다.
    ※ 임대차계약의 경우 임대보증금, 월 단위의 차임액, 계약기간, 장기수선충당금의 처리 등을 확인하고, 근저당 등이 설정된 경우 채권 최고액을 확인하여 적습니다. 그 밖에 경매 및 공매 등의 특이사항이 있는 경우 이를 확인하여 적습니다.
12. ⑩ 내부·외부 시설물의 상태(건축물), ⑪ 벽면·바닥면 및 도배 상태와 ⑫ 환경조건은 중개대상물에 대해 개업공인중개사가 매도(임대) 의뢰인에게 자료를 요구하여 확인한 사항을 적고, ⑩ 내부·외부 시설물의 상태(건축물)의 "그 밖의 시설물"은 가정자동화 시설(Home Automation 등 IT 관련 시설)의 설치 여부를 적습니다.
13. ⑬ 중개보수 및 실비는 개업공인중개사와 중개의뢰인이 협의하여 결정한 금액을 적되 "중개보수"는 거래예정금액을 기준으로 계산하고, "산출내역(중개보수)"은 "거래예정금액(임대차의 경우에는 임대보증금 + 월 단위의 차임액 × 100) × 중개보수 요율"과 같이 적습니다. 다만, 임대차로서 거래예정금액이 5천만원 미만인 경우에는 "임대보증금 + 월 단위의 차임액 × 70"을 거래예정금액으로 합니다.
14. 공동중개 시 참여한 개업공인중개사(소속공인중개사를 포함합니다)는 모두 서명·날인해야 하며, 2명을 넘는 경우에는 별지로 작성하여 첨부합니다.

■ 공인중개사법 시행규칙 [별지 제20호의2 서식] <개정 2021. 12. 31.>   (4쪽 중 제1쪽)

중개대상물 확인 · 설명서[II] (비주거용 건축물)

([ ] 업무용 [ ] 상업용 [ ] 공업용 [ ] 매매 · 교환 [ ] 임대 [ ] 그 밖의 경우)

확인 · 설명 자료	확인 · 설명 근거자료 등	[ ] 등기권리증 [ ] 등기사항증명서 [ ] 토지대장 [ ] 건축물대장 [ ] 지적도 [ ] 임야도 [ ] 토지이용계획확인서 [ ] 그 밖의 자료( )
	대상물건의 상태에 관한 자료요구 사항	

유의사항	
개업공인중개사의 확인 · 설명 의무	개업공인중개사는 중개대상물에 관한 권리를 취득하려는 중개의뢰인에게 성실 · 정확하게 설명하고, 토지대장 등본, 등기사항증명서 등 설명의 근거자료를 제시해야 합니다.
실제 거래가격 신고	「부동산 거래신고 등에 관한 법률」 제3조 및 같은 법 시행령 별표 1 제1호 마목에 따른 실제 거래가격은 매수인이 매수한 부동산을 양도하는 경우 「소득세법」 제97조 제1항 및 제7항과 같은 법 시행령 제163조 제11항 제2호에 따라 취득 당시의 실제 거래가액으로 보아 양도차익이 계산될 수 있음을 유의하시기 바랍니다.

Ⅰ. 개업공인중개사 기본 확인사항

① 대상물건 의 표시	토 지	소재지				
		면적(m²)		지 목	공부상 지목	
					실제이용 상태	
	건축물	전용면적(m²)			대지지분(m²)	
		준공년도 (증개축년도)		용 도	건축물대장상 용도	
					실제 용도	
		구 조		방 향		(기준:)
		내진설계 적용 여부		내진능력		
		건축물대장상 위반건축물 여부	[ ] 위반 [ ] 적법	위반내용		

② 권리관계	등기부 기재사항		소유권에 관한 사항		소유권 외의 권리사항	
			토 지		토 지	
			건축물		건축물	
	민간 임대 등록 여부	등 록	[ ] 장기일반민간임대주택 [ ] 공공지원민간임대주택 [ ] 그 밖의 유형( )			
			임대의무기간		임대개시일	
		미등록	[ ] 해당사항 없음			
	계약갱신 요구권 행사여부		[ ] 확인(확인서류 첨부) [ ] 미확인 [ ] 해당 없음			

③ 토지이용 계획, 공법상 이용 제한 및 거래 규제에 관한 사항(토지)	지역 · 지구	용도지역			건폐율 상한	용적률 상한
		용도지구			%	%
		용도구역				
	도시 · 군계획 시설		허가 · 신고 구역 여부	[ ] 토지거래허가구역		
			투기지역 여부	[ ] 토지투기지역 [ ] 주택투기지역 [ ] 투기과열지구		
	지구단위계획구역, 그 밖의 도시 · 군관리계획		그 밖의 이용제한 및 거래규제사항			

210mm×297mm[백상지(80g/m²) 또는 중질지(80g/m²)]

④ 입지조건	도로와의 관계	(m × m)도로에 접함 [ ] 포장 [ ] 비포장		접근성	[ ] 용이함 [ ] 불편함		
	대중교통	버스	( ) 정류장, 소요시간: ([ ] 도보 [ ] 차량) 약 분				
		지하철	( ) 역, 소요시간: ([ ] 도보 [ ] 차량) 약 분				
	주차장	[ ] 없음 [ ] 전용주차시설 [ ] 공동주차시설 [ ] 그 밖의 주차시설 ( )					
⑤ 관리에 관한 사항	경비실	[ ] 있음 [ ] 없음		관리주체	[ ] 위탁관리 [ ] 자체관리 [ ] 그 밖의 유형		
⑥ 거래예정금액 등	거래예정금액						
	개별공시지가(m²당)			건물(주택)공시가격			
⑦ 취득시 부담할 조세의 종류 및 세율	취득세	%	농어촌특별세	%	지방교육세		%
	※ 재산세와 종합부동산세는 6월 1일 기준 대상물건 소유자가 납세의무를 부담						

II. 개업공인중개사 세부 확인사항

⑧ 실제 권리관계 또는 공시되지 않은 물건의 권리 사항

⑨ 내부·외부 시설물의 상태 (건축물)	수도	파손 여부	[ ] 없음 [ ] 있음(위치:)			
		용수량	[ ] 정상 [ ] 부족함(위치:)			
	전기	공급상태	[ ] 정상 [ ] 교체 필요(교체할 부분:)			
	가스(취사용)	공급방식	[ ] 도시가스 [ ] 그 밖의 방식( )			
	소방	소화전	[ ] 없음 [ ] 있음(위치:)			
		비상벨	[ ] 없음 [ ] 있음(위치:)			
	난방방식 및 연료공급	공급방식	[ ] 중앙공급 [ ] 개별공급	시설작동	[ ] 정상 [ ] 수선 필요 ( ) ※개별공급인 경우 사용연한 ( ) [ ] 확인불가	
		종류	[ ] 도시가스 [ ] 기름 [ ] 프로판가스 [ ] 연탄 [ ] 그 밖의 종류( )			
	승강기	[ ] 있음 ([ ] 양호 [ ] 불량) [ ] 없음				
	배수	[ ] 정상 [ ] 수선 필요( )				
	그 밖의 시설물					
⑩ 벽면 및 바닥면	벽면	균열 [ ] 없음 [ ] 있음(위치:)				
		누수 [ ] 없음 [ ] 있음(위치:)				
	바닥면	[ ] 깨끗함 [ ] 보통임 [ ] 수리 필요 (위치:)				

Ⅲ. 중개보수 등에 관한 사항

⑪ 중개보수 및 실비의 금액과 산출내역	중개보수		<산출내역> 중개보수 : 실　　비 :
	실 비		
	계		
	지급시기		

「공인중개사법」 제25조 제3항 및 제30조 제5항에 따라 거래당사자는 개업공인중개사로부터 위 중개대상물에 관한 확인 · 설명 및 손해배상책임의 보장에 관한 설명을 듣고, 같은 법 시행령 제21조 제3항에 따른 본 확인 · 설명서와 같은 법 시행령 제24조 제2항에 따른 손해배상책임 보장 증명서류(사본 또는 전자문서)를 수령합니다.

년　　　월　　　일

매도인 (임대인)	주 소		성 명	(서명 또는 날인)
	생년월일		전화번호	
매수인 (임차인)	주 소		성 명	(서명 또는 날인)
	생년월일		전화번호	
개업 공인중개사	등록번호		성명 (대표자)	(서명 및 날인)
	사무소 명칭		소속 공인중개사	(서명 및 날인)
	사무소 소재지		전화번호	
개업 공인중개사	등록번호		성명 (대표자)	(서명 및 날인)
	사무소 명칭		소속 공인중개사	(서명 및 날인)
	사무소 소재지		전화번호	

작성방법(비주거용 건축물)

<작성일반>

1. "[ ]" 있는 항목은 해당하는 "[ ]"안에 √로 표시합니다.
2. 세부항목 작성시 해당 내용을 작성란에 모두 작성할 수 없는 경우에는 별지로 작성하여 첨부하고, 해당란에는 "별지 참고"라고 적습니다.

<세부항목>

1. "확인·설명자료" 항목의 "확인·설명 근거자료 등"에는 개업공인중개사가 확인·설명 과정에서 제시한 자료를 적으며, "대상물건의 상태에 관한 자료요구 사항"에는 매도(임대)의뢰인에게 요구한 사항 및 그 관련 자료의 제출 여부와 ⑧ 실제 권리관계 또는 공시되지 않은 물건의 권리 사항부터 ⑩ 벽면까지의 항목을 확인하기 위한 자료의 요구 및 그 불응 여부를 적습니다.
2. ① 대상물건의 표시부터 ⑦ 취득시 부담할 조세의 종류 및 세율까지는 개업공인중개사가 확인한 사항을 적어야 합니다.
3. ① 대상물건의 표시는 토지대장 및 건축물대장 등을 확인하여 적습니다.
4. ② 권리관계의 "등기부 기재사항"은 등기사항증명서를 확인하여 적습니다.
5. ② 권리관계의 "민간임대 등록 여부"는 대상물건이 「민간임대주택에 관한 특별법」에 따라 등록된 민간임대주택인지 여부를 같은 법 제60조에 따른 임대주택정보체계에 접속하여 확인하거나 임대인에게 확인하여 "[ ]" 안에 √로 표시하고, 민간임대주택인 경우 「민간임대주택에 관한 특별법」에 따른 권리·의무사항을 임차인에게 설명해야 합니다.

> * 민간임대주택은 「민간임대주택에 관한 특별법」 제5조에 따른 임대사업자가 등록한 주택으로서, 임대인과 임차인간 임대차 계약(재계약 포함)시 다음과 같은 사항이 적용됩니다.
> ① 같은 법 제44조에 따라 임대의무기간 중 임대료 증액청구는 5퍼센트의 범위에서 주거비 물가지수, 인근 지역의 임대료 변동률 등을 고려하여 같은 법 시행령으로 정하는 증액비율을 초과하여 청구할 수 없으며, 임대차계약 또는 임대료 증액이 있은 후 1년 이내에는 그 임대료를 증액할 수 없습니다.
> ② 같은 법 제45조에 따라 임대사업자는 임차인이 의무를 위반하거나 임대차를 계속하기 어려운 경우 등에 해당하지 않으면 임대의무기간 동안 임차인과의 계약을 해제·해지하거나 재계약을 거절할 수 없습니다.

6. ② 권리관계의 "계약갱신요구권 행사 여부"는 대상물건이 「주택임대차보호법」 및 「상가건물 임대차보호법」의 적용을 받는 임차인이 있는 경우 매도인(임대인)으로부터 계약갱신요구권 행사 여부에 관한 사항을 확인할 수 있는 서류를 받으면 "확인"에 √로 표시하여 해당 서류를 첨부하고, 서류를 받지 못한 경우 "미확인"에 √로 표시합니다. 이 경우 「주택임대차보호법」 및 「상가건물 임대차보호법」에 따른 임대인과 임차인의 권리·의무사항을 매수인에게 설명해야 합니다.
7. ③ 토지이용계획, 공법상 이용제한 및 거래규제에 관한 사항(토지)의 "건폐율 상한 및 용적률 상한"은 시·군의 조례에 따라 적고, "도시·군계획시설", "지구단위계획구역, 그 밖의 도시·군관리계획"은 개업공인중개사가 확인하여 적으며, "그 밖의 이용제한 및 거래규제사항"은 토지이용계획확인서의 내용을 확인하고, 공부에서 확인할 수 없는 사항은 부동산종합공부시스템 등에서 확인하여 적습니다(임대차의 경우에는 생략할 수 있습니다).
8. ⑥ 거래예정금액 등의 "거래예정금액"은 중개가 완성되기 전 거래예정금액을, "개별공시지가(㎡당)" 및 "건물(주택)공시가격"은 중개가 완성되기 전 공시된 공시지가 또는 공시가격을 적습니다[임대차의 경우에는 "개별공시지가(㎡당)" 및 "건물(주택)공시가격"을 생략할 수 있습니다].
9. ⑦ 취득시 부담할 조세의 종류 및 세율은 중개가 완성되기 전 「지방세법」의 내용을 확인하여 적습니다(임대차의 경우에는 제외합니다).
10. ⑧ 실제 권리관계 또는 공시되지 않은 물건의 권리 사항은 매도(임대)의뢰인이 고지한 사항(법정지상권, 유치권, 「상가건물 임대차보호법」에 따른 임대차, 토지에 부착된 조각물 및 정원수, 계약 전 소유권 변동 여부, 도로의 점용허가 여부 및 권리·의무 승계 대상여부 등)을 적습니다. 「건축법 시행령」 별표 1 제2호에 따른 공동주택(기숙사는 제외합니다) 중 분양을 목적으로 건축되었으나 분양되지 않아 보존등기만 마쳐진 상태인 공동주택에 대해 임대차계약을 알선하는 경우에는 이를 임차인에게 설명해야 합니다.
    ※ 임대차계약의 경우 임대보증금, 월 단위의 차임액, 계약기간, 장기수선충당금의 처리 등을 확인하고, 근저당 등이 설정된 경우 채권최고액을 확인하여 적습니다. 그 밖에 경매 및 공매 등의 특이사항이 있는 경우 이를 확인하여 적습니다.
11. ⑨ 내부·외부 시설물의 상태(건축물) 및 ⑩ 벽면 및 바닥면은 중개대상물에 대하여 개업공인중개사가 매도(임대)의뢰인에게 자료를 요구하여 확인한 사항을 적고, ⑨ 내부·외부 시설물의 상태(건축물)의 "그 밖의 시설물"에는 건축물이 상업용인 경우에는 오수정화시설용량, 공업용인 경우에는 전기용량, 오수정화시설용량 및 용수시설의 내용에 대하여 개업공인중개사가 매도(임대)의뢰인에게 자료를 요구하여 확인한 사항을 적습니다.
12. ⑪ 중개보수 및 실비의 금액과 산출내역은 개업공인중개사와 중개의뢰인이 협의하여 결정한 금액을 적되 "중개보수"는 거래예정금액을 기준으로 계산하고, "산출내역(중개보수)"은 "거래예정금액(임대차의 경우에는 임대보증금 + 월 단위의 차임액 × 100) × 중개보수 요율"과 같이 적습니다. 다만, 임대차로서 거래예정금액이 5천만원 미만인 경우에는 "임대보증금 + 월 단위의 차임액 × 70"을 거래예정금액으로 합니다.
13. 공동중개 시 참여한 개업공인중개사(소속공인중개사를 포함합니다)는 모두 서명·날인해야 하며, 2명을 넘는 경우에는 별지로 작성하여 첨부합니다.

■ 공인중개사법 시행규칙 [별지 제20호의3 서식] <개정 2020. 10. 27.>

중개대상물 확인·설명서[Ⅲ] (토지)

([ ] 매매·교환   [ ] 임대)

확인·설명 자료	확인·설명 근거자료 등	[ ] 등기권리증 [ ] 등기사항증명서 [ ] 토지대장 [ ] 건축물대장 [ ] 지적도 [ ] 임야도 [ ] 토지이용계획확인서 [ ] 그 밖의 자료( )
	대상물건의 상태에 관한 자료요구 사항	

유의사항	
개업공인중개사의 확인·설명 의무	개업공인중개사는 중개대상물에 관한 권리를 취득하려는 중개의뢰인에게 성실·정확하게 설명하고, 토지대장등본, 등기사항증명서 등 설명의 근거자료를 제시해야 합니다.
실제 거래가격 신고	「부동산 거래신고 등에 관한 법률」 제3조 및 같은 법 시행령 별표 1 제1호 마목에 따른 실제 거래가격은 매수인이 매수한 부동산을 양도하는 경우 「소득세법」 제97조 제1항 및 제7항과 같은 법 시행령 제163조 제11항 제2호에 따라 취득 당시의 실제 거래가액으로 보아 양도차익이 계산될 수 있음을 유의하시기 바랍니다.

Ⅰ. 개업공인중개사 기본 확인사항

① 대상물건의 표시	토 지	소재지				
		면적(m²)		지 목	공부상 지목	
					실제이용 상태	

② 권리관계	등기부 기재사항	소유권에 관한 사항	소유권 외의 권리사항
		토 지	토 지

③ 토지이용계획, 공법상 이용 제한 및 거래규제에 관한 사항 (토지)	지역·지구	용도지역			건폐율 상한	용적률 상한
		용도지구			%	%
		용도구역				
	도시·군계획 시설		허가·신고 구역 여부	[ ] 토지거래허가구역		
			투기지역 여부	[ ] 토지투기지역 [ ] 주택투기지역 [ ] 투기과열지구		
	지구단위계획구역, 그 밖의 도시·군관리계획		그 밖의 이용제한 및 거래규제사항			

④ 입지조건	도로와의 관계	(m × m)도로에 접함 [ ] 포장 [ ] 비포장	접근성	[ ] 용이함 [ ] 불편함
	대중교통	버 스	( ) 정류장, 소요시간 : ([ ] 도보, [ ] 차량) 약 분	
		지하철	( ) 역, 소요시간 : ([ ] 도보, [ ] 차량) 약 분	

⑤ 비선호시설(1km 이내)	[ ] 없음 [ ] 있음(종류 및 위치 :)		
⑥ 거래예정금액 등	거래예정금액		
	개별공시지가(m²당)		건물(주택)공시가격
⑦ 취득시 부담할 조세의 종류 및 세율	취득세	% 농어촌특별세	% 지방교육세	%
	※ 재산세는 6월 1일 기준 대상물건 소유자가 납세의무를 부담		

210mm×297mm[백상지(80g/m²) 또는 중질지(80g/m²)]

II. 개업공인중개사 세부 확인사항

⑧ 실제 권리관계 또는 공시되지 않은 물건의 권리 사항	

III. 중개보수 등에 관한 사항

⑨ 중개보수 및 실비의 금액과 산출내역	중개보수		<산출내역> 중개보수 : 실 비 : ※ 중개보수는 거래금액의 1천분의 9 이내에서 중개의뢰인과 개업공인중개사가 서로 협의하여 결정하며, 부가가치세는 별도로 부과될 수 있습니다.
	실 비		
	계		
	지급시기		

「공인중개사법」 제25조 제3항 및 제30조 제5항에 따라 거래당사자는 개업공인중개사로부터 위 중개대상물에 관한 확인·설명 및 손해배상책임의 보장에 관한 설명을 듣고, 같은 법 시행령 제21조 제3항에 따른 본 확인·설명서와 같은 법 시행령 제24조 제2항에 따른 손해배상책임 보장 증명서류(사본 또는 전자문서)를 수령합니다.

년   월   일

매도인 (임대인)	주 소		성 명	(서명 또는 날인)
	생년월일		전화번호	
매수인 (임차인)	주 소		성 명	(서명 또는 날인)
	생년월일		전화번호	
개업 공인중개사	등록번호		성명 (대표자)	(서명 및 날인)
	사무소 명칭		소속 공인중개사	(서명 및 날인)
	사무소 소재지		전화번호	
개업 공인중개사	등록번호		성명 (대표자)	(서명 및 날인)
	사무소 명칭		소속 공인중개사	(서명 및 날인)
	사무소 소재지		전화번호	

작성방법(토지)

<작성일반>

1. "[ ]" 있는 항목은 해당하는 "[ ]" 안에 √로 표시합니다.

2. 세부항목 작성시 해당 내용을 작성란에 모두 작성할 수 없는 경우에는 별지로 작성하여 첨부하고, 해당란에는 "별지 참고"라고 적습니다.

<세부항목>

1. 「확인·설명 자료」 항목의 "확인·설명 근거자료 등"에는 개업공인중개사가 확인·설명 과정에서 제시한 자료를 적으며, "대상물건의 상태에 관한 자료요구 사항"에는 매도(임대)의뢰인에게 요구한 사항 및 그 관련 자료의 제출 여부와 ⑧ 실제 권리관계 또는 공시되지 않은 물건의 권리 사항의 항목을 확인하기 위한 자료요구 및 그 불응 여부를 적습니다.

2. ① 대상물건의 표시부터 ⑦ 취득시 부담할 조세의 종류 및 세율까지는 개업공인중개사가 확인한 사항을 적어야 합니다.

3. ① 대상물건의 표시는 토지대장 등을 확인하여 적습니다.

4. ② 권리관계의 "등기부 기재사항"은 등기사항증명서를 확인하여 적습니다.

5. ③ 토지이용계획, 공법상 이용제한 및 거래규제에 관한 사항(토지)의 "건폐율 상한" 및 "용적률 상한"은 시·군의 조례에 따라 적고, "도시·군계획시설", "지구단위계획구역, 그 밖의 도시·군관리계획"은 개업공인중개사가 확인하여 적으며, 그 밖의 사항은 토지이용계획확인서의 내용을 확인하고, 공부에서 확인할 수 없는 사항은 부동산종합공부시스템 등에서 확인하여 적습니다(임대차의 경우에는 생략할 수 있습니다).

6. ⑥ 거래예정금액 등의 "거래예정금액"은 중개가 완성되기 전 거래예정금액을, "개별공시지가"는 중개가 완성되기 전 공시가격을 적습니다(임대차의 경우에는 "개별공시지가"를 생략할 수 있습니다).

7. ⑦ 취득시 부담할 조세의 종류 및 세율은 중개가 완성되기 전 「지방세법」의 내용을 확인하여 적습니다(임대차의 경우에는 제외합니다).

8. ⑧ 실제 권리관계 또는 공시되지 않은 물건의 권리 사항은 매도(임대)의뢰인이 고지한 사항(임대차, 지상에 점유권 행사 여부, 구축물, 적치물, 진입로, 경작물, 계약 전 소유권 변동 여부 등)을 적습니다.
   ※ 임대차계약이 있는 경우 임대보증금, 월 단위의 차임액, 계약기간 등을 확인하고, 근저당 등이 설정된 경우 채권최고액을 확인하여 적습니다. 그 밖에 경매 및 공매 등의 특이사항이 있는 경우 이를 확인하여 적습니다.

9. ⑨ 중개보수 및 실비의 금액과 산출내역의 "중개보수"는 거래예정금액을 기준으로 계산하고, "산출내역(중개보수)"은 "거래예정금액(임대차의 경우에는 임대보증금 + 월 단위의 차임액 × 100) × 중개보수 요율"과 같이 적습니다. 다만, 임대차로서 거래예정금액이 5천만원 미만인 경우에는 "임대보증금 + 월 단위의 차임액 × 70"을 거래예정금액으로 합니다.

10. 공동중개시 참여한 개업공인중개사(소속공인중개사를 포함합니다)는 모두 서명·날인해야 하며, 2명을 넘는 경우에는 별지로 작성하여 첨부합니다.

■ 공인중개사법 시행규칙 [별지 제20호의4 서식] <개정 2020. 10. 27.>　　　　(3쪽 중 제1쪽)

중개대상물 확인·설명서[Ⅳ](입목·광업재단·공장재단)

([ ] 매매·교환　　[ ] 임대)

확인·설명 자료	확인·설명 근거자료 등	[ ] 등기권리증　[ ] 등기사항증명서　[ ] 토지대장　[ ] 건축물대장　[ ] 지적도 [ ] 임야도　　[ ] 토지이용계획확인서　　[ ] 그 밖의 자료(　　　　　)
	대상물건의 상태에 관한 자료요구 사항	

유의사항	
개업공인중개사의 확인·설명 의무	개업공인중개사는 중개대상물에 관한 권리를 취득하려는 중개의뢰인에게 성실·정확하게 설명하고, 토지대장등본, 등기사항증명서 등 설명의 근거자료를 제시해야 합니다.
실제 거래가격 신고	「부동산 거래신고 등에 관한 법률」 제3조 및 같은 법 시행령 별표 1 제1호 마목에 따른 실제 거래가격은 매수인이 매수한 부동산을 양도하는 경우 「소득세법」 제97조 제1항 및 제7항과 같은 법 시행령 제163조 제11항 제2호에 따라 취득 당시의 실제 거래가액으로 보아 양도차익이 계산될 수 있음을 유의하시기 바랍니다.

Ⅰ. 개업공인중개사 기본 확인사항

① 대상물건의 표시	토 지	대상물 종별	[ ] 입목　　[ ] 광업재단　　[ ] 공장재단		
		소재지 (등기·등록지)			
② 권리관계	등기부 기재사항	소유권에 관한 사항	성 명		
			주 소		
		소유권 외의 권리사항			
③ 재단목록 또는 입목의 생육상태					
④ 그 밖의 참고사항					
⑤ 거래예정금액 등	거래예정금액				
	개별공시지가(m²당)		건물(주택)공시가격		

210mm×297mm[백상지(80g/m²) 또는 중질지(80g/m²)]]

⑥ 취득시 부담할 조세의 종류 및 세율	취득세	%	농어촌특별세	%	지방교육세	%
	※ 재산세는 6월 1일 기준 대상물건 소유자가 납세의무를 부담					

II. 개업공인중개사 세부 확인사항

⑦ 실제 권리관계 또는 공시되지 않은 물건의 권리 사항	

III. 중개보수 등에 관한 사항

	중개보수		
⑧ 중개보수 및 실비의 금액과 산출내역	실 비		<산출내역> 중개보수 : 실 비
	계		※ 중개보수는 거래금액의 1천분의 9 이내에서 중개의뢰인과 개업공인중개사가 서로 협의하여 결정하며 부가가치세는 별도로 부과될 수 있습니다.
	지급시기		

「공인중개사법」 제25조 제3항 및 제30조 제5항에 따라 거래당사자는 개업공인중개사로부터 위 중개대상물에 관한 확인·설명 및 손해배상책임의 보장에 관한 설명을 듣고, 같은 법 시행령 제21조 제3항에 따른 본 확인·설명서와 같은 법 시행령 제24조 제2항에 따른 손해배상책임 보장 증명서류(사본 또는 전자문서)를 수령합니다.

년   월   일

매도인 (임대인)	주 소		성 명	(서명 또는 날인)
	생년월일		전화번호	
매수인 (임차인)	주 소		성 명	(서명 또는 날인)
	생년월일		전화번호	
개업 공인중개사	등록번호		성명 (대표자)	(서명 및 날인)
	사무소 명칭		소속 공인중개사	(서명 및 날인)
	사무소 소재지		전화번호	
개업 공인중개사	등록번호		성명 (대표자)	(서명 및 날인)
	사무소 명칭		소속 공인중개사	(서명 및 날인)
	사무소 소재지		전화번호	

작성방법(입목·광업재단·공장재단)

<작성일반>

1. "[ ]" 있는 항목은 해당하는 "[ ]" 안에 √로 표시합니다.

2. 세부항목 작성시 해당 내용을 작성란에 모두 작성할 수 없는 경우에는 별지로 작성하여 첨부하고, 해당란에는 "별지 참고"라고 적습니다.

<세부항목>

1. 「확인·설명 자료」 항목의 "확인·설명 근거자료 등"에는 개업공인중개사가 확인·설명 과정에서 제시한 자료를 적으며, "대상물건의 상태에 관한 자료요구 사항"에는 매도(임대)의뢰인에게 요구한 사항 및 그 관련 자료의 제출 여부와 ⑦ 실제 권리관계 또는 공시되지 않은 물건의 권리 사항의 항목을 확인하기 위한 자료요구 및 그 불응 여부를 적습니다.

2. ① 대상물건의 표시부터 ⑥ 취득시 부담할 조세의 종류 및 세율까지는 개업공인중개사가 확인한 사항을 적어야 합니다.

3. ① 대상물건의 표시는 대상물건별 등기사항증명서 등을 확인하여 적습니다.

4. ② 권리관계의 "등기부 기재사항"은 등기사항증명서를 확인하여 적습니다.

5. ③ 재단목록 또는 입목의 생육상태는 공장재단의 경우에는 공장재단 목록과 공장재단 등기사항증명서를, 광업재단의 경우에는 광업재단 목록과 광업재단 등기사항증명서를, 입목의 경우에는 입목등록원부와 입목 등기사항증명서를 확인하여 적습니다.

6. ⑤ 거래예정금액 등의 "거래예정금액"은 중개가 완성되기 전의 거래예정금액을 적으며, "개별공시지가" 및 "건물(주택)공시가격"은 해당하는 경우에 중개가 완성되기 전 공시된 공시지가 또는 공시가격을 적습니다[임대차계약의 경우에는 "개별공시지가" 및 "건물(주택)공시가격"을 생략할 수 있습니다].

7. ⑥ 취득시 부담할 조세의 종류 및 세율은 중개가 완성되기 전 「지방세법」의 내용을 확인하여 적습니다(임대차의 경우에는 제외합니다).

8. ⑦ 실제 권리관계 또는 공시되지 않은 물건의 권리 사항은 매도(임대)의뢰인이 고지한 사항(임대차, 법정지상권, 법정저당권, 유치권, 계약 전 소유권 변동 여부 등)을 적습니다.
   ※ 임대차계약이 있는 경우 임대보증금, 월 단위의 차임액, 계약기간 등을 확인하고, 근저당 등이 설정된 경우 채권최고액을 확인하여 적습니다. 그 밖에 경매 및 공매 등의 특이사항이 있는 경우 이를 확인하여 적습니다.

9. ⑧ 중개보수 및 실비의 금액과 산출내역의 "중개보수"는 거래예정금액을 기준으로 계산하고, "산출내역(중개보수)"은 "거래예정금액(임대차의 경우에는 임대보증금 + 월 단위의 차임액 × 100) × 중개보수 요율"과 같이 적습니다. 다만, 임대차로서 거래예정금액이 5천만원 미만인 경우에는 "임대보증금 + 월 단위의 차임액 × 70"을 거래예정금액으로 합니다.

10. 공동중개시 참여한 개업공인중개사(소속공인중개사를 포함합니다)는 모두 서명·날인해야 하며, 2명을 넘는 경우에는 별지로 작성하여 첨부합니다.

≪◆ 확인 · 설명서식별 비교표

구 분	I (주거용 건축물)	II (비주거용 건축물)	III (토지)	IV (입목 · 광업재단 · 공장재단)
I. 개업공인중개사 기본확인사항				
① 대상물건의 표시	○	○	○(건물×)	○
② 권리관계	○	○	○	○
• 민간임대등록 여부	○	○		
• 계약갱신요구 행사 여부	○	○	×	×
• 다가구주택 확인서류	○	×		
③ 토지이용계획, 공법상 이용제한 · 거래 규제	○	○	○	공법상 제한× (입목생육상태 · 재단목록을 기재)
④ 입지조건 (도로, 대중교통, 주차장, 판매 의료 시설, 교육시설)	입지조건 ○ (도 · 대 · 차 · 판 · 교)	입지조건 ○ (도 · 대 · 차○ 판× · 교×)	입지조건 ○ (도○ · 대○ 차× 판× 교×)	×
⑤ 관리에 관한 사항	○	○	×	×
⑥ 비선호시설	○	×	○	×
⑦ 거래예정금액 (공시지가 · 공시가격)	○	○	○	○
⑧ 취득 조세	○	○	○	○
II. 개업공인중개사 세부 확인사항				
⑨ 실제권리관계 또는 공시되지 않은 물건의 권리 사항	○	○	○	○
⑩ 내 · 외부 시설물의 상태 (수도 · 전기 · 가스 · 소방 · 난방 · 승강기 · 배수 · 기타 시설)	○	○	×	×
⑪ 벽면 · 바닥 · 도배	○ (벽면 · 바닥 · 도배)	(벽면 · 바닥) (도배×)	×	×
⑫ 환경조건 (일조, 소음, 진동)	○	×	×	×
III. 중개보수 등에 관한 사항				
⑬ 보수 · 실비 • 지급시기 기재	○	○	○	○

〈비교정리〉

1. (물건표시) (권리관계)는 4종류 양식에 기재란이 모두 다 있다. 단, 민간임대등록 여부는 I, II에만 있다.

2. (조세) (거래예정가격) (수수료)도 4종류 양식에 기재란이 모두 다 있다.

3. 주거용 건축물은 단독주택과 공동주택을 구분하여 기재한다.

4. 비주거용 건축물은 공업용, 기타, 업무용, 상업용을 구분하여 기재한다.

5. 4종류 모두, 거래유형에 따라 (매매·교환), (임대차)를 구분하여 기재한다.

6. 개업공인중개사 기본확인사항과 세부확인사항을 구분하여 기재한다.

7. I. 개업공인중개사 '기본확인사항'에는 ① 물건의 표시, ② 권리관계, ③ 공법상 제한, ④ 입지조건, ⑤ 관리에 관한 사항, ⑥ 비선호시설, ⑦ 거래예정금액, ⑧ 취득 조세를 기재한다.

8. II. 개업공인중개사 '세부확인사항'에는 ⑨ 실제권리관계, ⑩ 내·외부시설물의 상태, ⑪ 벽면·도배상태, ⑫ 환경조건(일조·소음·진동)을 기재한다.

9. "임대차"중개의 경우에는 ① 미분양 아파트 인지를 설명하여야 하고, ② 공시지가·공시가격은 기재를 생략 가능, ③ 공법상 이용제한·거래규제는 기재를 생략 가능, ④ 취득조세는 기재를 제외한다.

10. "중개보수"는 "거래예정금액"(거래금액 ×)을 기준으로 계산한다.

11. "비주거용 건축물 확인설명서(II)"에는, 도배, 환경조건, 판매·의료시설, 교육시설, 비선호시설을 기재하는 란이 없다.

12. "토지용 확인설명서(III)"에는 건물에 대한 사항, 건물의 상태(내·외부시설물의 상태, 벽면·도배상태), 건물의 관리에 관한 사항을 기재하는 란이 없다. 또한, 판매·의료시설, 교육시설, 주차장, 환경조건(일조·소음·진동)을 기재하는 란이 없다.

13. 입목·광업재단·공장재단 확인설명서(IV)에는 ③ 입목의 생육상태·재단목록을 기재하는 란이 있다.

14. '도배'와 '환경조건'은 "주거용 건축물 확인설명서(I)" 서식에만 기재란이 있다.

15. "⑩ 내·외부시설물의 상태"에서 "기타 시설물"란에는 <주거용>: 가정자동화 시설 기재, <비주거용>: [상업용]은 오수·정화시설용량, [공업용]은 전기용량, 오수정화시설용량, 용수시설 내용을 기재한다(매도인에게 자료 요구하여 확인).

16. 확인설명서의 영문서식이 도입되었다.

⑤ 거래계약서 작성의무

(1) 거래계약서 작성의무

개업공인중개사는 중개가 완성되어 거래당사자간의 거래계약이 성립되면 중개대상물에 관하여 필요한 사항(필요적 기재사항)을 빠뜨리지 아니하고 기재하여 거래계약서를 작성하고 서명 및 날인하여, 당사자에게 교부하고 그 원본, 사본 또는 전자문서를 보존하여야 한다(5년). 다만, 공인전자문서센터에 보관된 경우 그러하지 아니하다(위반시 업무정지).

(2) 거짓 또는 이중계약서(거짓기재, 다운 또는 업 계약서) 작성금지

거짓계약서나 서로 다른 2 이상의 계약서를 작성한 경우에는 개업공인중개사는 등록이 취소될 수 있으며(임의적 등록취소사유)(업무정지), 소속공인중개사는 자격정지처분을 받을 수 있다.

💡 1년 − 1천 이하의 대상은 아님에 유의

(3) 거래계약서의 서식

① 거래계약서는 법에서 정해진 강제양식이 없다. 그러므로 개업공인중개사는 임의 양식으로 기재하면 족하다.

② 국토부장관은 표준서식을 정하여 그 사용을 권장할 수 있다. 지금 현재는 권장양식조차도 없다.

(4) 필요적 기재사항

거래계약서의 필요적 기재사항	
인	① 거래당사자의 **인**적사항
표	② 물건의 **표**시
계	③ **계**약일
금	④ 거래**금**액·계약**금**액 및 그 지급일자 등 지급에 관한 사항
인	⑤ 물건의 **인**도일시
권	⑥ **권**리이전의 내용
조	⑦ 계약의 **조**건이나 기한이 있는 경우에는 그 **조**건 또는 기한
설	⑧ 중개대상물 확인·**설**명서 교부일자
기	⑨ **기**타(그 밖의) 약정내용

⑸ 거래계약서와 확인·설명서의 작성 차이점 비교

구 분	거래계약서	확인·설명서
법정 강제양식	없음(단, 국토부장관은 표준서식을 정하여 이를 권장할 수 있다)	있음(법에서 정해진 양식을 사용하여야 하며 위반시 업무정지)
작성의무	개업공인중개사에게 있음(강제사항)	
작성권한	개업공인중개사 및 소속공인중개사(가능) 중개보조원은 작성 권한 없음	
서명 및 날인 의무	개업공인중개사 + (당해 업무를 수행한) 담당 소속공인중개사 **함께**(등록인장 사용) ※ 법인: **대표자** + 담당 소·공 ※ 분사무소: **책임자** + 담당 소·공(대표자 아님에 주의)	
교부의무	거래 당사자 쌍방에게 교부(개업공인중개사만의 의무)	
보존 기간	5년(개/공)	3년(개/공)
제재	개업공인중개사: 업무정지, 소속공인중개사: 자격정지	

💡 거래계약서의 거래금액 등을 거짓으로 기재하거나 2 이상 계약서 작성시
   행정처분대상 ⇨ 개/공: 임의적 취소, 소·공: 자격정지

⑹ 중개완성시 개업공인중개사의 교부의무

중개완성시 거래당사자 쌍방에게 교부할 것 3가지	위반시 제재
① **거래계약서**, ② **확인·설명서**	업무정지
③ **업무보증증서 사본(전자문서 가능)** + 보증에 관한 설명 (㉠ 보장기간, ㉡ 보장금액, ㉢ 업무보증기관 및 ㉣ 그 소재지)	100만원 이하 과태료

⑥ 금지행위(법 제33조)

개업공인중개사 '등'은 법 제33조 소정의 금지행위를 하여서는 아니 된다. 이를 위반한 경우에는 행정처분과 행정형벌의 대상이 된다.

제33조(금지행위) ① 개업공인중개사 등은 다음 각 호의 행위를 하여서는 아니된다.

1. 제3조의 규정에 의한 중개대상물의 매매를 업으로 하는 행위
2. 제9조의 규정에 의한 중개사무소의 개설등록을 하지 아니하고 중개업을 영위하는 자인 사실을 알면서 그를 통하여 중개를 의뢰받거나 그에게 자기의 명의를 이용하게 하는 행위
3. 사례·증여 그 밖의 어떠한 명목으로도 제32조에 따른 보수 또는 실비를 초과하여 금품을 받는 행위
4. 당해 중개대상물의 거래상의 중요사항에 관하여 거짓된 언행 그 밖의 방법으로 중개의뢰인의 판단을 그르치게 하는 행위
5. 관계 법령에서 양도·알선 등이 금지된 부동산의 분양·임대 등과 관련 있는 증서 등의 매매·교환 등을 중개하거나 그 매매를 업으로 하는 행위
6. 중개의뢰인과 직접 거래를 하거나 거래당사자 쌍방을 대리하는 행위
7. 탈세 등 관계 법령을 위반할 목적으로 소유권보존등기 또는 이전등기를 하지 아니한 부동산이나 관계 법령의 규정에 의하여 전매 등 권리의 변동이 제한된 부동산의 매매를 중개하는 등 부동산 투기를 조장하는 행위
8. 부당한 이익을 얻거나 제3자에게 부당한 이익을 얻게 할 목적으로 거짓으로 거래가 완료된 것처럼 꾸미는 등 중개대상물의 시세에 부당한 영향을 주거나 줄 우려가 있는 행위
9. 단체를 구성하여 특정 중개대상물에 대하여 중개를 제한하거나 단체 구성원 이외의 자와 공동중개를 제한하는 행위

② 누구든지 시세에 부당한 영향을 줄 목적으로 다음 각 호의 어느 하나의 방법으로 개업공인중개사 등의 업무를 방해해서는 아니 된다. 〈신설 2019. 8. 20.〉

1. 안내문, 온라인 커뮤니티 등을 이용하여 특정 개업공인중개사 등에 대한 중개의뢰를 제한하거나 제한을 유도하는 행위
2. 안내문, 온라인 커뮤니티 등을 이용하여 중개대상물에 대하여 시세보다 현저하게 높게 표시·광고 또는 중개하는 특정 개업공인중개사 등에게만 중개의뢰를 하도록 유도함으로써 다른 개업공인중개사 등을 부당하게 차별하는 행위
3. 안내문, 온라인 커뮤니티 등을 이용하여 특정 가격 이하로 중개를 의뢰하지 아니하도록 유도하는 행위
4. 정당한 사유 없이 개업공인중개사 등의 중개대상물에 대한 정당한 표시·광고 행위를 방해하는 행위
5. 개업공인중개사 등에게 중개대상물을 시세보다 현저하게 높게 표시·광고하도록 강요하거나 대가를 약속하고 시세보다 현저하게 높게 표시·광고하도록 유도하는 행위

1) 규제대상

① **제1항**: 개업공인중개사 '등'(고용인 포함)

② **제2항**: 일반인

2) 법 제33조 제1항 제1호 내지 제9호 규정 금지행위의 내용

〈매·무·수·거·증·직/쌍·투·시·단〉

(1) 제3조의 규정에 의한 중개대상물의 매매를 업으로 하는 행위는 금지된다.

① 매매업은 중개업의 본질에 반하고 투기의 우려가 있어 금지된다.

② 중개대상물의 매매를 '업'으로 한다는 것은 직접 거래의 당사자가 되어 매매행위를 계속적·반복적으로 하는 행위로, 개업공인중개사가 자기 집을 팔고 이사하는 경우나 중개사무소를 매수하는 경우(업이 되지 않는 경우)까지 금지하는 것은 아니다.

> 판례
>
> **매매업의 해당 여부**
> 부동산매매업의 해당 여부는 양도의 규모, 회수, 태양, 상대방 등에 비추어 그 양도가 수익을 목적으로 하고 있는 지와 사업 활동으로 볼 수 있을 정도의 계속성과 반복성이 있는지 등을 고려하여 **사회통념에 따라 판단하여야** 한다(대판 94누140259).

(2) 무등록중개업을 하는 자인 사실을 "알면서" 그를 통하여 중개를 의뢰받거나 그에게 자기의 명의를 이용하게 하는 행위는 금지된다(친구·협력행위).

① 개업공인중개사가 무등록 개업공인중개사임을 안 경우(악의)에는 처벌이 되나, 모르고(선의) 중개의뢰를 받은 경우에는 처벌되지 않는다.

② 다른 '개업공인중개사'로부터 의뢰받는 경우(제2중개계약)에는 제재의 대상이 되지 않는다.

(3) 법정 한도를 초과하여 중개보수 또는 실비를 받거나 그 외에 사례, 증여 기타 어떠한 명목으로라도 금품을 받아 그 한도를 초과하는 행위는 금지된다.

① 법정한도를 초과하는 중개보수나 실비는 미리 합의(약정)가 되었더라도 초과수수료는 처벌된다. 또한 초과분은 무효가 되어 부당이득으로서 반환하여야 하며, 반환을 한 경우라도 처벌된다.

② 순가중개의뢰계약 자체는 허용이 되나, 중개보수를 법정수수료 범위를 초과하여 받은 경우에는 초과금품수수(금지행위)로서 처벌된다.

판례

초과금품수수

1. 〈명목불문〉 개업공인중개사가 부동산의 거래를 중개한 후 **사례비나 수고비 등의 명목으로 금원을 받은 경우에도 그 금액이 소정의 수수료를 초과하는 때에는 위 규정을 위반한 행위에 해당한다**(대판 98도3116).

2. 〈강행규정 위반〉 부동산중개보수에 관한 위와 같은 규정들은 중개보수 약정 중 소정의 한도를 초과하는 부분에 대한 사법상의 효력을 제한하는 이른바 강행법규에 해당한다고 보아야 한다. 따라서 **법령에서 정한 한도를 초과하는 중개보수 약정은 그 한도를 "초과하는 범위 내"에서 무효라고 할 것이다**(대판 2005다32159).

3. 〈당좌수표〉 수수료 등의 명목으로 소정의 한도를 초과하는 액면금액의 당좌수표를 교부받은 경우에는(그 취득 당시 보충할 수 없는 수표요건이 흠결되어 있는 이른바 불완전수표와 같이 그 당좌수표 자체에 이를 무효로 하는 사유의 기재가 있는 등의 특별한 사정이 없는 한), **그 당좌수표를 교부받는 단계에서 곧바로 이 법에 위반되며, 비록 그 후 그 당좌수표가 부도처리 되었다거나 또는 중개의뢰인에게 그대로 반환되었더라도 위 죄의 성립에는 아무런 영향이 없다**(대판 2004도4136).

4. 〈착오를 인정하지 않는다〉 개업공인중개사가 아파트 분양권의 매매를 중개하면서 중개보수 산정에 관한 지방자치단체의 조례를 잘못 해석하여 **법에서 허용하는 금액을 초과한 중개보수를 수수한 경우가 (정당한) 법률의 착오에 해당하지 아니하며, 이는 (초과금품수수로) 처벌된다**(대판 2004도62).

5. 〈손해발생을 처벌의 요건으로 하지 않는다〉 **범죄의 본질은 개업공인중개사 등이 중개의뢰인으로부터 수수료 등의 명목으로 법정의 한도를 초과하는 금품을 취득함에 있는 것이지**, 중개의뢰인에게 현실적으로 그 한도 초과액 상당의 재산상 손해가 발생함을 요건으로 하는 것이 아니다(대판 2004도4136).

6. 〈분양대행료는 중개보수가 아니다〉 **중개와 구별되는 이른바 '분양대행'과 관련하여 교부받은 금원에 해당할 경우에는** 공인중개사법 제15조 제2호에 의하여 초과 수수가 금지되는 금원이 아니다(대판 98도1914).

7. 〈권리금 알선료는 중개보수가 아니다〉 **이른바 "권리금" 등을 수수하도록 중개한 것은 중개행위에 해당하지 아니하고**, 따라서 같은 법이 규정하고 있는 중개보수의 한도액 역시 이러한 거래대상의 중개행위에는 적용되지 아니한다(대판 2005도6054).

8. 〈신탁수수료는 중개보수가 아니다〉 개업공인중개사가 이 사건 약정에 따라 이 사건 토지를 분할하고 택지로 조성하여 그 중 일부를 타에 매도하면서 어느 정도의 위험부담과 함께 이득을 취하는 **일련의 행위로서 공인중개사법 소정의 중개행위에 해당하지 않는다 할 것이고**, 따라서 위 각 행위와 관련하여 개업공인중개사가 취득한 판시 금원 또한 공인중개사법 제33조 제3호의 의하여 초과수수가 금지되는 개업공인중개사의 수수료 등 금품에는 해당하지 않는다(대판 2004도5271).

9. 〈포괄수수료〉 공인중개사가 토지와 건물의 임차권 및 권리금, 시설비의 교환계약을 중개하고 그 사례 명목으로 **'포괄적'으로 지급받은 금원 중 어느 금액까지가 구 부동산중개업법의 규율대상인 중개보수에 해당하는지를 특정할 수 없어** 같은 법이 정한 한도를 초과하여 중개보수를 지급 받았다고 단정할 수 없다(대판 2005도6054).

⑷ 당해 중개대상물의 거래상의 중요사항에 관하여 거짓된 언행 기타의 방법으로 중개의뢰인의 판단을 그르치게 하는 행위(거짓행위)를 해서는 아니 된다.

💡 거래상 중요사항 : 가격, 면적, 소재지, 권리관계 등 계약체결의 여부와 관련된 사항

> 거짓행위
> ① **중개인 등이 서로 짜고 매도의뢰 가액을 숨긴 채** 이에 비하여 무척 높은 가액으로 중개의뢰인에게 부동산을 매도하고 그 차액을 취득한 행위가 불법행위를 구성한다(판례).
> ② 특정한 임야를 구입하면 1년 내에 3배로 되팔아 주겠다. 3년 내에 10배로 되팔아 주겠다 등

판례 ||||||||||||||||||||||||||||||||||||||||||||||||||||||||||||||||||||||||||||||||||||||||

'가격'도 거래상의 중요사항에 해당
'당해 중개대상물의 거래상의 중요사항'에는 당해 중개대상물 자체에 관한 사항뿐만 아니라 그 중개대상물의 '가격' 등에 관한 사항들도 그것이 당해 **거래상의 중요사항으로 볼 수 있는 이상 포**함된다고 보아야 할 것이다(대판 2007도9149).

⑸ 관계 법령에서 양도·알선 등이 금지된 부동산의 분양, 임대 등과 관련 있는 증서(거래금지 증서) 등의 매매·교환 등을 중개하거나 그 매매를 업으로 하는 행위는 금지된다.

💡 거래가 금지된 증서 : 주택청약통장, 주택조합원의 지위 등(소위 "딱지")

판례 ||||||||||||||||||||||||||||||||||||||||||||||||||||||||||||||||||||||||||||||||||||||||

분양권은 이 법상의 거래금지증서가 아니다.
1. **상가 전부를 매도할 때 사용하려고 매각조건 등을 기재하여 인쇄해 놓은 양식에 매매대금과 지급기일 등 해당사항을 기재한 분양계약서는 상가의 매매계약서일 뿐** 공인중개사법 제15조 제4호 소정의 부동산임대, 분양 등과 관련이 있는 증서라고 볼 수 없다(대판 93도773).
2. 부동산의 투기억제를 위한 규제의 필요성만으로 공인중개사법 법 제33조 제2호의 '증서 등'에 증서의 존재형태가 전혀 다른 '분양권'을 포함시키는 해석은 용인할 수 없고, 따라서 **아파트 당첨권(분양권)에 대한 매매를 알선하는 행위는 이 법 소정의 '부동산의 분양과 관련 있는 증서(거래금지증서) 등의 매매를 알선, 중개하는 행위'에 해당한다고 볼 수 없다**(대판 89도1886).

⑹ 중개의뢰인과 직접거래를 하거나 거래당사자 쌍방을 대리하는 행위는 금지된다.

① 중개의뢰인과 직접거래

판례 |||||||||||||||||||||||||||||||||||||||||||||||||||||||||||||||||||||||||||||||||||||||||||||||||||||||||||||||

중개의뢰인과 직접거래

1. 〈중개의뢰인에는 대리인 수임인 포함〉 위 법조 소정의 '**중개의뢰인**'에는 중개대상물의 소유자 **뿐만 아니라** 그 소유자로부터 거래에 관한 대리권을 수여 받은 **대리인이나** 거래에 관한 사무의 처리를 위탁 받은 **수임인 등도 포함된다**고 보아야 한다(대판 90도1872).

2. 〈간접거래〉 개업공인중개사가 매도인으로부터 매도중개 의뢰를 받은 "**다른**" 개업공인중개사의 중개로 부동산을 매수하여 매수중개 의뢰를 받은 또 "**다른**" 개업공인중개사의 중개로 매도한 경우 공인중개사법 제15조 제5호에 해당하지 아니한다(대판 90도2958).

3. 〈신탁의뢰〉 개업공인중개사가 토지 소유자와 사이에 개업공인중개사 자신의 비용으로 토지를 택지로 조성하여 분할한 다음, 토지 중 일부를 개업공인중개사가 임의로 정한 매매대금으로 타인에게 매도하되, 토지의 소유자에게는 그 매매대금의 수액에 관계없이 확정적인 금원을 지급하고 그로 인한 손익은 개업공인중개사에게 귀속시키기로 하는 약정을 한 경우, 이는 단순한 중개의뢰 약정이 아니라, **위임 및 도급의 복합적인 성격을 가지는 약정으로서, 개업공인중개사가 토지 소유자로부터 토지에 관한 중개의뢰를 받았다고 할 수 없다**(대판 2005도4494). (그러므로 이러한 경우에는 중개의뢰인에 해당되지 않으며, 개업공인중개사는 중개의뢰인과 직접거래로서 처벌되지 아니한다).

4. 〈직접거래의 효력〉 개업공인중개사 등이 중개의뢰인과 직접거래를 하는 행위를 금지하는 규정은 단속규정에 해당한다(2016다 259677). 즉, 중개의뢰인과의 계약이 무효인 것은 아니다.

② **거래당사자의 쌍방대리** : 거래계약체결의 쌍방대리는 거래당사자 중 일방의 이익에 해를 줄 염려가 있으므로 금지된다. 이는 거래당사자 쌍방의 동의를 받았어도 처벌된다. 다만, 일방대리를 금지하는 규정은 없다.

⑺ (탈세 등 관계 법령을 위반한 목적으로 소유권 보존등기 또는 이전등기를 하지 아니한 부동산이나 관계 법령의 규정에 의하여 전매 등 권리의 변동이 제한된 부동산의 매매를 중개하는 등) 부동산투기를 조장하는 행위는 금지된다.

① 탈세·탈법목적의 미등기전매·중간생략등기 등을 이용한 투기를 조장하는 행위는 금지된다(미등기 전매를 한 자가 전매차익이 없다하더라도 이는 투기 조장에 해당된다).

② 전매 등 권리변동이 제한한 부동산의 매매를 중개하는 행위는 금지된다(투기과열지구 내의 분양권 전매제한, 임대주택의 임대의무기간 내의 매각제한 등).

판례 |||||||||||||||||||||||||||||||||||||||||||||||||||||||||||||||||||||||||||||||||||||||||||||||||||||||||||||||||||||||

미등기전매의 중개 - 전매차익이 기준이 아니다.
甲이 결과적으로 전매차익을 올리지 못하고 말았다고 할지라도 丙의 위 전매중개는 공인중개사법 제15조 제6호 소정의 탈세를 목적으로 이전등기를 하지 아니한 부동산의 매매를 중개하여 **부동산 투기를 조장하는 행위에 해당한다**(대판 90누4464).

(8) 시세에 부당한 영향을 중 우려가 있는 행위(시세교란행위)

본 규정은 개업공인중개사 등의 시세교란행위를 방지하기 위한 규정으로, 시세보다 높게 허위매물을 등록 또는 광고하여 중개대상물의 가격을 높이거나 실제 거래가 되지 않은 매물을 시세보다 높은 가격에 거래가 되었다고 속여 거래를 유도하는 등 시세를 조작하는 행위를 금지하는 규정이다.

(9) 단체를 구성하여 특정중개대상물의 중개를 제한하거나 구성원외의 자 배척 행위

본 규정은 개업공인중개사 등이 지역모임 등 사적인 목적의 단체를 결성하여 특정 중개대상물에 대한 중개를 제한하거나 단체 구성원들끼리만 중개대상물의 정보를 공유, 공동중개를 하는 등 개업공인중개사들의 자유로운 중개행위를 제한하고, 단체 구성원 이외의 자를 배척하는 등의 행위를 금지하는 규정이다.

3) 법 제33조 제2항 제1호 내지 제5호 금지행위의 내용 : 〈안·방·고〉

(1) 누구든지 시세에 부당한 영향을 줄 목적으로 다음 각 호의 어느 하나의 방법으로 개업공인중개사 등의 업무를 방해해서는 아니 된다.

① **안**내문, 온라인 커뮤니티 등을 이용하여 특정 개업공인중개사 등에 대한 중개의뢰를 제한하거나 제한을 유도하는 행위

② **안**내문, 온라인 커뮤니티 등을 이용하여 중개대상물에 대하여 시세보다 현저하게 높게 표시·광고 또는 중개하는 특정 개업공인중개사 등에게만 중개의뢰를 하도록 유도함으로써 다른 개업공인중개사 등을 부당하게 차별하는 행위

③ **안**내문, 온라인 커뮤니티 등을 이용하여 특정 가격 이하로 중개를 의뢰하지 아니하도록 유도하는 행위

④ 정당한 사유 없이 개업공인중개사 등의 중개대상물에 대한 정당한 표시·광고 행위를 **방**해하는 행위

⑤ 개업공인중개사 등에게 중개대상물을 시세보다 현저하게 **높**게 표시·광고하도록 강요하거나 대가를 약속하고 시세보다 현저하게 높게 표시·광고하도록 유도하는 행위

⑵ 본 규정은 공동주택의 입주자들이 안내문, 온라인 커뮤니티 등을 이용하여,

① 주택의 가격을 일정가격 이하로는 거래하지 않기로 담합하는 행위

② 높게 담합한 가격보다 낮은 정상시세 가격으로 주택의 매물을 표시 · 광고하는 개업공인중개사에게는 중개를 의뢰하지 못하도록 하는 등 시세교란목적으로, 개업공인중개사의 중개업무를 방해하는 행위

③ 개업공인중개사의 정당한 중개대상물의 광고행위를 방해하거나 시세보다 높게 광고하도록 강요하는 행위 및 대가지불을 약속하고 시셉다 높게 광고 하도록 유도하는 행위 등을 금지하는 규정으로 공정하고 투명한 부동산 거래질서를 확립하고자 함에 그 취지가 있다.

4) 금지행위에 대한 처벌

행정처분	행정형벌		사 유
① 개업공인중개사 임의적 등록취소 ② 소속공인중개사 자격정지 ③ 일반인 3년 또는 3천 이하	1년 ~1천 이하	매	① 중개대상물의 **매**매업
		무	② **무**등록중개업자와의 협력행위(알면서 협력행위)
		수	③ 초과금품**수**수
		거	④ **거**짓행위
	3년 ~3천 이하	증	⑤ 거래금지**증**서의 매매업 · 중개
		직/쌍	⑥ 중개의뢰인(대리인 · 수임인 포함)과 **직**접거래 · **쌍**방대리
		투	⑦ **탈**세목적 부동산투기의 조장(전매차익 불문)
		시	시세교란행위
		단	단체구성 중개제한, 타 개/공 배척행위
		안	안내문 등 이용 개/공 업무방해 행위
		방	정당한 광고 방해 행위
		고	시세보다 높게 광고요구 · 유도 행위

⑦ 부동산거래질서교란행위 신고센터

⑴ 신고센터의 설치

국토교통부장관은 제33조 제1항 제8호 · 제9호 및 같은 조 제2항 각 호에서 금지되는 행위(부동산거래질서교란행위)를 방지하기 위하여 부동산거래질서교란행위 신고센터를 설치 · 운영할 수 있다.

(2) **신고센터의 업무**

신고센터는 다음 각 호의 업무를 수행한다.

① 부동산거래질서교란행위 신고의 접수 및 상담

② 신고사항에 대한 확인 또는 시·도지사 및 등록관청 등에 신고사항에 대한 조사 및 조치 요구

③ 신고인에 대한 신고사항 처리 결과 통보

(3) **부동산거래질서교란행위 신고센터의 설치·운영**(영 제37조 제1항 내지 제8항)

① **교란행위 신고서제출**

법 제47조의2 제1항에 따른 부동산거래질서교란행위 신고센터에 부동산거래질서교란행위를 신고하려는 자는 다음 각 호의 사항을 서면(전자문서를 포함한다)으로 제출해야 한다. (인, 발, 증, 참)

㉠ 신고인 및 피신고인의 **인적사항**

㉡ 부동산거래질서교란행위의 **발생**일시·장소 및 그 내용

㉢ 신고 내용을 **증**명할 수 있는 증거자료 또는 **참**고인의 인적사항

㉣ 그 밖에 신고 처리에 필요한 사항

② **보완요청**

신고센터는 신고 받은 사항에 대해 보완이 필요한 경우 기간을 정하여 신고인에게 보완을 요청할 수 있다.

③ **조사 및 조치요구**

신고센터는 제출받은 신고사항에 대해 시·도지사 및 등록관청 등에 조사 및 조치를 요구해야 한다.

④ **종결처리**

다음 어느 하나에 해당하는 경우에는 국토교통부장관의 승인을 받아 접수된 신고사항의 처리를 종결할 수 있다. (거, 보, 다, 중)

㉠ 신고내용이 명백히 **거**짓인 경우

㉡ 신고인이 **보**완요청에도 불구하고 보완을 하지 않은 경우

㉢ 신고사항의 처리결과를 통보받은 사항에 대하여 정당한 사유 없이 **다**시 신고한 경우로서 새로운 사실이나 증거자료가 없는 경우

㉣ 신고내용이 이미 수사기관에서 수사 **중**이거나 재판에 계류 **중**이거나 법원의 판결에 의해 확정된 경우

⑤ **조사 및 조치결과 통보**

신고에 따른 조사 및 조치요구를 받은 시·도지사 및 등록관청 등은 신속하게 조사 및 조치를 완료하고, 완료한 날부터 10일 **이내**에 그 결과를 신고센터에 통보해야 한다.

⑥ **처리결과 통보 및 제출**

신고센터는 시·도지사 및 등록관청 등으로부터 처리 결과를 통보받은 경우 신고인에게 신고사항 처리 결과를 통보해야 하며, **매월 10일까지 직전 달의 신고사항 접수 및 처리 결과** 등을 국토교통부장관에게 제출해야 한다.

⑦ **업무의 위탁**

국토교통부장관은 신고센터의 업무를 한국부동산원에 위탁한다.

⑧ **국토교통부장관 승인**

한국부동산원은 신고센터의 업무 처리 방법, 절차 등에 관한 운영규정을 정하여 국토교통부장관의 승인을 받아야 한다. 이를 변경하려는 경우에도 또한 같다.

⑧ 손해배상책임과 업무보증 설정의무

> **법 제30조 【손해배상책임의 보장】** ① '개업공인중개사'는 '중개행위'를 함에 있어서 고의 또는 과실로 인하여 거래당사자에게 재산상의 손해를 발생하게 한 때에는 그 손해를 배상할 책임이 있다.
> ② '개업공인중개사'는 자기의 중개사무소를 다른 사람의 '중개행위'의 장소로 제공함으로써 거래당사자에게 재산상의 손해를 발생하게 한 때에는 그 손해를 배상할 책임이 있다.
> ③ '개업공인중개사'는 업무를 개시하기 전에 '제1항 및 제2항'의 규정에 의한 손해배상책임을 보장하기 위하여 대통령령이 정하는 바에 따라 보증보험 또는 제42조의 규정에 의한 공제에 가입하거나 공탁을 하여야 한다.

1) 손해배상책임

(1) **원인행위**

① '중개행위'를 함에 있어서, '개업공인중개사의 고의 또는 과실'로서 의뢰인 재산상 손해가 발생(과실은 중과실 경과실을 불문)

② 타인에게 자신의 중개사무소를 '중개행위'의 장소로 제공하여 의뢰인에게 재산상 손해가 발생(모든 행위의 장소제공이 아니다)

(2) **결과행위**

중개의뢰인에게 재산상의 손해가 발생(정신적 손해 ×)

(3) 인과관계

입증책임은 피해를 주장하는 의뢰인이 부담한다.

(4) 손해배상책임

① 이 법 제30조에 따라 개업공인중개사가 배상책임을 부담하며, 이를 위하여 업무보증을 설정하여야 한다. 그러므로 보증기관에서도 배상책임을 부담하게 된다.

② 중개행위와 관련 없는 사적인 사고에 대해서는 보증기관이 책임을 지지 않는다. 또한 보증기관에서는 재산상 손해에 대하여만 배상책임을 진다. 정신적 손해(위자료)는 보증기관이 책임을 부담하지는 않는다.

> ★ 이 법 제30조는 개업공인중개사에게 적용되는 것이며, 일반인이나 고용인에게는 적용되지 않는다.

판례

법 제30조의 '중개행위' 해당 여부

1. 〈중개행위는 객관적으로 판단한다〉 어떠한 행위가 중개행위에 해당하는지 여부는 거래당사자의 보호에 목적을 둔 법 규정의 취지에 비추어 볼 때 개업공인중개사가 진정으로 거래당사자를 위하여 거래를 알선·중개하려는 의사를 갖고 있었느냐고 하는 **개업공인중개사의 주관적 의사에 의하여 결정할 것이 아니라, 개업공인중개사의 행위를 객관적으로 보아 사회통념상 거래의 알선·중개를 위한 행위라고 인정되는지 여부에 의하여 결정하여야 한다**(대판 2005다32197).

2. 〈중개행위는 알선뿐만 아니라 중개와 관련되는 행위도 포함된다〉 부동산매매계약 체결을 중개하고 계약체결 후 계약금 및 중도금 지급에도 **관여한** 부동산개업공인중개사가 잔금 중 일부를 횡령한 경우, 공인중개사법 제30조 제1항이 정한 '개업공인중개사가 중개행위를 함에 있어서 거래당사자에게 재산상의 손해를 발생하게 한 경우'에 해당한다(대판 2005다32197).

3. 〈중개행위는 알선뿐만 아니라 관련되는 행위도 포함된다〉 임대차계약을 알선한 개업공인중개사가 계약 체결 후에도 보증금의 지급, 목적물의 인도, 확정일자의 취득 등과 같은 거래당사자의 계약상 의무의 실현에 **관여함으로써** 계약상 의무가 원만하게 이행되도록 주선할 것이 예정되어 있는 때에는 그러한 개업공인중개사의 행위는 객관적으로 보아 사회통념상 거래의 알선·중개를 위한 행위로서 '중개행위'의 범주에 포함된다(대판 2005다55008).

4. 〈일방중개도 중개행위에 해당한다〉 '중개행위'란 개업공인중개사가 거래의 쌍방 당사자로부터 중개의뢰를 받은 경우뿐만 아니라 **거래의 일방 당사자의 의뢰에 의하여 중개 대상물의 매매·교환·임대차 기타 권리의 득실·변경에 관한 행위를 알선·중개하는 경우도 포함하는 것이다**(대판 94다47261).

5. 〈경매알선도 중개행위에 해당된다〉 **'경매 대상 부동산에 대한 권리분석 및 취득의 알선'** 행위는 비록 그 행위가 중개법 제2조 제1호의 '중개' 그 자체에 해당되는 것은 아니라 하여도, 거래당사자의 보호에 목적을 둔 법 제30조 규정과 업무보증제도의 취지를 감안하면, **결국 '경매 대상 부동산에 대한 권리분석 및 취득의 알선' 행위도 사회통념상 '중개행위'에 해당한다고 해석함이 타당하다**(대판 2005다40853)(그러므로 이 과정에서 발생된 의뢰인의 손해에 대하여 개업공인중개사는 이 법상의 손해배상책임을 지며, 보증기관에서도 책임을 진다).

6. 〈거래행위는 중개행위가 아니다〉 甲이 공인중개사 자격증과 중개사무소 등록증을 대여 받아 중개사무소를 운영하던 중 **오피스텔을 임차하기 위하여** 위 중개사무소를 방문한 乙에게 자신이 **오피스텔을 소유하고 있는 것처럼 가장하여 직접 거래당사자로서 임대차계약을 체결한 사안에서,** 비록 임대차계약서의 중개사란에 중개사무소의 명칭이 기재되고, 공인중개사 명의로 작성된 중개대상물 확인 · 설명서가 교부되었다고 하더라도, 甲의 **위 행위를 사회통념상 거래당사자 사이의 임대차를 알선 · 중개하는 행위에 해당한다고 볼 수 없다**(대판 2010다101486)(그러므로 중개업의 보증기관에 책임을 물릴 수 없다)

판례

손해배상책임

1. 〈중개행위의 장소로 제공한 경우 배상책임 있다〉 **개업공인중개사인 甲이 자신의 사무소를 중개행위의 장소로 제공하여** 乙이 그 사무소에서 임대차계약을 중개하면서 거래당사자로부터 종전 임차인에게 **임대차보증금의 반환금을 전달하여 달라는 부탁을 받고 그 금원을 수령한 후 이를 횡령한 경우,** 甲은 거래당사자가 입은 손해를 배상할 책임이 있다(대판 2000다48098).

2. 〈무상중개 시에도 손배책임 인정된다〉 부동산중개계약에 따른 개업공인중개사의 확인 · 설명의무와 이에 위반한 경우의 손해배상의무는 중개의뢰인이 개업공인중개사에게 **소정의 수수료를 지급하지 아니하였다고 해서 당연히 소멸되는 것이 아니다**(대판 2001다71484).

3. 〈대리권을 확인해야 한다〉 부동산소유자의 인척으로부터 중개를 의뢰받고 적법한 대리권 유무를 조사 · 확인하지 않은 채 중개행위를 한 부동산개업공인중개사의 부동산 매수인에 대한 손해배상책임을 인정한다(대판 2007다73611).

4. 〈과실이 인정된다〉 **그릇된 정보를 제대로 확인하지도 않은 채,** 마치 그것이 진실인 것처럼 의뢰인에게 그대로 전달하여 의뢰인이 그 정보를 믿고 상대방과 계약에 이르게 되었다면, 개업공인중개사의 그러한 행위는 선량한 관리자의 주의로 신의를 지켜 성실하게 중개행위를 하여야 할 **개업공인중개사의 의무에 위반된다**(대판 2008다42836)(그러므로 이 경우에도 이 법상의 손해배상책임을 지게 된다).

5. 〈대필해서는 아니 된다〉 개업공인중개사는 중개가 완성된 때에만 거래계약서 등을 작성 · 교부하여야 하고, **중개를 하지 아니하였음에도 함부로 거래계약서 등을 작성 · 교부하여서는 아니 된다**(대판 2009다78863, 78870).

6. 〈대필해서는 아니 된다〉 **부동산개업공인중개사가 자신의 중개로 전세계약이 체결되지 않았음에도 실제 계약당사자가 아닌 자에게 전세계약서와 중개대상물 확인설명서 등을 작성 · 교부해 줌으로써 이를 담보로 제공받아 금전을 대여한 대부업자가 대여금을 회수하지 못하는 손해를 입은 사안에서, 개업공인중개사의 주의의무 위반에 따른 손해배상책임을 인정한다**(대판 2009다78863, 78870).

---

2) 업무보증의 설정 및 유지 의무

(1) 보증의 설정의무(신고의무)

① **신고시기**: 중개사무소 개설등록 후부터 '업무개시 전까지' 보증설정신고를 하여야 한다. 다만, 보증기관이 직접 등록관청에 통보한 경우에는 신고를 생략할 수 있다.
   💡 보증설정의 신고는 전자문서로도 가능하다.

② **신고방법**: 업무보증설정 신고서 + 보증증서 사본 첨부 ➡ 등록관청에 신고

③ **주의**: 업무보증은 중개사무소 '개설등록의 요건은 아니다'. 즉, 업무보증은 등록신청시에 하는 것이 아니라 등록을 한 후 업무개시 전에 하는 것이다.

(2) 보증설정의 방법 및 내용

구 분	업무보증설정 내용	보증설정 방법
• 중개법인	4억원 이상 (단, 분사무소는 2억원 이상씩 추가설정)	• 보증보험가입 • 공제가입 • 공탁
• 개인업자(공인중개사인 개공, 부칙상 개공)	2억원 이상	
• 지역농업협동조합	2천만원 이상	

   💡 '공탁금'은 개업공인중개사가 폐업 또는 사망한 날로부터 "3년" 이내에는 회수할 수 없다.

(3) 보증의 "유지"의무

① **보증의 변경**: 보증을 다른 보증으로 변경하고자 할 때에는 "이미 설정한 보증의 효력이 있는 기간 중에" 다른 보증을 설정하고, 업무보증변경신고서에 새로운 보증증서사본을 첨부하여 신고하여야 한다.

② **기간만료로 인한 재설정**: 보증보험 또는 공제에 가입한 개업공인중개사로서 보증기간의 만료로 다시 보증을 설정하고자 하는 자는 **당해 보증기간 "만료일까지" 다시 보증설정하고** 신고하여야 한다.

   💡 보증의 설정신고든, 변경신고든, 재설정신고든 모두 보증기관이 직접 등록관청에 통보를 한 경우에는 개업공인중개사는 신고를 '생략'할 수 있다.

(4) 업무보증증서사본 교부 및 설명

① 중개가 완성된 때에는 개업공인중개사는 거래당사자에게 업무보증에 관한 내용을 설명하고(㉠ 보장기간, ㉡ 보장금액, ㉢ 업무보증기관, ㉣ 보증기관의 소재지), 관계증서 사본을 교부하거나 관계증서에 관한 전자문서를 제공하여야 한다.

② 업무보증증서사본은 거래당사자 '쌍방'에게 교부하여야 하고, 보증에 관한 설명도 '쌍방'에게 하여야 한다.

⑸ **업무보증금의 지급**

① 중개의뢰인이 손해배상금으로 보증보험금 · 공제금 또는 공탁금을 지급받고자 하는 경우에는 개업공인중개사의 '손해배상합의서', 화해조서 또는 확정된 법원의 '판결문', 그 밖에 이에 준하는 효력이 있는 서류를 첨부하여 보증기관에 청구하여야 한다.

② 개업공인중개사는 보증보험금 · 공제금 · 공탁금으로 손해배상을 한 때에는 "15일 이내"에 보증보험 또는 공제에 다시 가입하거나 공탁금 중 부족하게 된 금액을 보전(= 보충)하여야 한다.

핵심다지기

1. **업무보증설정의 시기**
   ① 중개업 등록 후 업무보증설정신고
   ② 업무보증설정 후 분사무소 설치신고(주된 사무소 소재지 등록관청)
   ③ 업무보증설정 후 경매 대리업 등록(지방법원)

2. **손해배상청구권의 소멸시효**
   ① 손해를 입은 중개의뢰인이 개업공인중개사에게 손해배상청구를 하는 경우에는 공인중개사법의 일반법인 민법 제766조의 규정에 따라 그 **손해 및 가해자를 안 날로부터 '3년', 또는 불법행위를 한 날로부터 '10년' 이내**에 손해배상청구권을 행사하여야 하고, 그렇지 않으면 시효로서 소멸하게 된다.
   ② 손해를 입은 중개의뢰인이 보증보험회사나 협회공제에 배상청구를 하는 경우에는 **보험금청구권이나 공제금청구권의 소멸시효기간은 '3년'**(상법 제662조)이고, 특별한 사정이 없는 한 그 소멸시효는 보험사고가 발생한 때부터 진행하게 된다. 공제사고의 발생사실을 확인할 수 없는 사정이 있는 경우에는 공제금 청구권자가 '공제사고 발생을 알았거나 알 수 있었던 때부터' 공제금청구권의 소멸시효가 진행한다(대판 2011다77870).

3. **손해배상청구의 범위**
   ① **개업공인중개사는 의뢰인의 손해액 "전액"에 대하여 배상책임을 져야 한다.** 재산상 손해는 이 법상의 배상책임이 적용될 것이고, 정신적 손해는 민법상의 배상책임이 적용될 것이다.
   ② **보증기관에서는 개업공인중개사가 '설정한 보증금액 범위 내'에서만 책임을 진다.** 또한 보증기관에서는 이 법상의 배상책임인 재산상 손해만 책임을 진다. 그러므로 정신상 손해는 배상책임이 없으며, 중개행위와 관련되지 않는 손해도 그 배상책임이 없다.

⑨ **예치제도**(계약금 등의 반환채무이행의 보장제도)

(1) 계약금 등의 예치권고

개업공인중개사는 거래계약의 이행이 완료될 때까지 계약금·중도금 또는 잔금을 예치기관에 예치하도록 거래당사자에게 "**권고할 수 있다**"(법 제31조). (이는 임의사항이므로 권고를 할 의무가 있는 것은 아님에 유의하여야 하며, 이러한 권고를 받은 거래당사자에게도 예치를 할 의무는 없음에 유의)

(2) 예치명의자 및 예치기관

① **예치명의자** : 개업공인중개사 또는 대통령령이 정하는 자

> ⊙ **개업공인중개사**
> ⓛ 「은행법」에 따른 **은행**
> ⓒ 「우체국예금·보험에 관한 법률」에 따른 **체신관서**
> ⓔ 「보험업법」에 따른 **보험회사**
> ⓜ 「자본시장과 금융투자업에 관한 법률」에 따른 **신탁업자**
> ⓗ 부동산거래계약의 이행을 보장하기 위하여 계약금·중도금 또는 잔금 및 계약 관련 서류를 관리하는 업무를 수행하는 **전문회사**(계약관리 전문회사)
> ⓢ 「공인중개사법」 제42조의 규정에 따른 **공제사업을 하는 자**(공인중개사 협회)

② **예치기관** : 금융기관, 공제사업을 하는 자, 신탁회사 '등'

예치기관	
금	⊙ 금융기관
공	ⓛ 이 법에 따라 **공제**사업을 하는 자
탁	ⓒ 자본시장과 금융투자업에 관한 법률에 따른 신**탁**업자

(3) "개업공인중개사 명의"로 예치하는 경우, "개업공인중개사"의 의무(다른 자의 명의로 예치하는 경우에는 적용되지 않는다) **위반시에는 업무정지처분대상**

① **예치금 관리 및 보존의무** : 개업공인중개사는 자기 재산과 분리하여 관리하여야 하며, 거래당사자의 동의 없이 마음대로 인출하여서는 아니 된다(동의방법은 미리 약정을 하여야 한다).

② **지급의 보장의무** : 개업공인중개사는 자기 명의로 예치하는 경우에는 예치대상이 되는 계약금 등에 해당하는 금액의 지급을 보장하는 보증보험 또는 공제에 가입하거나 공탁을 하여야 하며, 거래당사자에게 관계증서 사본을 교부하거나 관계증서에 관한 전자문서를 제공하여야 한다.

③ **예치에 관한 실비 등 약정의무** : ㉠ 예치와 관련하여 개업공인중개사가 비용이 소요된다면, 이를 미리 거래당사자와 약정을 하여야 하며, ㉡ 약정된 실비는 권리를 "취득"하고자 하는 의뢰인에게 청구할 수 있다.

⑷ **개업공인중개사의 실비청구권**

　⇨ 영수증을 첨부하여 권리를 '**취득**'하고자 하는 중개의뢰인에게 청구할 수 있다(이전의뢰인 ×).

⑸ **매도인 등의 사전수령권**

① 매도인 · 임대인 등 계약금 등을 수령할 수 있는 권리가 있는 자는 (당해 계약을 해제한 때 계약금 등의 반환을 보장하는 내용의) 금융기관 또는 보증보험회사가 발행하는 보증서를 계약금 등의 예치명의자에게 교부하고 계약금 등을 **미리 수령할 수 있다.**

② **보증서 발행하는 보증기관** : 금융기관, 보증보험회사

보증기관	
금	㉠ 금융기관
보	㉡ **보증보험회사**

개업공인중개사의 보수

① 중개보수

1) 중개보수청구권

(1) 중개보수청구권의 '발생'요건

"중개계약"의 성립과 동시에 발생(양도 및 압류 가능)

(2) 중개보수청구권의 '행사'요건

① 중개계약이 체결

② 거래계약의 체결

③ 개업공인중개사의 중개와 거래계약체결간에는 인과관계가 있어야 한다.

(3) 보수지급의 시기

① 중개보수의 지급 시기는 개업공인중개사와 중개의뢰인 간의 '약정'에 따르되,

② 약정이 없을 때에는 중개대상물의 '거래대금 지급이 완료된 날'로 한다.

(4) 중개보수청구권의 소멸

① "개업공인중개사의 고의 또는 과실"에 의하여 거래행위가 무효·취소 또는 해제된 경우에는 중개보수청구권이 소멸된다. 또한 이미 수수료를 지불하였다고 하여도 거래 당사자들은 그 반환을 청구할 수 있다.

② 그러나 '거래당사자'의 고의·과실에 의하여 거래행위가 무효·취소·해제된 경우에는 중개보수청구권은 소멸되지 않는다.

| 판례 |
중개보수 관련 판례

1. 〈중개계약에서 발생〉 개업공인중개사의 중개보수는 상인의 자격으로 당연히 존재하는 상인의 보수로 인정되므로, **"중개의뢰계약"에서 구체적인 수수료 약정(유상임을 표시)을 하지 않았더라도 중개보수청구권은 인정된다**(대판 68다955).

2. 〈무등록 중개"업"〉 공인중개사 자격이 없이 중개사무소 개설등록을 하지 아니한 채 부동산"중개업"을 한 자에게 형사적 제재를 가하는 것만으로는 부족하고, 그가 체결한 중개보수 지급약정에 의한 경제적 이익이 귀속되는 것을 방지하여야 할 필요가 있고, 따라서 중개사무소 개설등록에 관한 구 부동산중개업법 관련 규정들은 **공인중개사 자격이 없는 자가 중개사무소 개설등록을 하지 아니한 채 부동산중개업을 하면서 체결한 중개보수 지급약정의 효력을 제한하는 이른바 강행법규에 해당하며, 중개보수 지급약정은 '무효'이다**(대판 2008다75119).

3. 〈무등록 중개〉 공인중개사 자격이 없는 자가 "우연한 기회에 단 1회" 타인간의 거래행위를 중개한 경우 등과 같이 '중개를 업으로 한' 것이 아니라면 그에 따른 **중개보수 지급약정이 강행법규에 위배되어 무효라고 할 것은 아니고, 다만** 중개보수 약정이 부당하게 과다하여 민법상 신의성실 원칙이나 형평 원칙에 반한다고 볼만한 사정이 있는 경우에는 상당하다고 인정되는 범위 내로 **감액된 보수액만을 청구할 수 있다**(대판 2010다86525).

4. 〈기대중개료는 없다〉 중개인은 임대중개 의뢰를 받은 건물 전체에 대한 중개가 가능하였음을 전제로 '기대 중개료' 상당의 손해배상청구를 할 수 없다(대판 98다64202).

5. 〈인과관계가 있어야 한다〉 개업공인중개사가 부동산의 매도인을 위하여 거래상대방을 소개하는 등 노력을 하였으나 **개업공인중개사가 알선한 상대가 아닌 제3의 인물과 거래를 한 경우에는 중개행위와 거래계약과는 인과관계가 인정되지 않으므로 개업공인중개사에게 중개보수청구권이 인정되지 않는다**(대판 77다1889).

6. 〈결정적 기여〉 매매계약의 성립에 '결정적인 기여'를 한 부동산개업공인중개사가 그의 귀책사유 없이 매매계약서 작성에 관여하지 못하였다 하더라도, 공인중개사법 제20조 제1항의 규정에 따른 상당한 수수료를 청구할 권리가 있다(서울동부 86가2801).

7. 〈계약완료 전 중개보수 약정〉 공인중개사가 중개대상물에 대한 계약이 완료되지 않을 경우에도 중개행위에 상응하는 보수를 지급하기로 약정할 수 있다. 이러한 보수는 계약이 완료되었을 경우에 적용되었을 부동산 중개보수 제한에 관한 공인중개사법에 따른 한도를 초과할 수는 없다고 보아야 한다(대판 2017다243723).

8. 부동산 중개보수 제한에 관한 공인중개사법은 공매 대상 부동산 취득의 알선에 대해서도 적용된다고 봄이 타당하다.
   공매는 목적물의 강제환가라는 특징이 있기는 하나 본질적으로 매매의 성격을 지니고 있으므로 실질적인 내용과 효과에서 공매 대상 부동산의 취득을 알선하는 것은 목적물만 차이가 있을 뿐 공인중개사법 제2조 제1항에서 정하는 매매를 알선하는 것과 차이가 없다. 따라서 공매에 대해서 보수 제한 규정을 비롯하여 매매에 관하여 적용되는 거래당사자 보호에 관한 규정을 배제할 이유가 없다.

2) 중개보수의 계산

(1) 중개보수의 계산방법 〈거래가액 × 요율 = 중개보수〉

① 거래금액의 기준

유 형	거래금액(거래가액)
매 매	매매가격
교 환	교환대상물 중 거래금액이 큰 것을 기준
임대차(전세)	임대차보증금(전세금)
임대차(월세)	• 임대차보증금 + (월세 × 100) • 다만, 거래가액이 "5천만원 미만"이면, 임대차보증금 + (월세 × 70)
분양권	기 납입액(계약금, 중도금 등) + 프리미엄

📋 판례 ‖‖‖

분양권의 거래금액

아파트 분양권의 매매를 중개한 경우에 있어서 거래가액이라 함은 당사자가 거래 당시 수수하게 되는 총 대금(즉, 통상적으로 계약금, **기 납부한 중도금, 프리미엄을 합한 금액일 것이다)을 거래가액이라고 보아야 할 것**이므로, 이와 달리 총 분양대금과 프리미엄을 합산한 금액으로 거래가액을 산정하여서는 아니 된다(대판 2004도62).

② 중개보수의 범위

ⓐ 주택(부속토지 포함)에 대한 중개보수는 국토교통부령이 정하는 범위 안에서 시·도 조례로 정한다.

ⓑ 국토부령의 범위: 주택의 중개에 대한 보수는 중개의뢰인 쌍방으로부터 각각 받되, 그 일방으로 받을 수 있는 한도는 별표 1과 같으며, 그 금액은 시·도의 조례로 정하는 요율 한도 이내에서 중개의뢰인과 개업공인중개사가 서로 협의하여 결정한다.

■ 공인중개사법 시행규칙 [별표 1] <신설 2021. 10. 19.>

주택 중개보수 상한요율(제20조 제1항 관련)

거래내용	거래금액	상한요율	한도액
1. 매매 · 교환	5천만원 미만	1천분의 6	25만원
	5천만원 이상 2억원 미만	1천분의 5	80만원
	2억원 이상 9억원 미만	1천분의 4	
	9억원 이상 12억원 미만	1천분의 5	
	12억원 이상 15억원 미만	1천분의 6	
	15억원 이상	1천분의 7	
2. 임대차 등	5천만원 미만	1천분의 5	20만원
	5천만원 이상 1억원 미만	1천분의 4	30만원
	1억원 이상 6억원 미만	1천분의 3	
	6억원 이상 12억원 미만	1천분의 4	
	12억원 이상 15억원 미만	1천분의 5	
	15억원 이상	1천분의 6	

중개보수	근거규정	한 도
기타 주택 "이외"	국토교통부령으로 정한다.	① **상가, 토지 등** ＊ 매매 · 교환 · 임대차 등 거래유형의 구별 없이 거래금액의 (9/1,000) **0.9% 이내에서 협의** ② **주거용 오피스텔** ＊ 주거전용면적이 85제곱미터 이하이고, 상 · 하수도 시설이 갖추어진 입식부엌 · 화장실 · 목욕시설을 갖춘 경우 ㉠ 매매 · 교환: (5/1,000) **0.5% 범위 내에서 협의** ㉡ 임대차 등: (4/1,000) **0.4% 범위 내에서 협의**

⑵ 산출된 수수료는 거래당사자 '쌍방'으로부터 '각각' 받는다.

⑶ 교환인 경우에 보충금 및 상가의 경우에 권리금을 지급하는 경우에 보충금이나 권리금은 중개보수 계산에 포함시키지 않는다.

⑷ 〈겸업보수는 중개보수가 아니다〉

부동산이용·개발 상담료(부동산컨설팅료), 분양대행료, 권리금의 알선료 등 중개업과 구별되는 업무에 대한 대가는 중개보수의 적용을 받지 않고 당사자간의 약정으로 자유롭게 정할 수 있다.

3) 중개보수의 제한

⑴ **동일기회**(동일 3번)

동일한 중개대상물에 대하여 동일 당사자간에 매매를 포함한 둘 이상의 거래가 동일 기회에 이루어지는 경우에는 "매매계약"에 관한 거래금액만을 적용한다.

⑵ **복합용도의 경우**

중개대상물인 건축물 중 '주택의 면적이 2분의 1 이상인 경우에는 "주택"에 관한 규정을 적용하고, 주택의 면적이 2분의 1 미만인 경우에는 "주택 외"의 대상물에 관한 규정을 적용한다.

⑶ **중개사무소 소재지를 기준**

① 중개대상물의 소재지와 중개사무소의 소재지가 다른 경우에는 그 "중개사무소의 소재지"를 관할하는 (특·광)시·도의 조례로 정한 기준에 따라 수수료와 실비를 받아야 한다.

② 중개법인의 분사무소에서 중개가 이루어진 경우에는 "분사무소 소재지"(특·광)시·도의 조례에 따른다.

⑷ **희망수수료 요율의 명시의무**(주택 이외의 수수료)

개업공인중개사는 주택 외의 중개대상물에 대해서는 중개보수 요율의 범위 안에서 실제 자기가 받고자 하는 중개보수의 상한요율을 중개보수·실비의 요율 및 한도액표에 명시하여야 하며, 이를 초과하여 받아서는 아니 된다(위반시 초과금품수수로 처벌).

⑸ **초과수수의 반환의무**

요율 및 한도액을 초과하는 수수료 약정은 강행규정 위반으로 무효, 그러므로 법정한도를 초과하여 수수한 부분은 부당이득으로서 반환하여야 한다(반환해도 처벌은 된다).

② 실 비

① 실비의 한도 등에 관하여 필요한 사항은 국토교통부령이 정하는 범위 안에서 (특·광)시·도 조례로 정한다.

② 중개대상물의 소재지와 중개사무소의 소재지가 서로 다른 경우에는 중개사무소의 소재지를 관할하는 (특·광)시·도 조례에서 정한 기준에 따라 실비를 받아야 한다.

구 분	중개보수	실비 ①	실비 ②
의 의	중개완성의 대가	권리관계의 '확인'에 소요되는 비용(확인실비)	계약금 등의 반환채무이행보장 등에 소요되는 비용(예치실비)
부담자	중개의뢰인 쌍방으로부터 각각 받는다.	권리를 '이전'하고자 하는 자	권리를 '취득'하고자 하는 자
지불 시기	• 원칙: 약정시기 • 예외: 거래대금지급이 완료된 날	약정에 따른다.	약정에 따른다.
계 산	중개보수 = 거래금액 × 요율 (주택은 시·도 조례상의 한도액의 범위 내)	공부발급 및 열람시 당해 수수료, 대행료(1건당 1,000원), 교통비, 숙박료 등의 실비	소요비용(계약금 등의 예치비용, 지급보증비용, 교통비 등)

Chapter 07 개업공인중개사간의 상호협력

① 부동산거래정보망

(1) 의 의

개업공인중개사 상호간 중개대상물의 중개에 관한 정보교환체계이다.

① 부동산거래정보망을 통하여 개업공인중개사가 상호 협력하여 공동중개를 하게 된다.

② 거래계약서 및 확인·설명서는 개업공인중개사가 서로 협력하여 '공동'으로 작성하여 '모두'가 서명 '및' 날인을 하여야 하고, 거래당사자 쌍방에게 교부하여야 하며, 각 개업공인중개사가 그 원본 등을 각각 보관하여야 한다.

③ 매매계약을 개업공인중개사들이 '공동중개'를 한 경우이므로, 부동산거래신고는 개업공인중개사가 '공동'으로 신고하여야 한다.

④ 중개사고가 발생한 경우에는 개업공인중개사가 공동으로 책임을 져야 할 것이며, 중개보수는 각각의 의뢰인에게 받을 수 있다.

(2) 부동산거래정보사업자

'국토교통부장관'은 "개업공인중개사 상호간"에 부동산매매 등에 관한 정보의 공개와 유통을 촉진하고 공정한 부동산거래질서를 확립하기 위하여 부동산거래정보망을 설치·운영할 자를 지정할 수 있다.

(3) 지정절차

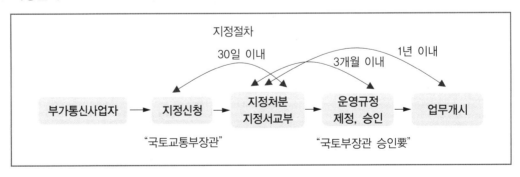

⑷ 지정요건 및 지정신청서류

① 부가통신사업자(전기통신사업법, 과기부장관) 신고서

② 국토교통부장관이 정하는 용량 및 성능을 갖춘 컴퓨터 설비를 확보할 것(관련서류)

③ 정보처리기사 1인 이상 확보(자격증 사본)

④ 공인중개사 1인 이상 확보(자격증 사본)

⑤ 개업공인중개사(회원)의 수가 전국적으로 500명 이상, 2개 이상의 특 · 광 · 도에서 각 30명 이상 가입신청(가입 · 이용신청서 및 등록증 사본)

⑸ 거래정보사업자 지정

① **사업자 지정** : 국토교통부장관은 위의 거래정보사업자 지정신청을 받은 때에는 지정신청을 받은 날부터 '30일 이내'에 이를 검토하여 지정 기준에 적합하다고 인정되는 경우에는 거래정보사업자로 지정하고, 해당 사항을 거래정보사업자 지정대장에 기재한 후에 거래정보사업자 지정서를 교부하여야 한다.

② **거래정보사업자 지정대장** : 국토교통부장관은 다음의 사항을 거래정보사업자 지정대장에 기재하여야 하고, 거래정보사업자 지정대장은 전자적 처리가 불가능한 특별한 사유가 없으면 전자적 처리가 가능한 방법으로 작성 · 관리하여야 한다.

> ㉠ 지정번호 및 지정연월일
> ㉡ 상호 또는 명칭 및 대표자의 성명
> ㉢ 사무소의 소재지
> ㉣ 주된 컴퓨터설비의 내역
> ㉤ 전문자격자의 보유에 관한 사항

⑹ 운영규정의 제정 · 승인

① 거래정보사업자는 지정을 받은 날로부터 '3개월 이내'에 부동산거래정보망의 이용 및 정보제공방법 등에 관한 '운영규정'을 정하여 **국토교통부장관의 승인**을 얻어야 한다. 이를 변경하고자 할 때에도 또한 같다(법 제24조 제3항).

② 운영규정에는 다음의 것을 정하여야 한다(국토교통부령 제15조 제4항).

> ㉠ 부동산거래정보망에의 **등록절차**
> ㉡ 자료의 제공 및 **이용방법**에 관한 사항
> ㉢ 가입자에 대한 '**회비' 및 그 징수**에 관한 사항
> ㉣ 거래정보사업자 및 가입자의 **권리 · 의무**에 관한 사항
> ㉤ 그 밖에 부동산거래**정보망의 이용**에 관하여 필요한 사항

⑺ 정보공개위반에 대한 제재

① **거래정보사업자**: 개업공인중개사로부터 의뢰받은 정보에 한하여 공개하여야 하며, 의뢰받은 내용과 다르게 정보를 공개하거나 개업공인중개사의 정보를 차별적으로 공개하여서는 아니 된다(위반시: 지정취소사유 + 1년 이하 징역 또는 1천만원 이하의 벌금).

② **개업공인중개사**: 중개의뢰인으로부터 의뢰받은 내용과 다르게 허위로 정보를 거래정보망에 공개하여서는 아니 된다(위반시: 업무정지). 또한 당해 대상물의 거래가 이루어진 때에는 지체없이 당해 거래정보사업자에게 통보하여야 한다(위반시: 업무정지).

⑻ **지정취소사유**

※ 국토부장관이 지정취소 할 수 있다. (부, 정, 사, 운, 해, 1)

① 정당한 사유 없이 지정받은 날부터 "1년 이내"에 설치·운영하지 아니한 경우

② '부정'한 방법으로 지정을 받은 경우

③ '운영규정'위반(승인×, 변경승인× 내용위반) + 500 이하 과태료

④ 의뢰받은 내용과 다르게 '정보'를 공개하거나 차별적으로 공개한 경우 + (1년 −1천 이하)

⑤ 사업자의 사망 또는 '해산' 기타 운영이 불가능한 경우 (①, ②, ③, ④는 청문대상)

② **공인중개사 협회**(개업공인중개사들의 단체)

1) 협회의 설립

① **설립목적**: 개업공인중개사인 공인중개사(중개인 포함)는 그 '자질향상' 및 '품위유지'와 중개업에 관한 제도의 '개선' 및 운용에 관한 업무를 효율적으로 수행하기 위하여 공인중개사협회를 설립'할 수' 있다(법 제41조 제1항).

② **협회설립의 성격**

> ㉠ 복수설립주의: 복수협회 설립가능(단수협회주의 ×)
> ㉡ 비영리 사단법인: 개업공인중개사를 사원으로 한다(재단법인 ×).
> ㉢ 임의설립주의: 설립할 수 있다(강제설립주의 ×).
> ㉣ 임의가입주의(강제가입주의 ×)
> ㉤ 인가주의: 국토교통부장관의 인가를 필요로 한다(허가주의 ×).

≪◈ 공인중개사협회의 설립절차

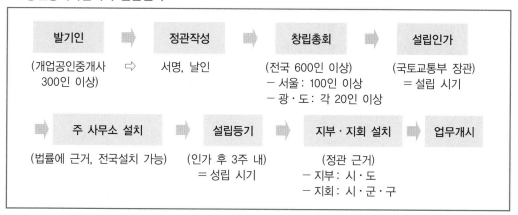

2) 협회의 구성

① 협회의 조직

㉠ 주된 사무소 : 법정사항(소재지의 제한은 없다)

㉡ 지부 및 지회 : 정관이 정하는 바에 따라 특별시 · 광역시 · 도에는 '지부'를, 시 · 군 · 구에는 '지회'를 둘 수 있다. 협회가 그 지부 또는 지회를 설치한 때에는 그 지부는 시 · 도지사에게, 지회는 등록관청에 설치신고(사후신고)해야 한다.

② 협회의 의결기관

㉠ 총회 : 총회는 회원 전원으로 구성된 최고의결기관

㉡ 총회의결의 보고의무 : 협회는 총회의 의결내용을 '지체 없이' 국토교통부장관에게 보고하여야 한다.

3) 협회의 업무

① 고유업무 : 협회의 설립 목적을 달성하기 위하여 다음의 업무를 수행할 수 있다.

㉠ 회원의 품위유지를 위한 업무
㉡ 회원의 자질향상을 위한 지도 · 연수에 관한 업무
㉢ 부동산중개제도의 연구 · 개선에 관한 업무
㉣ 회원의 윤리헌장 제정 및 그 실천에 관한 업무
㉤ 부동산정보제공에 관한 업무
㉥ 회원간의 상호부조를 목적으로 한 공제사업
㉦ 그 밖에 협회의 설립 목적 달성을 위하여 필요한 업무

② 수탁업무

> ㉠ 실무교육업무 등 교육업무
> ㉡ 공인중개사 시험의 시행에 관한 업무(수탁시)

4) 고유업무로서의 공제사업

(1) **목적 및 성격** : 회원간의 상호부조를 목적, 보증보험적 성격

> **판례** ∭∭
>
> **공제는 보증보험적 성격을 갖는다.**
> 공인중개사협회가 운영하는 공제제도는 **보증보험적 성격을 가진 제도라고 보아야 할 것**이므로, 그 공제약관에 공제가입자인 개업공인중개사의 고의로 인한 사고의 경우까지 공제금을 지급하도록 규정되었다고 하여 이것이 공제제도의 본질에 어긋난다거나 고의, 중과실로 인한 보험사고의 경우 보험자의 면책을 규정한 상법 제659조의 취지에 어긋난다고 볼 수 없다(대판 94다47261).

(2) **공제사업의 범위** : 협회가 할 수 있는 공제사업의 범위는 다음과 같다.

> ① 개업공인중개사의 손해배상책임(법 제30조)을 보장하기 위한 공제기금의 조성 및 공제금의 지급에 관한 사업
> ② 공제사업의 부대업무로서 공제규정으로 정하는 사업

(3) **공제규정(控除規定)의 제정**

① **공제규정의 제정** : 협회가 공제사업을 하고자 하는 때에는 '공제규정'을 제정하여 국토교통부장관의 '승인'을 얻어야 한다. 공제규정을 변경하고 할 때에도 또한 같다.

② **공제규정의 내용** : 공제규정에는 다음의 사항을 정하여야 한다.

> 공제사업의 범위, 공제계약의 내용, **공제금, 공제료, 회계기준 및 책임준비금의 적립비율 등** 공제사업의 운용에 관하여 필요한 사항을 정하여야 한다.

> ㉠ 공제계약의 내용 : 협회의 공제책임, 공제금, 공제료, 공제기간, 공제금의 청구와 지급절차, 구상 및 대위권, 공제계약의 실효, 그 밖에 공제계약에 필요한 사항을 정한다.
> ㉡ 공제료 : 공제사고 발생률, 보증보험료 등을 종합적으로 고려하여 결정한 금액으로 한다.
> ㉢ 회계기준 : 공제사업을 '**손해배상기금'과 '복지기금'으로 구분하여** 각 기금별 목적 및 회계원칙에 부합되는 세부기준을 정한다.
> ㉣ 책임준비금의 적립비율 : 공제사고 발생률 및 공제금 지급액 등을 종합적으로 고려하여 정하되, '**공제료 수입액'의 '100분의 10 이상'으로** 정한다(영 제34조).

⑷ 공제사업의 운용

협회는 공제사업을 다른 회계와 구분하여 '별도'의 회계로 관리하여야 하며, 책임준비금을 다른 용도로 사용하고자 하는 경우에는 국토교통부장관의 '승인'을 얻어야 한다.

⑸ 공제사업 운용실적의 공시 및 게시

협회는 공제사업 운용실적에 관한 내용을 매 회계연도 종료 후 '3개월' 이내에 일간신문 또는 협회보에(이를 통하여 공제계약자에게) '공시'하고, 협회의 인터넷 홈페이지에 '게시' 하여야 한다. 이를 위반한 경우에는 500만원 이하의 과태료처분사유에 해당된다.

> ※ 공시하고, 게시할 사항은 다음과 같다.
> ① 결산서인 요약 **대차대조표, 손익계산서 및 감사보고서**
> ② **공제료 수입액, 공제금 지급액, 책임준비금 적립액**
> ③ 그 밖에 공제사업 운용과 관련된 참고사항

⑹ 공제사업의 운영위원회(법 제42조의2)

① 협회는 공제사업에 관한 사항을 심의하고 그 업무집행을 감독하기 위하여 **협회에 운영위 원회를 둔다.**

② 운영위원회의 위원은 협회의 임원, 중개업 · 법률 · 회계 · 금융 · 보험 · 부동산 분야 전문가, 관계 공무원 및 그 밖에 중개업 관련 이해관계자로 구성하되, 그 수는 19명 이내로 한다.

③ 운영위원회의 구성과 운영에 필요한 세부 사항은 대통령령으로 정한다(제3항).

> 〈공제운영위원회(대통령령)〉
> 1. 운영위원회의 업무
>   운영위원회는 공제사업에 관하여 다음의 사항을 '심의'하며 그 업무집행을 '감독'한다.
>
> > ① 사업계획 · 운영 및 관리에 관한 **기본 방침**
> > ② **예산 및 결산에 관한 사항**
> > ③ **차입금**에 관한 사항
> > ④ 주요 **예산집행**에 관한 사항
> > ⑤ **공제약관** · 공제규정의 변경과 공제와 관련된 내부규정의 **제정 · 개정 및 폐지**에 관한 사항
> > ⑥ **공제금, 공제가입금, 공제료 및 그 요율에 관한 사항**
> > ⑦ **정관**으로 정하는 사항
> > ⑧ 그 밖에 위원장이 필요하다고 인정하여 회의에 부치는 사항

2. 운영위원회의 구성: **운영위원회는 '성별'을 고려하여 다음의 사람으로 구성한다**(이 경우 ② 및 ③에 해당하는 위원의 수(즉, 내부인사)는 전체 위원 수의 **'3분의 1 미만'으로 한다**).

> ① 국토교통부장관이 소속 공무원 중에서 지명하는 사람 1명
> ② **협회의 회장**
> ③ **협회 이사회가 협회의 임원 중에서 선임하는 사람**
> ④ 다음에 해당하는 사람으로서 협회의 회장이 추천하여 국토교통부장관의 승인을 받아 위촉하는 사람
> ⊙ 대학 또는 정부출연 연구기관에서 **부교수** 또는 책임연구원 이상으로 재직하고 있거나 재직하였던 사람으로서 부동산 분야 또는 법률·회계·금융·보험 분야를 전공한 사람
> ⓛ **변호사·공인회계사 또는 공인중개사**의 자격이 있는 사람
> ⓒ 금융감독원 또는 **금융기관에서 임원** 이상의 직에 있거나 있었던 사람
> ⓔ **공제조합** 관련 업무에 관한 학식과 경험이 풍부한 사람으로서 해당 업무에 **5년** 이상 종사한 사람
> ⓜ 소비자기본법 제29조에 따라 등록한 **소비자단체** 및 같은 법 제33조에 따른 한국소비자원의 **임원**으로 재직 중인 사람

3. 위원회의 운영
   ① (2)의 ③ 및 ④에 해당하는 위원의 임기는 2년으로 하되, 1회에 한하여 연임할 수 있으며, 보궐위원의 임기는 전임자 임기의 남은 기간으로 한다.
   ② 운영위원회에는 위원장과 부위원장 각각 1명을 두되, 위원장 및 부위원장은 위원 중에서 각각 '호선(互選)'한다.
   ③ 운영위원회의 위원장은 운영위원회의 회의를 소집하며 그 의장이 된다.
   ④ 운영위원회의 부위원장은 위원장을 보좌하며, 위원장이 부득이한 사유로 그 직무를 수행할 수 없을 때에는 그 직무를 대행한다.
   ⑤ 운영위원회의 회의는 재적위원 과반수의 출석으로 개의(開議)하고, 출석위원 과반수의 찬성으로 심의사항을 의결한다.
   ⑥ 운영위원회의 사무를 처리하기 위하여 간사 및 서기를 두되, 간사 및 서기는 공제업무를 담당하는 협회의 직원 중에서 위원장이 임명한다.
   ⑦ 간사는 회의 때마다 회의록을 작성하여 다음 회의에 보고하고 이를 보관하여야 한다.
   ⑧ 위에 규정된 사항 외에 운영위원회의 운영에 필요한 사항은 운영위원회의 심의를 거쳐 위원장이 정한다.

⑺ **공제사업의 재무건전성의 유지**

협회는 공제금 지급능력과 경영의 건전성을 확보하기 위하여 다음의 사항에 관하여 대통령령으로 정하는 '재무건전성 기준'을 지켜야 한다.

① 자본의 적정성에 관한 사항

② 자산의 건전성에 관한 사항

③ 유동성의 확보에 관한 사항

> ※ 〈재무건전성 기준(대통령령)〉
> 1. "지급여력비율"은 "100분의 100 이상"을 '유지'할 것
> 2. 지급여력비율은 지급여력금액을 지급여력기준금액으로 나눈 비율로 하며, 지급여력금액과 지급여력기준금액은 다음과 같다.
>
>> ① 지급여력금액 : 자본금, 대손충당금, 이익잉여금, 그 밖에 이에 준하는 것으로서 국토교통부장관이 정하는 금액을 합산한 금액에서 영업권, 선급비용 등 국토교통부장관이 정하는 금액을 뺀 금액
>> ② 지급여력기준금액 : 공제사업을 운영함에 따라 발생하게 되는 위험을 국토교통부장관이 정하는 방법에 따라 금액으로 환산한 것
>
> 3. 구상채권 등 보유자산의 건전성을 정기적으로 분류하고 '대손충당금'을 적립할 것
> 4. 국토교통부장관은 재무건전성 기준에 관하여 필요한 세부기준을 정할 수 있다.

⑻ **'국토교통부장관'의 공제사업에 대한 '개선명령권'**

① 국토교통부장관은 협회의 공제사업 운영이 적정하지 아니하거나, 자산상황이 불량하여 중개사고 피해자 및 공제 가입자 등의 권익을 해칠 우려가 있다고 인정하면 다음의 조치를 명할 수 있다.

> ㉠ 업무집행방법의 **변경**
> ㉡ 자산예탁기관의 **변경**
> ㉢ 자산의 장부가격의 **변경**
> ㉣ 불건전한 자산에 대한 **적립금의 보유**
> ㉤ 가치가 없다고 인정되는 **자산의 손실 처리**
> ㉥ 그 밖에 이 법 및 공제규정을 준수하지 아니하여 공제사업의 건전성을 해할 우려가 있는 경우 이에 대한 **개선명령**

② 이러한 공제업무의 개선명령을 이행하지 아니한 경우에는 500만원 이하의 **과태료를 부과**한다.

⑼ '**국토교통부장관**'의 공제 관련 '**임원**'에 대한 징계 요구권

① 국토교통부장관은 협회의 임원이 다음의 어느 하나에 해당하여 공제사업을 건전하게 운영하지 못할 우려가 있는 경우, 그 임원에 대한 징계·해임을 요구하거나, 해당 위반행위를 시정하도록 명할 수 있다.

> ㉠ (제42조 제2항에 따른) 공제규정을 위반하여 업무를 처리한 경우
> ㉡ (제42조의4에 따른) 개선명령을 이행하지 아니한 경우
> ㉢ (제42조의6에 따른) 재무건전성 기준을 지키지 아니한 경우

② 협회가 국토교통부장관의 임원에 대한 징계·해임의 요구를 이행하지 아니하거나, 시정명령을 이행하지 아니한 경우에는 500만원 **이하의 과태료**를 부과한다(법 제51조 제2항).

⑽ '**금융감독원장**'의 공제사업에 대한 조사 검사권

① 「금융위원회의 설치 등에 관한 법률」에 따른 금융감독원의 원장은 국토교통부장관의 '**요청**'이 있는 경우에는 공제사업에 관하여 조사 또는 검사를 할 수 있다.

② 금융감독원장의 조사 검사와 관련하여, 보고, 자료의 제출, 조사 또는 검사를 거부·방해 또는 기피하거나 그 밖의 명령을 이행하지 아니하거나 거짓으로 보고 또는 자료제출을 한 경우에는 '500만원' 이하의 과태료를 부과한다.

판례 ┃┃┃

공제 관련 판례

1. 공인중개사협회의 공제약관 조항에서 공제가입자에 대한 구상요건에 관하여 '협회는 공제가입자가 고의, 횡령, 중대한 과실로 인하여 거래당사자에게 재산상 손해를 발생하게 한 경우에 한하여 공제가입자에 대하여 구상권을 가진다'고 정한 사안에서, 위 조항의 '**중대한 과실**'은 중개대상물의 확인·설명의무 미 이행을 중대한 과실로 의제하는 규정은 아니다(대판 2011다15414).

2. 개업공인중개사가 아파트 임대차계약을 중개하면서 아파트 소유자라고 주장하는 甲이 실제 소유자 乙인지 제대로 확인하지 못하는 바람에, 아파트를 임차하려는 丙이 임대차보증금을 甲이 위조된 乙 명의의 주민등록증을 이용하여 임의로 개설한 乙 명의의 우체국 계좌에 송금함으로써 손해를 입은 후, 개업공인중개사가 가입한 공제계약의 사업자인 공인중개사협회에 공제금을 청구하자, 협회가 공제금을 지급하고 개업공인중개사에게 구상권을 행사한 사안에서, **개업공인중개사의 아파트 임대차계약 중개행위에 중대한 과실이 있다고 볼 수 없다**(대판 2011다15414).

5) 협회(지부 및 지회)에 대한 지도 · 감독 : "국토교통부장관"만이 한다.

용어구별	주요 내용	비 고
인가사항	협회 설립	국토부장관의 설립"인가"
승인사항	공제규정 제정 및 변경 책임준비금의 전용	국토부장관의 "승인"
보고사항	총회의 의결내용	국토부장관에게 지체 없이 "보고"
신고사항	지부의 설치	시 · 도지사에게 설치"신고"
	지회의 설치	등록관청에 설치"신고"

≪◆ 거래정보사업자와 협회의 비교

구 분	거래정보사업자	협 회	비 고
의 의	개업공인 상호간의 정보교환	개업공인중개사의 단체	―
기 능	'개 · 공'만이 가입 및 이용 가능	'개 · 공'만이 설립 및 가입 가능	공인중개사 자체는 불가
성립 요건	회원 500명 이상이 가입	발기인 300명, 창립총회 600명 이상이 참석	
	국토교통부장관의 사업자지정	국토교통부장관의 설립인가	―
인원 구성	2개 이상의 시 · 도에서 각각 30명 이상의 개업공인중개사가 가입	서울에서 100명 이상, 광역시 · 도에서 각각 20명 이상이 창립총회에 참석	―
과태료	'국토교통부장관'이 부과	'국토교통부장관'이 부과	500만원 이하

공인중개사 정책심의위원회			공제사업 운영위원회		
설 치		국토교통부에 둘 수 있다.	설 치		협회에 둔다.
구 성	위원수	위원장 포함 7명 이상 11명 이내	위원수		위원장 포함 19명 이내
	위원장	국토부 제1차관	위원장 부위원장		위원 중에서 호선
	위 원	국장 임명 · 위촉	위 원		성별 고려, 협회 관계자인 위원의 수는 전체위원의 1/3 미만
	간 사	국토부공무원 중 위원장 지명	간사 및 서기		협회 직원 중 위원장 임명
	임 기	2년(공무원 제외) 연임불가	임 기		2년(공무원 및 협회장 제외) 1회 연임
회 의	소 집	위원장(회의 개최 7일 전)	소 집		위원장
	직무대행	위원장이 미리 지명한 위원	직무대행		부위원장

보 칙

① 업무위탁

> 국토교통부장관, 시·도지사 또는 등록관청은 대통령령이 정하는 바에 따라 그 업무의 일부를 협회 또는 대통령령이 정하는 기관에 위탁할 수 있다(법 제45조).

1) 실무교육의 위탁

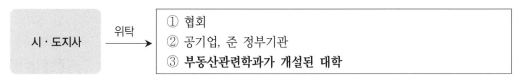

시·도지사 → 위탁 →
① 협회
② 공기업, 준 정부기관
③ **부동산관련학과가 개설된 대학**

2) 시험시행의 위탁

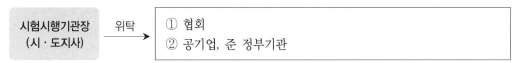

시험시행기관장
(시·도지사) → 위탁 →
① 협회
② 공기업, 준 정부기관

💡 부동산관련학과가 개설된 대학에는 공인중개사 시험을 위탁할 수는 없다.

3) 위탁내용의 관보고시

국토부장관 또는 시험시행기관의 장은 업무를 위탁한 때에는 위탁받은 기관의 명칭·대표자 및 소재지와 위탁업무의 내용 등을 '관보'에 고시하여야 한다.

4) 교육기관 인력 및 시설기준

(I) 강사확보

① 교육과목과 관련된 분야의 박사학위 소지자

②「고등교육법」제2조에 따른 학교에서 전임강사 이상으로 교육과목과 관련된 과목을 2년 이상 강의한 경력이 있는 사람

③ 교육과목과 관련된 분야의 석사학위를 취득한 후 연구 또는 실무 경력이 3년 이상인 사람

④ 변호사 자격이 있는 사람으로서 실무 경력이 2년 이상인 사람

⑤ 7급 이상의 공무원으로 6개월 이상 부동산중개업 관련 업무를 담당한 경력이 있는 사람

⑥ 그 밖에 공인중개사 · 감정평가사 · 주택관리사 · 건축사 · 공인회계사 · 법무사 또는 세무
사 등으로서 부동산 관련 분야에 근무한 경력이 3년 이상인 사람

(2) 면적 50m² 이상 강의실 1개소

② 포상금제도

(1) 신고(고발)의 대상

	신고 · 고발의 대상	처 벌
부	거짓 그 밖의 '**부정**'한 방법으로 중개사무소의 **개설 등록**을 한 자(부정 등록자)	(절대적 등록취소) + (3년 - 3천)
양	중개사무소 '**등록증**'을 다른 사람에게 '**양도 · 대여**'하거나 다른 사람으로부터 양수 · 대여 받은 자 공인중개사 '**자격증**'을 다른 사람에게 '**양도 · 대여**'하거나 다른 사람으로부터 양수 · 대여 받은 자	(절대적 등록 · 자격취소) + (1년 - 1천) 양수 · 대여받은 자 (1년 - 1천)
무	**중개사무소의 개설등록을 하지 아니하고** 중개업을 한 자 (**무등록중개업자**)	(3년 - 3천)
아	개공이 **아닌**자로서 중개개상물의 표시 · 광고 한자	(1년−1천)
교	부동산거래질서 **교란행위**(금지행위 제33조 제1항 제8호, 제9호 제2항 제1호 내지 제5호)	(3년−3천) 제33조 제1항 제8호, 제9호는 임의적 취소

(2) 포상금

① 포상금은 1건당 '50만원'으로 한다(50만원 이내 ×).

② 국고에서 보조할 수 있는 비율은 100분의 50 '이내'로 한다.

(3) 포상금지급의 요건

① 신고 대상에 해당하는 자가 행정기관에 의하여 '발각되기 전'에, ② 등록관청이나 수사
기관에 신고 또는 고발, ③ 당해신고 또는 고발사건에 대하여 '검사'가 '공소제기' 또는 '기
소유예'의 결정을 한 경우에 한하여 지급한다.

(4) 포상금의 지급

① **지급신청서의 제출** : 등록관청에 포상금지급신청서를 제출(수사기관에 제출 ×)

② **포상금의 지급** : 등록관청은 사건에 관한 수사기관의 처분내용을 조회한 후 포상금지급을
결정하고, 그 결정일로부터 '1월 이내'에 포상금을 지급하여야 한다.

③ **공동신고(고발)의 경우**: 하나의 사건에 대하여 '2인 이상'이 공동으로 신고 또는 고발한 경우에는 포상금을 '균등하게 배분'하여 지급한다(다만, 포상금을 지급받을 자가 배분방법에 관하여 미리 합의하여 포상금의 지급을 신청하는 경우에는 그 합의된 방법에 따라 지급). 2인 이상이 함께 신고를 하고, 배분액에 관한 합의가 된 경우에는 포상금지급신청서에 포상금 배분에 대한 합의각서를 첨부하여야 한다.

④ **중복신고(고발)의 경우**: 하나의 사건에 대하여 '2건 이상'의 신고 또는 고발이 접수된 경우에는 '최초로' 신고 또는 고발한 자에게 포상금을 지급한다.

⑤ 수사기관에 고발을 한 경우에는 포상금지급신청서에 수사기관고발 확인서를 첨부하여야 한다. 포상금지급신청서에는 수령계좌번호를 기재하여야 한다.

③ 행정수수료

(1) 지방자치단체조례

다음의 경우는 지방자치단체의 조례로 정하는 수수료를 납부하여야 한다.

행정수수료 납부사유 (응·재·등)	지자체조례	비 고
① 공인중개사 자격시험에 **응**시하는 자(응시수수료) ② 자격증의 재교부를 신청하는 자	(특·광)시·도 조례	• 거래정보사업자 지정 신청시 ×, 지정서 재 교부시 × • 휴·폐업신고 × • 고용(해고) 신고 × • 등록증(신고필증) 교부시 ×
③ 중개사무소의 개설**등**록을 신청하는 자 ④ 등록증의 **재**교부를 신청하는 자(관할구역 밖으로 중개사무소 이전신고시에 등록증 **재**교부에 준하는 수수료 납부)	시·군·자치 구 조례	
⑤ 분사무소설치의 신고를 하는 자 ⑥ 신고필증의 **재**교부를 신청하는 자	**(주사무소)** 시·군·자치 구조례	

(2) 기타 기준의 수수료

① **국토부장관이 직접 시험을 실시하는 경우**: 국토교통부장관이 결정·공고

② **업무위탁의 경우**: 공인중개사 자격시험 또는 공인중개사자격증 재교부 업무를 위탁한 경우에는 당해 업무를 '위탁받은 자'가 위탁한 자의 승인을 얻어 결정·공고

09 지도·감독 및 각종 규제

① 지도·감독

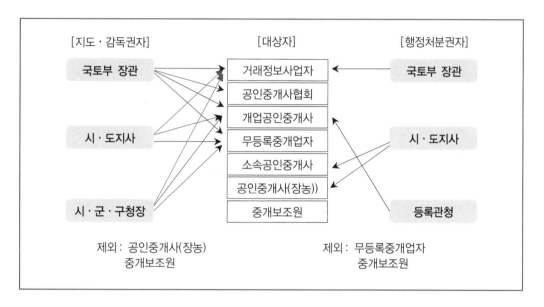

※ 공인중개사협회에 대한 감독, 처분권자는 오직 국토교통부장관뿐이다.

※ 무등록중개업자는 감독대상이나 처분대상은 아니다.

※ 중개보조원은 감독 및 처분대상에 해당하지 않는다.

※ 소속공인중개사도 감독의 대상이 된다(국토부 질의회신).

※ 거래정보사업자에 대한 감독은 국토부장관, 시·도지사, 등록관청 모두의 권한이나 행정 처분은 국토부장관뿐이다.

※ 공인중개사(장농)은 감독대상은 아니나 행정처분(자격취소)대상에는 해당된다.

(1) **지도 · 감독상의 명령 등의 필요사유**

① 부동산투기 등 거래동향의 파악을 위하여 필요한 경우

② 이 법 위반행위의 확인, 공인중개사의 자격취소 · 정지 및 개업공인중개사에 대한 등록취소 · 업무정지 등 행정처분을 위하여 필요한 경우에 지도 · 감독할 수 있다.

(2) **지도 · 감독의 유형**

① 업무를 보고하게 하거나,

② 자료의 제출 그 밖에 필요한 명령을 하거나,

③ 소속공무원으로 하여금 중개사무소(무등록중개업자의 사무소를 포함)에 출입 · 조사 · 검사하게 할 수 있다.

(3) **지도 · 감독의 방법**

소속 공무원은 그 권한을 나타내는 증표(공무원증 및 조사 · 검사증명서)를 지니고 이를 제시해야 한다.

> ※ 감독관청의 협조 요청
> 국토교통부장관, 시 · 도지사 및 등록관청은 불법 중개행위 등에 대한 단속을 함에 있어서 필요한 때에는 공인중개사협회 및 관계 기관에 협조를 요청할 수 있다. 이 경우 **공인중개사 협회는 특별한 사정이 없는 한 이에 따라야 한다.**

(4) **불응시 제재**

① **개업공인중개사** : "업무정지"의 대상이 된다.

② **거래정보사업자** : "500만원 이하 과태료"의 대상이 된다.

② 행정처분

행정처분권자	대상자	행정처분의 내용	비 고
국토교통부장관	거래정보사업자	지정취소	임의적 취소
(자격증 교부한)	공인중개사	자격취소	**절대적 취소**
시 · 도지사	소속공인중개사	자격정지(6월의 범위 내)	임의적 정지
등록관청	개업공인중개사	등록취소	**절대적 취소**
			임의적 취소
		업무정지(6월의 범위 내)	임의적 정지

③ 행정처분의 사전, 사후절차

행정처분		개업공인중개사		공인중개사	소속공인중개사	거래정보 사업자
		등록취소	업무정지	자격취소	자격정지	지정취소
처분청		등록관청		자격증 교부한 시·도지사		국토부장관
사전절차		청 문	의견제출	청 문	의견제출	청 문
사후 절차	보 고	의무 없음	의무 없음	5일 이내에 보고 · 통지	의무 없음	의무 없음
	반 납	등록증 반납	규정 없음	자격증 반납	규정 없음	규정 없음

청문제도
1. 청문의 대상
   ① 공인중개사에 대한 자격 취소
   ② 개업공인중개사에 대한 등록 취소
   ③ 거래정보사업자에 대한 지정 취소
2. 청문의 생략
   ① 개업공인중개사의 '사망'이나 중개법인의 '해산'으로 '등록취소'처분을 하는 경우
   ② 거래정보사업자의 '사망'이나 '해산'으로 거래정보사업자 '지정취소'처분을 하는 경우
   ③ 공인중개사법을 위반하여 징역형의 선고를 받은 경우로서 공인중개사 자격취소처분
      을 하는 경우에는 청문을 생략할 수 있다.

④ 청문생략 및 반납

(1) 사망 · 해산으로 인한 등록취소시 청문생략 가능

(2) 이법 위반으로 징역형의 선고로 자격취소시 청문생략 가능

(3) 사망 · 해산 · 기타 운영불능으로 지정취소시 청문생략 가능

(4) 등록증반납(등록취소) 및 자격증반납(자격취소)은 처분일로부터 '7일' 이내(위반시 100만
    원 이하 과태료) – 지정취소시 지정서 반납규정은 없다.

(5) 법인의 해산으로 등록이 취소된 경우에는 법인의 '대표자이었던 자'가 등록증 반납하여야
    한다.

[암기사항] **행정처분 사항**

1. 공인중개사 자격취소

부정한 방법으로 자격증을 취득한 경우
양도·대여(공인중개사의 성명·자격증) ➪ 1-1 병과, 신고자 포상금 신고 대상
정지(자격정지 중 "업" 영위 또는 이중소속 된 경우 ➪ 1-1 병과(이중소속 限)
징역형(공인중개사법 위반) ➪ 집행유예 포함(선고유예·타법 징역형 제외)

2. 소속공인중개사 자격정지

소속(이중소속) ➪ 1-1 병과
인장등록, 사용위반
확인·설명 위반(근거자료 미제시 포함), 확인·설명서 서명 및 날인위반
거래계약서 거짓기재, 2중계약서, 서명 및 날인 위반
금지행위(법 제33조 제1항 제1호 내지 제9호 위반 : 관련 조항의 형벌 병과)
　－ **매, 무, 수, 거, 증, 직, 쌍, 투, 시, 단**

💡 공인중개사 자격취소, 자격정지권자 : 자격증교부 시·도지사
　＝ 자격증 교부, 사무소 관할 시·도지사가 다를 경우 사무소 관할 시·도지사가 행정처분에 필요한 제
　반절차(청문, 의견청취 등) 이행 후 자격증 교부 시·도지사에게 통보, 자격증교부 시·도지사는 취소처
　분일로부터 5일 내 국토교통부 장관에게 보고, 사무소관할 시·도지사, 타 시·도지사에게 통보(자격정
　지는 보고, 통보사항 아님)

≪◆ 공인중개사 자격정지의 기준

	위반행위	자격정지 기준
이	1. **2 이상**의 중개사무소에 소속된 경우	**6개월**
거	2. **거**래계약서에 거래금액 등 거래내용을 거짓으로 기재하거나 서로 다른 2 이상의 거래계약서를 작성한 경우	**6개월**
금	3. **금**지행위를 한 경우	**6개월**
	4. 거래계약서에 서명 및 날인을 하지 아니한 경우	**3개월**
	5. 중개대상물확인·설명서에 서명 및 날인을 하지 아니한 경우	**3개월**
	6. 성실·정확하게 중개대상물의 확인·설명을 하지 아니하거나 설명의 근거자료를 제시하지 아니한 경우	**3개월**
	7. 인장등록을 하지 아니하거나 등록하지 아니한 인장을 사용한 경우	**3개월**

① 시·도지사는 위반행위의 동기·결과 및 횟수 등을 참작하여 **자격정지 기준의 '2분의 1의 범위'** 안에서 **가중 또는 경감할 수 있다.**
② 이 경우 가중하여 처분하는 때에도 자격정지기간은 **6월을 초과할 수 없다.**

3. 개업공인중개사의 절대적 등록취소

최근 1년 이내 2회 업무정지 처분을 받은 후 다시 업무정지 위반 행위시

양도(등록증) ⇨ 1-1 병과, 포상금 신고 대상

이중등록, 이중소속 ⇨ 1-1 병과

결격사유(결격사유에 해당한 경우, 법인 임 · 사원 해당시 2개월 내 사유해소)

> 1. 한정후견 또는 성년후견개시 심판선고
> 2. 파산선고
> 3. 이법 또는 타법 금고 이상 형 선고(집행유예 포함)
> 4. 이법 벌금 300만원 이상 선고
> 5. 공인중개사 자격취소
> 6. 법인의 임 · 사원이 결격사유에 해당되고 2개월 이내 해소하지 않은 경우

부정한 방법으로 등록을 한 경우 ⇨ 3-3 병과, 포상금 신고 대상

산(법인해산)

성명(타인에게 개/공의 성명 사용케 함 ⇨ 1-1 병과 포상금 신고 대상)

대여(등록증) ⇨ 1-1 병과, 포상금 신고 대상

정지(업무정지 중 "업" 영위 또는 자격정지중인 소/공에게 계속 업무하게 함)

사망

4. 개업공인중개사의 임의적 등록취소

공개위반(전속중개계약 관련)

  – 전속중개계약체결 후 정보의 무단 비공개, 의뢰인 비공개요청불구 공개

거래계약서 거짓기재, 이중계약서

6월 초과 무단휴업

미달(등록기준 미달) ※ 등록취소 후 3년간 결격사유에 해당하지 않음

금지행위(법 제33조 제1항 제1호 내지 제9호) ⇨ 해당 조항 형벌 병과

  – **매, 무, 수, 거, 증, 직, 쌍, 투, 시, 단**

사무소(이중사무소 또는 임시시설물을 설치한 경우 ⇨ 1-1 병과)

최근 1년 내 3회 이상 업 · 정 또는 과태료 처분 후 다시 업 · 정 또는 과태료위반 행위시

보증(업무보증설정 하지 않고 중개업무 개시)

겸업위반(법인에 한한다. 법인의 겸업가능업인 6가지 외에 타 업 영위)

독점규제법위반 2년 내 과징금 또는 시정조치 2회 처분시

5. 개업공인중개사의 업무정지

결격사유 해당 고용인 고용(사유 해당일부터 2개월 내 해소하면 처분 아님)

전속중개계약체결시 전속중개계약서 미 사용, 미 보존(3년)

업무지역위반(부칙상 개/공) 예외 : 정보망 가입, 이용, 공개(전국가능)

최근 1년 이내 2회 이상 업·정 또는 과태료 처분 후 다시 과태료 위반 행위시

확인·설명서(3년), 거래계약서 미작성(5년), 서명 및 날인 미교부, 미보관 위반

인장등록, 사용위반

명령위반, 감독권자의 감독상 **명령** 불응

정보(중개대상물정보의 부동산거래정보망에 거짓 공개하거나 거래완성 사실을 거래정보사업자에게 통보하지 아니한 경우)

독점규제법 위반 처분시(시종조치 또는 과징금)

임의적 취소 사유(1년 1회 위반시)

- 임의적 취소 사유는 1년 1회 위반시 업무정지처분대상이나 1년 2회 위반시 취소(절대적)
  대상이 된다.

> 🏛 **업무정지처분의 시효제도**
>
> 업무정지처분은 업무정지처분에 해당하는 **사유가 발생한 날로부터 "3년"이 경과한 때에는 이를 할 수 없다**(법 제39조 제3항)**(시효제도는 업무정지에만 있음을 유의)**.

6. 거래정보사업자 지정취소(임의적)

부정한 방법으로 지정을 받은 경우

정보(개/공이 제공한 정보와 다르게·개/공 별 차별공개 ⇨ 1-1 병과)

사망(개인)

운영규정을 승인받지 않고 업무영위 또는 운영규정 위반(500↓병과)

해산(법인)

1년 내 지정받은 날부터 1년 이내 거래정보망을 설치·운영하지 않은 경우

≪◆ 개업공인중개사 업무정지의 기준

	위반행위		기 준
결	1. **결격사유**에 해당하는 자를 소속공인중개사 또는 중개보조원으로 둔 경우(다만, 그 사유가 발생한 날부터 2월 이내에 그 사유를 해소한 경우에는 제외한다)		6개월
거	2. 중개대상물에 관한 정보를 **거짓**으로 공개한 경우		6개월
상	3. 법 제38조 제2항(**임의적**, 임의적 등록취소사유) 각 호의 어느 하나를 최근 1년 이내에 1회 위반한 경우		6개월
과	4. 최근 1년 이내에 이 법에 의하여 2회 이상 업무정지 또는 과태료의 처분을 받고 **다시 과태료**의 처분에 해당하는 행위를 한 경우		6개월
	5. 인장등록을 하지 아니하거나 등록하지 아니한 인장을 사용한 경우		3개월
	6. 국토교통부령이 정하는 전속중개계약서에 의하지 아니하고 전속중개계약을 체결하거나 계약서를 보존하지 아니한 경우		3개월
	7. 거래정보사업자에게 공개를 의뢰한 중개대상물의 거래가 완성된 사실을 그 거래정보사업자에게 통보하지 아니한 경우		3개월
	8. 중개대상물 확인설명서를 작성·교부하지 아니하거나 보존하지 아니한 경우		3개월
	9. 중개대상물 확인설명서에 서명 및 날인을 하지 아니한 경우		3개월
	10. 거래계약서를 작성·교부하지 아니하거나 보존하지 아니한 경우		3개월
	11. 거래계약서에 서명 및 날인을 하지 아니한 경우		3개월
	12. 자료의 제출, 조사 또는 검사를 거부·방해 또는 기피하거나 그 밖의 명령을 이행하지 아니하거나 거짓으로 보고 또는 자료제출을 한 경우		3개월
독	13. 「독점규제 및 공정거래에 관한 법률」 제51조를 위반하여 같은 법 제52조(시정조치) 또는 제53조(과징금)에 따른 처분을 받은 경우	과징금, 시정조치 + 과징금	6개월
		시정조치	1개월
	14. 부칙상 개업공인중개사가 규정된 업무지역의 범위를 위반하여 중개행위를 한 경우		3개월
	15. 그 밖에 이 법 또는 이 법에 의한 명령이나 처분에 위반한 경우로서 위의 각 호에 해당되지 아니하는 경우		1개월

등록관청은 위반행위의 동기·결과 및 횟수 등을 참작하여 업무정지기간 규정에 의한 업무정지기간의 2분의 1의 범위 안에서 **가중 또는 경감할 수 있다. 이 경우 가중하여 처분하는 때에도 업무정지기간은 6월을 초과할 수 없다.**

💡 등록관청은 위반행위의 동기·결과 및 횟수 등을 참작하여 **업무정지 기준의 2분의 1의 범위** 안에서 가중 또는 경감할 수 있다. 이 경우 가중하여 처분하는 때에도 **업무정지기간은 6월을 초과할 수 없다.**

[암기사항] **행정제제처분 효과의 승계**

1. 원 칙

① 개업공인중개사가 폐업신고를 한 후 다시 중개사무소의 개설등록을 한 때에는 폐업신고 전의 개업공인중개사의 지위를 승계한다(법 제40제 제1항).

② 그러므로 원칙적으로 재등록개업공인중개사에 대하여 폐업신고 전의 등록취소 · 업무정지 사유에 해당되는 행위에 대한 행정처분을 할 수 있다.

2. 예 외

① 폐업기간이 '3년'을 초과한 경우에는 폐업 전의 사유로 등록을 취소할 수 없다.

② 폐업기간이 '1년'을 초과한 경우에는 폐업 전의 사유로 업무정지를 할 수 없다.

💡 등록관청은 폐업신고 전의 행위에 대한 행정처분을 함에 있어서는 **폐업기간과 폐업의 사유 등을 고려하여야 한다.**

3. 누적적용

폐업신고 전의 개업공인중개사에 대하여 업무정지, 과태료의 위반행위를 사유로 행한 행정처분의 효과는 그 '처분일'로부터 '1년간' 재등록개업공인중개사에게 승계된다(폐업일로부터 ×).

≪◆ 행정처분 승계와 관련된 내용 정리

폐입 진 행징서분의 승계 기간	폐업 전 위반행위로 재등록 후 처분시 가능 기간
임의적 취소(업무정지 처분시) : 1년간	취소처분 : 3년 내 재등록시 처분가능
업무정지 : 1년	업무정지 : 1년 내 재등록시 처분 가능
과태료 : 1년	과태료 위반행위는 폐업 후에도 부과함
= 처분일로부터 기산(起算)	= 폐업일로부터 기산
폐업 전 위반행위로 재등록시 처분의 경우 3년 · 1년에서 폐업기간 공제 = 업무정지 처분은 사유해당일로부터 3년 경과시 처분 불가	

암기사항 **행정형벌 및 행정질서벌**

1. 행정형벌

(1) **3년 이하 징역 · 3천만원 이하 벌금**(법 제48조)

무등록 중개업자(등, 폐, 취) ⇨ (포상금 지급대상, 행정처분 불가)

거짓 또는 부정한 방법으로 등록받은 자 ⇨ (절대등록 취소, 포상금 지급대상)

증 부동산 관련 금지 "증서" 중개(법 제33조 제1항 5호)

직, 쌍 직접거래 · 쌍방대리"(6호) ⇨ (개/공: 임 · 취, 소 · 공: 자격정지)

투 탈세 목적의 미등기전매 중개, 전매제한 부동산 전매 중개 등 투기조장(7호)

시 시세교란행위(8호)

단 단체결성 위법행위(특정중개대상물 중개제한, 타 개/공 배척행위)(9호)

[법 제33조 제2항 제1호 내지 제5호 : 일반인에게 적용]

안 안내문 등 이용 중개업무방해 행위(가격담합 등)(법 제33조 제2항 제1호 내지 제3호)

정 정당한 표시 · 광고 방해 행위(4호)

고 시세보다 높게 표시 · 광고 요구 및 유도행위(5호)

(2) **1년 이하의 징역 · 1천만원 이하 벌금**(법 제49조)

유사명칭 사용(공인중개사, 개/공 아닌 자의 유사명칭 사용 ⇨ 형벌만 규정)

이중 등록, 이중소속, 2 이상 사무소

　－ 개업공인중개사 : 이중 등록 · 소속 = 절대등록취소, 이중사무소 : 임의취소

　－ 소/공 : 이중소속(자격정지 중 : 자격취소, 정지 아닌 기간 : 자격정지)

비밀준수 ⇨ 반의사 불벌죄

정보 개/공 정보와 다르게 또는 차별적 공개(정보사업자) ⇨ 임의적 지정취소

금지행위(제33조 제1항 1호 내지 4호 － **매, 무, 수, 거**) ⇨ 임의적 취소, 자격정지

양도 · 대여자 및 양수 · 대여받은 자

　－ 자격증 : 자격취소, 등록증 : 절대적 등록취소

💡 양벌규정(법 제50조)

　① 소속공인중개사 · 중개보조원 또는 중개법인의 사원 · 임원이 중개업무에 관하여 제48조(3-3) 또는 제49조(1-1)의 규정에 해당하는 위반행위로서 징역 또는 벌금형에 해당되면, 그 행위자를 벌하는 외에 그를 고용한 개업공인중개사에 대하여도 해당 조에 규정된 '벌금형'을 과한다.

　② 다만, 그 개업공인중개사가 그 위반행위를 방지하기 위하여 해당 업무에 관하여 상당한 주의와 감독을 게을리 하지 아니한 경우에는 그러하지 아니하다(벌금형에만 면책규정이 있음에 주의).

💡 병과처분

　공인중개사법에 의한 행정형벌인 징역과 벌금은 병과할 수 없다. 징역 '또는' 벌금이므로 둘 중 하나의 형벌을 받게 된다.

2. 행정질서벌(과태료)

(1) 500만원 이하의 과태료

> 🏛 **거래정보 사업자**
> - (명) 감독권자의 **명**령에 불응한 정보사업자
> - (운) **운**영규정 승인 · 변경승인 위반, 운영규정 위반 정보사업자

> 🏛 **공인중개사 협회**
> - (운) 공제사업**운**영실적 미 공시
> - (개) **개**선명령위반
> - (징) **징**계요구 위반
> - (금) **금**감원장 조사검사 불응
> - (명) 감독권자의 **명**령 불응

> 🏛 **개공 및 소공**
> - (부) **부**당한 표시 · 광고행위(개업공인중개사)
> - (연) **연**수교육 미 이수자(개업공인중개사 · 소속공인중개사) ＝ 관할 시 · 도지사 부과
> - (설) 확인 · **설**명의무(근거자료제시 포함) 위반(개업공인중개사 限)

> 🏛 **정보통신서비스 제공자**
> - (모) (모니터링) 국장의 자료요구 불응한 정보통신서비스 제공자
> - (니) (모니터링) 국장의 법위반 광고의 제재 등 조치요구 불응 정보통신서비스 제공자

(2) 100만원 이하의 과태료

휴 · 폐업 · 휴업기간 변경 · 재개신고 위반

게시규정(등, 자, 보, 수, 사) 위반

사무소이전신고 위반

표시관련위반[명칭(사무소)사용 위반(부칙상 개공, 개업공인중개사)]

반납위반(등록 · 자격취소 후 등록증 또는 자격증 미 반납)

손해배상책임 관련 보증서 미 교부, 거래계약 후 보증사실 미 고지

(3) 100만원 이하 과태료 금액 비교(단위 : 만원)

등록 관청	개업 공인 중개사	100 이하	휴	20	① **휴업, 폐업**, 재개, 변경신고 위반
			게	30	② 등록증 등 **게시의무 위반**
			사	30	③ 중개사무소의 **이전신고 위반**
			표	50	④ **간판규정 위반** ⑤ 중개대상물에 대한 광고에 성명 표기의무 위반
			반	50	⑥ 취소된 **등록증을 반납(7일 이내)하지 않은 경우**
			손	30	⑦ **보증설명, 보증증서의 사본 교부의무 위반**
시 · 도 지사	공인 중개사	100 이하	자	30	⑧ 취소된 **자격증(사유서)을 반납하지 않은 경우**

≪◆ 과태료 정리

과태료의 부과 · 징수권자	부과대상자	금액한도
국토교통부장관	부동산거래정보사업자	500만원 이하
	공인중개사 협회	500만원 이하
	정보통신서비스제공자	500만원 이하
시 · 도지사	자격취소된 공인중개사	100만원 이하
	연수교육 위반자	500만원 이하
(사무소 소재) 등록관청	개업공인중개사	100만원 이하 500만원 이하
(부동산 소재) 신고관청	부동산거래신고 위반자	500만원 이하 3천만원 이하 취득가액의 5% 이하

① 거래정보사업자 및 협회와 정보통신서비스제공자에 대한 과태료는 '**국토교통부장관**'이, 자격 취소된 공인중개사에 대한 과태료는 '**(특 · 광)시 · 도지사**'가, 연수교육수료의무 위반자에 대한 과태료는 '**(특 · 광)시 · 도지사**'가, 개업공인중개사의 휴업신고 등의 위반에 대하여는 '**등록관청**'이 대통령령이 정하는 바에 따라 각각 **부과 · 징수**한다.

② 부동산거래신고 위반과 관련하여 '**신고관청**'(물건이 소재하는 시 · 군 · 구청장)이 개업공인중개사에게 과태료를 부과하는 경우에는 부과일부터 '**10일 이내**'에 중개사무소(법인의 경우에는 주된 사무소)를 관할하는 '**등록관청**'에 과태료 부과사실을 통보하여야 한다.

③ **과태료의 가중 및 경감**: 국토교통부장관, 시·도지사 또는 등록관청은 위반행위의 동기·결과 및 횟수 등을 참작하여 **과태료 부과기준금액의 2분의 1의**(부동산거래신고의무 위반으로 3천만원 이하 사유와 취득가액의 5% 이하 사유의 경우에는 **5분의 1**) 범위 안에서 가중 또는 경감할 수 있다.

■ 공인중개사법 시행령 [별표 2] <개정 2020. 8. 21.>

과태료 부과기준(제38조 제1항 관련)

1. 일반기준

　가. 부과권자는 다음의 어느 하나에 해당하는 경우에는 제2호의 개별기준에 따른 과태료 금액의 2분의 1 범위에서 그 금액을 줄일 수 있다. 다만, 과태료를 체납하고 있는 위반행위자의 경우에는 그렇지 않다.

　　1) 위반행위가 사소한 부주의나 오류 등 과실로 인한 것으로 인정되는 경우

　　2) 위반행위자가 법 위반행위를 시정하거나 해소하기 위하여 노력한 사실이 인정되는 경우

　　3) 그 밖에 위반행위의 정도, 동기와 그 결과 등을 고려하여 과태료 금액을 줄일 필요가 있다고 인정되는 경우

　나. 부과권자는 다음의 어느 하나에 해당하는 경우에는 제2호의 개별기준에 따른 과태료의 2분의 1 범위에서 그 금액을 늘릴 수 있다. 다만, 법 제51조 제2항 · 제3항 및 법률 제7638호 부동산중개업법 전부개정법률 부칙 제6조 제5항에 따른 과태료 금액의 상한을 넘을 수 없다.

　　1) 위반행위의 내용 · 정도가 중대하여 소비자 등에게 미치는 피해가 크다고 인정되는 경우

　　2) 그 밖에 위반행위의 동기와 결과, 위반정도 등을 고려하여 과태료 금액을 늘릴 필요가 있다고 인정되는 경우

2. 개별기준

위반행위	근거 법조문	과태료 금액
가. 법 제18조의2 제4항 각 호를 위반하여 부당한 표시 · 광고를 한 경우	법 제51조 제2항 제1호	500만원
나. 정당한 사유 없이 법 제18조의3 제2항의 요구에 따르지 않아 관련 자료를 제출하지 않은 경우	법 제51조 제2항 제1호의2	500만원
다. 정당한 사유 없이 법 제18조의3 제3항의 요구에 따르지 않아 필요한 조치를 하지 않은 경우	법 제51조 제2항 제1호의3	500만원
라. 법 제24조 제3항을 위반하여 운영규정의 승인 또는 변경승인을 얻지 않거나 운영규정의 내용을 위반하여 부동산거래정보망을 운영한 경우	법 제51조 제2항 제1호의4	400만원
마. 법 제25조 제1항을 위반하여 성실 · 정확하게 중개대상물의 확인 · 설명을 하지 않거나 설명의 근거자료를 제시하지 않은 경우	법 제51조 제2항 제1호의5	
1) 성실 · 정확하게 중개대상물의 확인 · 설명은 했으나 설명의 근거자료를 제시하지 않은 경우		250만원
2) 중개대상물 설명의 근거자료는 제시했으나 성실 · 정확하게 중개대상물의 확인 · 설명을 하지 않은 경우		250만원
3) 성실 · 정확하게 중개대상물의 확인 · 설명을 하지 않고, 설명의 근거자료를 제시하지 않은 경우		500만원
바. 법 제34조 제4항에 따른 연수교육을 정당한 사유 없이 받지 않은 경우	법 제51조 제2항 제5호의2	
1) 법 위반상태의 기간이 1개월 이내인 경우		20만원

2) 법 위반상태의 기간이 1개월 초과 3개월 이내인 경우		30만원
3) 법 위반상태의 기간이 3개월 초과 6개월 이내인 경우		50만원
4) 법 위반상태의 기간이 6개월 초과인 경우		100만원
사. 거래정보사업자가 법 제37조 제1항에 따른 보고, 자료의 제출, 조사 또는 검사를 거부·방해 또는 기피하거나 그 밖의 명령을 이행하지 않거나 거짓으로 보고 또는 자료제출을 한 경우	법 제51조 제2항 제6호	200만원
아. 법 제42조 제5항을 위반하여 공제사업 운용실적을 공시하지 않은 경우	법 제51조 제2항 제7호	300만원
자. 법 제42조의4에 따른 공제업무의 개선명령을 이행하지 않은 경우	법 제51조 제2항 제8호	400만원
차. 법 제42조의5에 따른 임원에 대한 징계·해임의 요구를 이행하지 않거나 시정명령을 이행하지 않은 경우	법 제51조 제2항 제8호의2	400만원
카. 법 제42조의3 또는 제44조 제1항에 따른 보고, 자료의 제출, 조사 또는 검사를 거부·방해 또는 기피하거나 그 밖의 명령을 이행하지 않거나 거짓으로 보고 또는 자료제출을 한 경우	법 제51조 제2항 제9호	200만원
타. 법 제17조를 위반하여 중개사무소등록증 등을 게시하지 않은 경우	법 제51조 제3항 제1호	30만원
파. 법 제18조 제1항 또는 제3항을 위반하여 사무소의 명칭에 "공인중개사사무소", "부동산중개"라는 문자를 사용하지 않은 경우 또는 옥외 광고물에 성명을 표기하지 않거나 거짓으로 표기한 경우	법 제51조 제3항 제2호	50만원
하. 법 제18조의2 제1항 또는 제2항을 위반하여 중개대상물의 중개에 관한 표시·광고를 한 경우	법 제51조 제3항 제2호의2	50만원
거. 법 제20조 제1항을 위반하여 중개사무소의 이전신고를 하지 않은 경우	법 제51조 제3항 제3호	30만원
너. 법 제21조 제1항을 위반하여 휴업, 폐업, 휴업한 중개업의 재개 또는 휴업기간의 변경 신고를 하지 않은 경우	법 제51조 제3항 제4호	20만원
더. 법 제30조 제5항을 위반하여 손해배상책임에 관한 사항을 설명하지 않거나 관계 증서의 사본 또는 관계 증서에 관한 전자문서를 교부하지 않은 경우	법 제51조 제3항 제5호	30만원
러. 법 제35조 제3항 또는 제4항을 위반하여 공인중개사자격증을 반납하지 않거나 공인중개사자격증을 반납할 수 없는 사유서를 제출하지 않은 경우 또는 거짓으로 공인중개사자격증을 반납할 수 없는 사유서를 제출한 경우	법 제51조 제3항 제6호	30만원
머. 법 제38조 제4항을 위반하여 중개사무소등록증을 반납하지 않은 경우	법 제51조 제3항 제7호	50만원
버. 법률 제7638호 부동산중개업법 전부개정법률 부칙 제6조 제3항을 위반하여 사무소의 명칭에 "공인중개사사무소"의 문자를 사용한 경우	법률 제7638호 부동산중개업법 전부개정법률 부칙 제6조 제5항	50만원

M·E·M·O

제1장 부동산거래신고제
제2장 주택임대차 계약 신고제
제3장 외국인 등의 부동산 취득 등에 관한 특례
제4장 토지거래허가제

부동산 거래신고 등에 관한 법령

Chapter 01

부동산거래신고제

① 법제정의 목적

> **부동산거래신고법 제1조【목적】** 이 법은 부동산 거래 등의 신고 및 허가에 관한 사항을 정하여, 건전하고 투명한 부동산거래질서를 확립하고, 국민경제에 이바지함을 목적으로 한다.

② 용어의 정의

> **부동산거래신고법 제2조【정의】** 이 법에서 사용하는 용어의 뜻은 다음과 같다.
> 1. "부동산"이란 토지 또는 건축물을 말한다.
> 2. "부동산 등"이란 부동산 또는 부동산을 취득할 수 있는 권리를 말한다.
> 3. "거래당사자"란 부동산 등의 매수인과 매도인을 말하며, (제4호에 따른) 외국인 등을 포함한다.

③ 부동산거래신고의무

(1) 신고대상, 기한 및 신고관청

토지공급계약, 주택공급계약, 토지분양권매매계약, 주택분양권매매계약, 재건축·재개발 입주권 매매계약, 토지매매계약, 건물의 매매계약을 체결한 경우 매매계약 체결일로부터 "30일 이내"에 당해 물건이 소재하는 **시·군·구청장**(신고관청)에게 실제 거래된 가격(실거래가)으로 부동산거래신고를 하여야 한다.

(2) 신고의무자

거래당사자가 직거래를 한 경우에는 "거래당사자"가 공동으로 신고를 하여야 하고(일방거부시 다른 일방이 신고, 대행신고 불가), 개업공인중개사가 중개를 한 경우에는 "개업공인중개사"가 신고를 하여야 하며, 또한 거래당사자 중의 일방 또는 쌍방이 국가 등인 경우에는 "국가 등"이 신고하여야 한다.

(3) 위반에 대한 제재

신고를 30일 이내에 하지 않은 경우에는 '500만원' 이하의 **과태료처분의 대상**이 되며, **거짓으로 신고를 한 경우에는 '취득가액의 5%' 이하의 과태료**에 처해진다.

(4) 신고방법

신고의 방법은 시 · 군 · 구청에 방문하여 신고하는 '방문신고'의 방법과 인터넷으로 신고하는 '전자문서'에 의한 신고방법이 있다. 전자문서에 의한 신고는 대리신고를 할 수 없다.

(5) 신고갈음

'부동산거래계약시스템'을 통하여 거래계약을 체결한 경우에는 부동산거래계약이 체결된 때에 부동산거래신고서를 제출한 것으로 본다.

④ 신고대상 부동산 등

① **부동산의 매매계약**	• 토지 또는 건물의 매매계약
② **부동산의 공급계약**(대통령령으로 정하는 법률에 따른 부동산에 대한 공급계약) 〈**도 · 도 · 공 · 주 · 건 · 산 · 택 · 빈**〉	• **도**시개발법, **도**시 및 주거환경정비법, **빈**집 및 소규모 주택정비법, **공**공주택특별법, **주**택법, **건**축물분양법, **산**업입지 및 개발법, **택**지개발촉진법상의 토지나 건물에 대한 "공급계약"
③ (부동산취득) 지위의 매매계약 ㉠ 택지 · 주택 등의 공급계약을 통하여 부동산을 공급받는 자로 선정된 지위 ㉡ 「**도**시 및 주거환경정비법」 제74조에 따른 관리처분계획의 인가 및 「**빈**집 및 소규모 주택 정비법」 제29조에 따른 사업시행계획인가로 취득한 입주자로 선정된 지위	• 토지 또는 건물분양권 매매계약 • 재건축 · 재개발 입주권의 매매계약

⑤ 부동산 거래신고사항(개인 : 개인, 개인 : 법인, 법인 : 법인 거래)

1) 공 통

① 당사자의 인적사항

② 개공이 거래계약서를 작성한 경우 (인, 상, 전, 소)

　㉠ 개공 인적사항

　㉡ 중개사무소 **상호**, **전화번호**, 소재지

③ 계약체결일·중도금 지급일 및 잔금 지급일

④ 계약의 조건이나 기한이 있는 경우 조건 또는 기한

⑤ 거래대상 부동산의 종류

⑥ 거래대상 부동산의 소재지·지번·지목 및 면적

⑦ 실제거래가격

2) 법인이 주택의 거래계약을 체결하는 경우

※ 거래당사자중 국가 등이 포함되어 있거나 공급계약, 분양권 및 입주권의 거래계약인 경우는 제외한다.

(1) 매도 및 매수법인 공통신고사항 ⇨ 법인의 현황

① 법인의 등기현황

② 법인과 상대방과의 관계

㉠ 거래 상대방이 개인인 경우: 그 개인이 해당 법인의 임원이거나 법인의 임원과 친족관계인지 여부

㉡ 거래 상대방이 법인인 경우: 매도법인과 매수법인의 임원 중 같은 사람이 있거나 매도법인과 매수법인의 임원간 친족관계인지 여부

(2) 주택의 매수법인만 신고할 사항

① 거래대상 주택의 취득목적

② 임내 등 서래내상 주택의 이용계획

③ 거래대상 주택의 취득에 필요한 자금의 조달계획 및 지급방식, 이 경우 투기과열지구에 소재하는 주택의 거래계약을 체결한 경우에는 자금의 조달계획을 증명하는 서류로서 국토교통부령으로 정하는 서류를 첨부해야 한다.

3) 법인 외의 자가 자금조달 및 입주계획을 신고하는 경우(주택의 매수인)

법인 외의 자가 비규제지역에서 실제 거래가격이 6억원 이상인 주택을 매수하거나 투기과열지구 또는 조정대상지역에 소재하는 주택을 매수하는 경우에는 아래의 내용을 추가로 신고해야 한다. 다만, 거래대상자 중 국가 등이 포함되어 있는 경우는 제외한다.

① 거래대상 주택의 취득에 필요한 자금의 조달계획 및 지급방식. 이 경우 투기과열지구에 소재하는 주택의 거래계약을 체결한 경우 매수자는 자금의 조달계획을 증명하는 서류로서 국토교통부령으로 정하는 서류를 첨부해야 한다.

② 거래대상 주택에 매수자 본인이 입주할지 여부, 입주 예정 시기 등 주택의 이용계획

4) 실제 거래가격이 다음 각 목의 구분에 따른 금액 이상인 토지를 매수(지분으로 매수하는 경우는 제외한다)하는 경우

① 수도권등에 소재하는 토지의 경우 : 1억원

② 수도권등 외의 지역에 소재하는 토지의 경우 : 6억원

> 가. 거래대상 토지의 취득에 필요한 자금의 조달계획
> 나. 거래대상 토지의 이용계획

5) 다음 각 목의 토지를 지분으로 매수하는 경우

① 수도권등에 소재하는 토지

② 수도권등 외의 지역에 소재하는 토지로서 실제 거래가격이 6억원 이상인 토지

> 가. 거래대상 토지의 취득에 필요한 자금의 조달계획
> 나. 거래대상 토지의 이용계획

> ※ 자금조달계획 및 지급방식 신고
> 1) 법인이 모든 주택을 매수하는 경우(지역, 가격불문)
> 2) 법인 외의 자가 비규제지역에서 주택, 투기과열지구 또는 조정대상지역의 주택을 매수하는 경우
>
> ※ 자금조달계획증명서류 첨부
> 법인 또는 법인 외의 자가 투기과열지구 소재 주택취득

≪◆ 부동산거래신고제 정리

구 분	부동산거래신고의 개관	틀린 지문
신고대상 계약유형	① 토지 및 건물의 매매계약 ② 토지 및 건물의 공급계약(첫 분양계약) ③ 토지 및 건물의 분양권 · 입주권의 전매계약	입목 · 광업재단 · 공장재단 × 교환 · 임대차 · 전세권설정 · 판결 · 상속 · 증여 · 경매 등 ×
신고시점	매매계약 체결일로부터	중도금 지급일로부터 ×, 잔금 지급일로부터 ×
신고기한	30일 이내	15일 이내 ×, 60일 이내 ×
신고관청	부동산 소재지 관할 시장 · 군수 · 구청장	시 · 도지사 × 국토부장관 ×
제 재	① 미신고 : 500만원 이하 과태료 ② 거짓신고 : 취득가액의 5% 이하 과태료	취득세 5배 이하 × 등록세 5배 이하 ×
가격검증 체계구축	국토부장관(한국부동산원 위탁)	시 · 도지사 × 시 · 군 · 구청장 ×
신고필증	'지체 없이' 교부	

⑥ 거래유형에 따른 신고

1. 거래당사자 직거래시 ➡ 공동신고원칙

① **원칙**: 공동신고

거래 당사자가 직접 거래한 경우에는 거래당사자가 공동으로 신고함이 원칙이다. 신고시에는 '부동산거래신고서'를 사용하여야 하며, 공동으로 서명 또는 날인을 하여야 한다. '부동산거래신고서'는 거래당사자 중 1인이 제출하여야 한다.

② **예외**: 단독신고(일방의 거부시) = 전자문서, 대행신고 안 됨

만약 일방이 신고를 거부한 경우에는 나머지 일방이 그 (거부)사유서와 (거래)계약서 사본을 첨부하여 제출하여야 한다.

③ **신고 시 제출**: 부동산거래 '신고서' 제출 + '신분증' 제시(전자문서에 의한 신고는 전자인증의 방법)

2. 거래당사자 중의 일방 또는 쌍방이 국가 등인 경우 ➡ 국가 등이 신고

거래당사자 중 일방이 국가, 지방자치단체, 대통령령으로 정하는 자의 경우에는 "국가 등"이 신고를 하여야 한다.

3. 개업공인중개사의 중개시 ➡ 개업공인중개사에게 신고의무 있음(거래당사자는 신고의무 없음)

① 개업공인중개사가 신고해야 하므로 거래당사자는 '부동산거래신고서에 서명·날인 의무도 없다(다만, 이 경우 거래당사자는 개업공인중개사에게 신고를 못하게 하거나 거짓신고를 요구하여서는 아니 되며 위반시에는 500만원 이하의 과태료 처분의 대상이 된다).

② 부동산거래 신고서 제출 + 신분증 제시(인터넷 신고 시는 전자인증)

  ♀ 신고시에 매매계약서의 제출은 없음에 주의

4. 법인의 주택거래계약의 신고

거래당사자간 직접거래 또는 개공 중개로 법인이 주택의 거래계약을 체결하는 경우 부동산거래신고서를 제출할 때 별지 제1호의2 서식이 법인 주택거래계약신고서(법인신고서)를 신고관청에 **함께** 제출해야 한다.

5. 대리인에 의한 방문신고 ➡ 전자문서는 대리 신고가 되지 않는다.

대리인	구비서류	비 고
거래당사자의 대리인	부동산거래신고서 등 + 대리인의 신분증 + '**위임장**'(당사자 서명 또는 날인, **법인은 법인인감을 날인한 위임장**) + 위임인의 신분증사본(법인감 증명서)	
개업공인중개사의 대리인(소 · 공)	부동산거래신고서 + 신분증 (**개업공인중개사의 위임장은 제출×**)	소속공인중개사에 하여 대리신고가 가능하며, **중개보조원은 불가하다.**

6. 자금조달 · 입주계획서 제출

1) 주택취득자금 조달 및 입주계획을 신고해야 하는 경우 신고서를 제출할 때 매수인이 단독으로 서명 또는 날인한 주택취득자금 조달 및 입주계획서를 신고관청에 함께 제출해야 한다.

2) 투기과열지구 소재 주택 거래계약체결시 매수자는 **자금조달계획증명서류**를 첨부해야 한다. 이 경우 자금조달이 경우 자금조달 · 입주계획서의 제출일을 기준으로 주택취득에 필요한 자금의 대출이 실행되지 않았거나 본인 소유 부동산의 매매계약이 체결되지 않은 경우 등 항목별 금액 증명이 어려운 경우에는 그 사유서를 첨부해야 한다.

> 1. 자금조달 · 입주계획서에 금융기관 예금액 항목을 적은 경우: 예금잔액증명서 등 예금 금액을 증명할 수 있는 서류
> 2. 자금조달 · 입주계획서에 주식 · 채권 매각대금 항목을 적은 경우: 주식거래내역서 또는 예금잔액증명서 등 주식 · 채권 매각 금액을 증명할 수 있는 서류
> 3. 자금조달 · 입주계획서에 증여 · 상속 항목을 적은 경우: 증여세 · 상속세 신고서 또는 납세증명서 등 증여 또는 상속받은 금액을 증명할 수 있는 서류
> 4. 자금조달 · 입주계획서에 현금 등 그 밖의 자금 항목을 적은 경우: 소득금액증명원 또는 근로소득 원천징수영수증 등 소득을 증명할 수 있는 서류
> 5. 자금조달 · 입주계획서에 부동산 처분대금 등 항목을 적은 경우: 부동산 매매계약서 또는 부동산 임대차계약서 등 부동산 처분 등에 따른 금액을 증명할 수 있는 서류
> 6. 자금조달 · 입주계획서에 금융기관 대출액 합계 항목을 적은 경우: 금융거래확인서, 부채증명서 또는 금융기관 대출신청서 등 금융기관으로부터 대출받은 금액을 증명할 수 있는 서류
> 7. 자금조달 · 입주계획서에 임대보증금 항목을 적은 경우: 부동산 임대차계약서
> 8. 자금조달 · 입주계획서에 회사지원금 · 사채 또는 그 밖의 차입금 항목을 적은 경우: 금전을 빌린 사실과 그 금액을 확인할 수 있는 서류

3) 법인 또는 매수인이 법인 신고서, 자금조달 · 입주계획서를 부동산거래계약 신고서와 분리하여 제출하기를 희망하는 경우 법인 또는 매수인은 법인신고서등을 거래계약의 체결일부터 30일 이내에 별도로 제출할 수 있다.

4) 부동산거래계약을 신고하려는 자 중 법인 또는 매수인 외의 자가 법인신고서등을 제출하는 경우 법인 또는 매수인은 부동산거래계약을 신고하려는 자에게 **거래계약의 체결일부터 25일 이내**에 법인신고서등을 제공해야 하며, 이 기간 내에 제공하지 않은 경우에는 법인 또는 매수인이 별도로 법인 신고서 또는 자금조달·입주계획서를 제출해야 한다.

5) 부동산거래계약시스템에 입력 ➡ 부동산거래신고서를 제출한 것으로 본다.

법 제25조에 따라 구축된 부동산거래계약 관련 정보시스템(이하 "부동산거래계약시스템"이라 한다)을 통하여 부동산거래계약을 체결한 경우에는 부동산거래계약이 체결된 때에 부동산거래계약신고서를 제출한 것으로 본다.

6) 신고내용의 검증 등

(1) 신고내용검증

① 부동산거래가격 검증체계의 구축·운영

"국토교통부장관"은 실제거래가격을 확인할 수 있는 가격검증체계(시스템)를 구축·운영하여야 한다.

② 국토교통부장관은 부동산거래가격 검증체계 구축·운영 업무를 부동산 시장관련성이 있는 공공기관에 위탁할 수 있다.

> 업무의 위탁
> 국토교통부장관은 한국부동산원에 다음과 같은 업무를 위탁한다.
> 1. 부동산거래가격 검증체계의 구축·운영
> 2. 신고내용의 조사
> 3. 부동산정보체계의 구축·운영

③ 신고가격의 적정성 검증, 통보

"신고관청"은 신고가격의 적정성을 검증하여야 하며, 그 검증결과를 당해 부동산 소재지 관할 세무서장에게 통보하여야 하며, 통보를 받은 세무서장은 이를 과세자료로 활용할 수 있다.

(2) 신고내용의 조사 등

① 신고내용의 보완 및 자료제출 요구

"신고관청(물건이 소재하는 시장·군수 또는 구청장)"은 부동산거래신고, 부동산거래해제 등의 신고에 따라 신고 받은 사항이 누락되어 있거나 정확하지 아니하다고 판단되는 경우 신고인에게 신고내용을 보완하게 하거나, 신고한 사항의 사실여부를 확인하기 위하여, 소속 공무원으로 하여금 거래당사자 또는 개업공인중개사에게 (매매)계약서, 거래대금지급을 증명할 수 있는 서면 등 관련 자료의 제출을 요구하는 등 필요한 조치를 취할 수 있다.

② **국토교통부장관의 직접조사, 공동조사실시**

신고관청의 조사에도 불구하고 국토교통부장관은 거래신고, 해제등 신고에 따라 신고 받은 내용의 확인을 위하여 필요한 때에는 신고내용조사를 직접 또는 신고관청과 공동으로 실시할 수 있다.

③ **관계 행정기관장에게 자료제출 요구**

국토교통부장관 및 신고관청은 신고내용조사를 위하여 국세 · 지방세에 관한 자료, 소득 · 재산에 관한 자료 등 대통령령으로 정하는 자료를 관계 행정기관의 장에게 요청할 수 있다. 이 경우 요청을 받은 관계 행정기관의 장은 정당한 사유가 없으면 그 요청에 따라야 한다.

④ **거래대금지급 증명서면 요구**

ㄱ 조사기관(국토교통부장관 또는 신고관청)은 법령에 따라 신고내용 조사위해 거래당사자 또는 개업공인중개사에게 다음의 자료를 제출하도록 요구할 수 있다.

ㄴ 자료제출 요구는 요구사유, 자료의 범위와 내용, 제출기한 등을 명시한 서면으로 하여야 한다(불응 시에는 3천만원 이하의 과태료 대상).

> 1. 거래계약서 사본
> 2. 거래대금의 지급을 확인할 수 있는 입금표 또는 통장 사본
> 3. 매수인이 거래대금의 지급을 위한 대출, 정기예금 등의 만기수령 또는 해약, 주식 · 권 등의 처분을 증명할 수 있는 서류
> 4. 매도인이 매수인으로부터 받은 거래대금을 예금 외의 다른 용도로 지출한 경우 이를 증명할 수 있는 서류
> 5. 그 밖에 신고내용의 사실 여부를 확인하기 위하여 필요한 자료

⑤ **조사결과의 보고**

특별시장, 광역시장, 도지사, 특별자치도지사(시 · 도지사)는 신고관청의 신고가격 검증 결과를 '매월 1회' '국토교통부장관'에게 보고(전자문서에 의한 보고, 또는 부동산정보체계에 입력하는 것을 포함한다)하여야 한다.

⑥ **법 위반 사실의 고발 및 통보**

국토교통부장관 및 신고관청은 신고내용조사 결과 그 내용이 이 법 또는 「주택법」, 「공인중개사법」, 「상속세 및 증여세법」 등 다른 법률을 위반하였다고 판단되는 때에는 이를 수사기관에 고발하거나 관계 행정기관에 통보하는 등 필요한 조치를 할 수 있다.

7) 신고필증의 교부 : 지체 없이

신고관청은 신고필증을 "지체 없이" 교부한다.

8) 거래계약 해제 등의 신고

(1) 해제 등의 신고의무

① 거래당사자

부동산거래계약에 관한 내용을 신고한 거래당사자는 이후에 그 거래계약이 **무효 또는 취소·해제**된 경우에는 해제 등이 확정된 날부터 **30일 이내에 공동으로 해제신고를 하여야**한다. 이 경우 거래당사자 중 일방이 국가 등인 경우 국가 등이 단독으로 서명 또는 날인하여 신고관청에 제출할 수 있다.

② 단독 해제등 신고

단독으로 부동산 거래계약의 해제등을 신고하려는 자는 부동산거래계약 해제등 신고서에 단독으로 서명 또는 날인한 후 다음 각 호의 서류를 첨부하여 신고관청에 제출해야 한다. 이 경우 신고관청은 단독신고 사유에 해당하는지 여부를 확인해야 한다.
  ㉠ 확정된 법원의 판결문 등 해제 등이 확정된 사실을 입증할 수 있는 서류
  ㉡ 단독신고사유서

③ 개업공인중개사의 해제등 신고

  ㉠ 개업공인중개사가 거래신고 후 해제등이 된 경우에는 개업공인중개사가 부동산거래계약 해제등의 신고서(전자문서 포함)에 서명 또는 날인(전자인증 포함)하여 신고관청에 '제출할 수' 있다.
  ㉡ 공동중개의 경우 공동 신고하는 경우 포함하며, 개업공인중개사 일방이 신고를 거부한 경우에는 단독으로 신고할 수 있다.

> ※ 개업공인중개사가 중개한 경우 해제등 신고는 거래당사자가 신고할 수도 있고 개업공인중개사가 할 수도 있으나 해제등 신고는 반드시 하여야 한다.

④ 부동산거래계약시스템을 통한 해제등 신고

'부동산거래계약시스템'을 통하여 부동산거래계약 해제등을 한 경우에는 부동산거래계약 해제 등이 이루어진 때에 부동산거래계약 해제등 신고서를 제출한 것으로 본다.

(2) 확인서의 발급 : 지체 없이

신고관청은 부동산거래계약해제등 확인서를 신고인에게 "지체 없이" 발급하여야 한다.

9) 신고필증의 정정신청

① 부동산거래에 관하여 신고한 내용 중 다음의 어느 하나에 해당하는 내용이 잘못 기재된 경우 거래당사자 또는 개업공인중개사는 신고관청에 신고필증의 정정신청을 '할 수 있다' (임의적 규정).

② 이 경우 정정신청은 발급받은 신고필증에 해당 내용을 정정하여 거래당사자 또는 개업공인중개사가 서명 또는 날인 하여야 한다(다만, 거래당사자의 주소 · 전화번호 또는 휴대전화번호를 정정하는 경우에는 해당 거래당사자 일방이 단독으로 서명 또는 날인하여 정정을 신청할 수 있다).

[주, 전, 상, 사, 비, 건, 지, 지, 면]

> 정정신청 사항(물적 · 기본적 · 표시사항)
> 1. 거래당사자의 **주**소 · **전**화번호(또는 휴대**전**화번호)
> 2. 거래 지분 **비**율, 대지권 **비**율
> 3. 개업공인중개사의 **전**화번호, **상**호(또는 **사**무소 소재지)
> 4. 거래대상 **건**축물의 종류
> 5. 거래대상 부동산 등(부동산을 취득할 수 있는 권리인 경우에는 그 권리의 대상이 되는 부동산)의 **지**목, 거래**지**분, **면**적

★ 토지의 종류 · 부동산의 종류 · 소재지 · 지번은 정정신청 사항이 아니다.

10) 부동산거래계약 변경신고

① 부동산거래계약의 신고를 한 후 다음의 어느 하나에 해당하는 내용이 변경된 경우 「부동산등기법」에 따른 부동산에 관한 "등기 신청 전"에 부동산거래계약 변경신고서(전자문서 포함)에 거래당사자 또는 개업공인중개사가 서명 또는 날인(전자인증 포함)하여 신고관청에 제출할 수 있다(임의적 규정).

② 다만, 부동산 등의 면적 변경이 없는 상태에서 거래가격이 변경된 경우에는 이를 증명할 수 있는 거래계약서 사본 등을 첨부하여야 한다(방문신고).

[돈(금액) 들고 조기 사러 갔다가 갈치로 **변경**했더니 마리 수가 **제외**됐다.]

> 변경신고 가능 사항(금액 · 조, 기 · 변경(제외)사항)
> ㉠ 거래대상 부동산 등의 '면적'
> ㉡ 거래 '지분', 거래지분 비율
> ㉢ 거래의 '조건' 또는 '기한'
> ㉣ '거래가격'
> ㉤ '중도금' · 잔금 및 '지급일'
> ㉥ '공동' 매수의 경우, 일부 매수인의 변경(매수인 중 일부가 **제외**되는 경우에만 해당한다)
> ㉦ 거래대상 부동산 등이 '다수'인 경우, 일부 부동산 등의 변경(거래대상 부동산 등 중 일부가 **제외**되는 경우만 해당한다)

★ 거래지분, 거래지분비율, 면적은 정정 및 변경사항 공통사항임.

③ 분양계약·전매계약 단독 변경 신고

부동산에 대한 공급계약 또는 권리의 전매(매매) 계약인 경우 거래가격 중 분양가격 및 선택품목은 거래당사자 일방이 **단독**으로 **변경신고**를 할 수 있다. 이 경우 거래계약서 사본 등 그 사실을 증명할 수 있는 첨부해야 한다.

11) 신고필증의 재발급

정정신청 또는 변경신고를 받은 신고관청은 정정사항 또는 변경사항을 확인한 후 지체 없이 해당 내용을 정정 또는 변경하고, 정정사항 또는 변경사항을 반영한 신고필증을 재발급해야 한다.

12) 위반시 제재

(1) 3,000만원 이하 과태료

① 신고대상 부동산거래계약을 체결하지 아니하였음에도 불구하고 거짓으로 부동산거래신고를 한 자

② 부동산거래계약신고 후 해당 계약이 해제등이 되지 아니하였음에도 불구하고 거짓으로 부동산거래계약해제등의 신고를 한 자

③ 신고관청이 요구한 '거래대금지급증명자료'를 제출하지 아니하거나, 거짓으로 제출한 자 또는 그 밖의 필요한 조치를 이행하지 아니한 자

(2) 500만원 이하 과태료

① 부동산거래의 신고를 하지 아니한 자(미신고) (공동신고를 '거부'한 자, '게을리'한 자를 포함)

② 개업공인중개사로 하여금 부동산거래신고를 하지 아니하게 하거나 거짓된 내용을 신고하도록 '요구'한 자

③ 부동산거래신고에 대하여 거짓신고를 '조장'하거나 '방조'한 자

④ (신고관청의 조치명령을 위반하여) 거래대금지급증명자료 <u>외의</u> 자료(매매계약서 등)를 제출하지 아니하거나 거짓으로 자료를 제출한 자

(3) 취득가액의 5% 이하 과태료 : 거짓신고자

① 부동산거래신고의무자가 '거짓'으로 신고를 한 자는 해당 부동산 등의 취득가액의 5% 이하의 과태료에 처한다.

② 부동산거래신고의무자가 아닌 자가 거짓신고를 한 경우에도 마찬가지이다.

13) 검인 의제

개업공인중개사 또는 거래당사자가 신고필증을 교부받은 때에는 매수인은 「부동산등기특별조치법」에 의한 검인(檢印)을 받은 것으로 본다.

■ 부동산 거래신고 등에 관한 법률 시행규칙 [별지 제1호 서식] <개정 2022. 2. 28.> 부동산거래관리시스템(rtms.molit.go.kr)에서도 신청할 수 있습니다.

부동산거래계약 신고서

※ 뒤쪽의 유의사항 · 작성방법을 읽고 작성하시기 바라며, [ ]에는 해당하는 곳에 √표를 합니다. (앞쪽)

접수번호		접수일시		처리기간	지체없이

① 매도인	성명(법인명)		주민등록번호(법인 · 외국인등록번호)		국적
	주소(법인소재지)			거래지분 비율 (분의)	
	전화번호		휴대전화번호		

② 매수인	성명(법인명)		주민등록번호(법인 · 외국인등록번호)		국적
	주소(법인소재지)			거래지분 비율 (분의)	
	전화번호		휴대전화번호		
	③ 법인신고서등	[ ] 제출 [ ] 별도 제출 [ ] 해당 없음			
	외국인의 부동산등 매수용도	[ ] 주거용(아파트) [ ] 주거용(단독주택) [ ] 주거용(그 밖의 주택) [ ] 레저용 [ ] 상업용 [ ] 공업용 [ ] 그 밖의 용도			

개업 공인중개사	성명(법인명)		주민등록번호(법인 · 외국인등록번호)		
	전화번호		휴대전화번호		
	상호		등록번호		
	사무소 소재지				

거래대상	종류	④ [ ] 토지 [ ] 건축물 ( ) [ ] 토지 및 건축물 ( )		
		⑤ [ ] 공급계약 [ ] 전매 [ ] 분양권 [ ] 입주권		[ ] 준공 전 [ ] 준공 후 [ ] 임대주택 분양전환
	⑥ 소재지/지목/면적	소재지		
		지목	토지면적 m²	토지 거래지분 (분의)
		대지권비율 (분의)	건축물면적 m²	건축물 거래지분 (분의)
	⑦ 계약대상 면적	토지 m²	건축물 m²	
	⑧ 물건별 거래가격	원		
		공급계약 또는 전매	분양가격 원	발코니 확장 등 선택비용 원	추가 지급액 등 원

⑨ 총 실제 거래가격 (전체)	합계 원	계약금	원	계약 체결일	
		중도금	원	중도금 지급일	
		잔금	원	잔금 지급일	

⑩ 종전 부동산	소재지/지목/면적	소재지		
		지목	토지면적 m²	토지 거래지분 (분의)
		대지권비율 (분의)	건축물면적 m²	건축물 거래지분 (분의)
	계약대상 면적	토지 m²	건축물 m²	건축물 유형 ( )
	거래금액	합계 원	추가 지급액 등 원	권리가격 원
		계약금 원	중도금 원	잔금 원

⑪ 계약의 조건 및 참고사항	

「부동산 거래신고 등에 관한 법률」 제3조 제1항부터 제4항까지 및 같은 법 시행규칙 제2조 제1항부터 제4항까지의 규정에 따라 위와 같이 부동산거래계약 내용을 신고합니다.

년   월   일

매도인 :   (서명 또는 인)
매수인 :   (서명 또는 인)
신고인   개업공인중개사 :   (서명 또는 인)
(개업공인중개사 중개시)

시장 · 군수 · 구청장 귀하

210mm×297mm[백상지(80g/m²) 또는 중질지(80g/m²)]

(뒤쪽)

첨부서류	1. 부동산 거래계약서 사본(「부동산 거래신고 등에 관한 법률」 제3조 제2항 또는 제4항에 따라 단독으로 부동산거래의 신고를 하는 경우에만 해당합니다) 2. 단독신고사유서(「부동산 거래신고 등에 관한 법률」 제3조 제2항 또는 제4항에 따라 단독으로 부동산거래의 신고를 하는 경우에만 해당합니다)

유의사항

1. 「부동산 거래신고 등에 관한 법률」 제3조 및 같은 법 시행령 제3조의 실제 거래가격은 매수인이 매수한 부동산을 양도하는 경우 「소득세법」 제97조 제1항·제7항 및 같은 법 시행령 제163조 제11항 제2호에 따라 취득 당시의 실제 거래가격으로 보아 양도차익이 계산될 수 있음을 유의하시기 바랍니다.
2. 거래당사자간 직접거래의 경우에는 공동으로 신고서에 서명 또는 날인을 하여 거래당사자 중 일방이 신고서를 제출하고, 중개거래의 경우에는 개업공인중개사가 신고서를 제출해야 하며, 거래당사자 중 일방이 국가 및 지자체, 공공기관인 경우(국가등)에는 국가등이 신고해야 합니다.
3. 부동산거래계약 내용을 기간 내에 신고하지 않거나, 거짓으로 신고하는 경우 「부동산 거래신고 등에 관한 법률」 제28조 제1항 부터 제3항까지의 규정에 따라 과태료가 부과되며, 신고한 계약이 해제, 무효 또는 취소가 된 경우 거래당사자는 해제 등이 확정된 날로부터 30일 이내에 같은 법 제3조의2에 따라 신고를 해야 합니다.
4. 담당 공무원은 「부동산 거래신고 등에 관한 법률」 제6조에 따라 거래당사자 또는 개업공인중개사에게 거래계약서, 거래대금지급 증명 자료 등 관련 자료의 제출을 요구할 수 있으며, 이 경우 자료를 제출하지 않거나, 거짓으로 자료를 제출하거나, 그 밖의 필요한 조치를 이행하지 않으면 같은 법 제28조 제1항 또는 제2항에 따라 과태료가 부과됩니다.
5. 거래대상의 종류가 공급계약(분양) 또는 전매계약(분양권, 입주권)인 경우 ⑧ 물건별 거래가격 및 ⑨ 총 실제거래가격에 부가가치세를 포함한 금액을 적고, 그 외의 거래대상의 경우 부가가치세를 제외한 금액을 적습니다.

작성방법

1. ①·② 거래당사자가 다수인 경우 매도인 또는 매수인의 주소란에 ⑥의 거래대상별 거래지분을 기준으로 각자의 거래 지분 비율(매도인과 매수인의 거래지분 비율은 일치해야 합니다)을 표시하고, 거래당사자가 외국인인 경우 거래당사자의 국적을 반드시 적어야 하며, 외국인이 부동산등을 매수하는 경우 매수용도란의 주거용(아파트), 주거용(단독주택), 주거용(그 밖의 주택), 레저용, 상업용, 공장용, 그 밖의 용도 중 하나에 √표시를 합니다.
2. ③ "법인신고서등"란은 별지 제1호의2 서식의 법인 주택 거래계약 신고서, 별지 제1호의3 서식의 주택취득자금 조달 및 입주계획서, 제2조 제7항 각 호의 구분에 따른 서류, 같은 항 후단에 따른 사유서 및 별지 제1호의4 서식의 토지취득자금 조달 및 토지이용계획서를 이 신고서와 함께 제출하는지 또는 별도로 제출하는지를 √표시하고, 그 밖의 경우에는 해당 없음에 √표시를 합니다.
3. ④ 부동산 매매의 경우 "종류"란에는 토지, 건축물 또는 토지 및 건축물(복합부동산의 경우)에 √표시를 하고, 해당 부동산이 "건축물" 또는 "토지 및 건축물"인 경우에는 ( )에 건축물의 종류를 "아파트, 연립, 다세대, 단독, 다가구, 오피스텔, 근린생활시설, 사무소, 공장" 등 「건축법 시행령」 별표 1에 따른 용도별 건축물의 종류를 적습니다.
4. ⑤ 공급계약은 시행사 또는 건축주 등이 최초로 부동산을 공급(분양)하는 계약을 말하며, 준공 전과 준공 후 계약 여부에 따라 √표시하고, "임대주택 분양전환"은 임대주택사업자(임대인으로 한정)가 임대기한이 완료되어 분양전환하는 주택인 경우에 √표시합니다. 전매는 부동산을 취득할 수 있는 권리의 매매로서, "분양권" 또는 "입주권"에 √표시를 합니다.
5. ⑥ 소재지는 지번(아파트 등 집합건축물의 경우에는 동·호수)까지, 지목/면적은 토지대장상의 지목·면적, 건축물대장상의 건축물 면적(집합건축물의 경우 호수별 전용면적, 그 밖의 건축물의 경우 연면적), 등기사항증명서상의 대지권 비율, 각 거래대상의 토지와 건축물에 대한 거래 지분을 정확하게 적습니다.
6. ⑦ "계약대상 면적"란에는 실제 거래면적을 계산하여 적되, 건축물 면적은 집합건축물의 경우 전용면적을 적고, 그 밖의 건축물의 경우 연면적을 적습니다.
7. ⑧ "물건별 거래가격"란에는 각각의 부동산별 거래가격을 적습니다. 최초 공급계약(분양) 또는 전매계약(분양권, 입주권)의 경우 분양가격, 발코니 확장 등 선택비용 및 추가 지급액 등(프리미엄 등 분양가격을 초과 또는 미달하는 금액)을 각각 적습니다. 이 경우 각각의 비용에 부가가치세가 있는 경우 부가가치세를 포함한 금액으로 적습니다.
8. ⑨ "총 실제 거래가격"란에는 전체 거래가격(둘 이상의 부동산을 함께 거래하는 경우 각각의 부동산별 거래가격의 합계 금액)을 적고, 계약금/중도금/잔금 및 그 지급일을 적습니다.
9. ⑩ "종전 부동산"란은 입주권 매매의 경우에만 작성하고, 거래금액란에는 추가 지급액 등(프리미엄 등 분양가격을 초과 또는 미달하는 금액) 및 권리가격, 합계 금액, 계약금, 중도금, 잔금을 적습니다.
10. ⑪ "계약의 조건 및 참고사항"란은 부동산 거래계약 내용에 계약조건이나 기한을 붙인 경우, 거래와 관련한 참고내용이 있을 경우에 적습니다.
11. 다수의 부동산, 관련 필지, 매도·매수인, 개업공인중개사 등 기재사항이 복잡한 경우에는 다른 용지에 작성하여 간인 처리한 후 첨부합니다.
12. 소유권이전등기 신청은 「부동산등기 특별조치법」 제2조 제1항 각 호의 구분에 따른 날부터 60일 이내에 신청해야 하며, 이를 이행하지 않는 경우에는 같은 법 제11조에 따라 과태료가 부과될 수 있으니 유의하시기 바랍니다.

처리절차

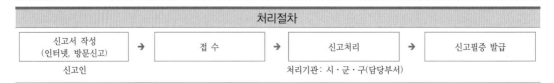

신고서 작성 (인터넷, 방문신고)	→	접 수	→	신고처리	→	신고필증 발급
신고인				처리기관 : 시·군·구(담당부서)		

■ 부동산 거래신고 등에 관한 법률 시행규칙 [별지 제1호의2 서식] <신설 2020. 10. 27.> 부동산거래관리시스템(rtms.molit.go.kr)에서도 신청할 수 있습니다.

법인 주택 거래계약 신고서

※ 색상이 어두운 난은 신청인이 적지 않으며, [ ]에는 해당되는 곳에 √표시를 합니다.

접수번호		접수일시		처리기간	
구 분	[ ] 매도인　　[ ] 매수인				
제출인 (법인)	법인명(등기사항전부증명서상 상호)		법인등록번호		
			사업자등록번호		
	주소(법인소재지)		(휴대)전화번호		
① 법인 등기현황	자본금 　　　　　　　　　　　원		② 등기임원(총 인원) 　　　　　　　　　　　명		
	회사성립연월일		법인등기기록 개설 사유(최종)		
	③ 목적상 부동산 매매업(임대업) 포함 여부 [ ] 포함　　　[ ] 미포함		④ 사업의 종류 업태 (　　　　　) 종목 (　　　　)		
⑤ 거래상대방간 특수관계 여부	법인 임원과의 거래 여부 [ ] 해당　　　[ ] 미해당		관계(해당하는 경우만 기재)		
	매도 · 매수법인 임원 중 동일인 포함 여부 [ ] 해당　　　[ ] 미해당		관계(해당하는 경우만 기재)		
	친족관계 여부 [ ] 해당　　　[ ] 미해당		관계(해당하는 경우만 기재)		
⑥ 주택 취득목적					

「부동산 거래신고 등에 관한 법률 시행령」 별표 1 제2호 가목 및 같은 법 시행규칙 제2조 제5항에 따라 위와 같이 법인 주택 거래계약 신고서를 제출합니다.

년　　　월　　　일

제출인　　　　　　　　　　　　　　　　　　　　　　　(서명 또는 인)

시장 · 군수 · 구청장 귀하

유의사항

이 서식은 부동산거래계약 신고서 접수 전에는 제출할 수 없으니 별도 제출하는 경우에는 미리 부동산거래계약 신고서의 제출 여부를 신고서 제출자 또는 신고관청에 확인하시기 바랍니다.

작성방법

1. ① "법인 등기현황"에는 법인등기사항전부증명서(이하 "등기부"라 합니다)상 각 해당 항목을 작성해야 하며, 해당되는 거래당사자가 다수인 경우 각 법인별로 작성해야 합니다.
2. ② "등기임원"에는 등기부 "임원에 관한 사항"란에 등재되어 있는 대표이사 등 임원의 총 인원을 적습니다.
3. ③ "목적상 부동산 매매업(임대업) 포함 여부"에는 등기부 "목적"란에 현재 부동산 매매업(임대업) 등재 여부를 확인하여 해당 난에 √표시를 합니다.
4. ④ "사업의 종류"에는 사업자등록증이 있는 경우 사업의 종류에 해당하는 내용을 적고, 사업자 미등록 또는 사업의 종류가 없는 비영리법인인 경우 인허가 목적 등을 적습니다.
5. ⑤ "거래상대방간 특수관계 여부"에는 법인과 거래상대방간의 관계가 다음 각 목의 어느 하나에 해당하는 지 여부를 확인하여 해당 난에 √표시를 하고, "해당"에 √표시를 한 경우 그 구체적 관계를 적습니다. 이 경우 특수관계가 여러 개인 경우 해당되는 관계를 모두 적습니다.
　가. 거래상대방이 개인인 경우: 그 개인이 해당 법인의 임원이거나 법인의 임원과 「국세기본법」 제2조 제20호 가목의 친족관계가 있는 경우
　나. 거래상대방이 법인인 경우: 거래당사자인 매도법인과 매수법인의 임원 중 같은 사람이 있거나 거래당사자인 매도법인과 매수법인의 임원간 「국세기본법」 제2조 제20호 가목의 친족관계에 있는 경우
6. ⑥ "주택 취득 목적"은 주택을 취득하는 법인이 그 목적을 간략하게 적습니다.

210mm×297mm[백상지(80g/m²) 또는 중질지(80g/m²)]

■ 부동산 거래신고 등에 관한 법률 시행규칙 [별지 제1호의3 서식] <개정 2022. 2. 28.>　부동산거래관리시스템(rtms.molit.go.kr)에서도 신청할 수 있습니다.

주택취득자금 조달 및 입주계획서

※ 색상이 어두운 난은 신청인이 적지 않으며, [ ]에는 해당되는 곳에 √표시를 합니다.　　　　　　(앞쪽)

접수번호		접수일시		처리기간	

| 제출인
(매수인) | 성명(법인명) | | 주민등록번호(법인 · 외국인등록번호) | |
| | 주소(법인소재지) | | (휴대)전화번호 | |

① 자금 조달계획	자기 자금	② 금융기관 예금액　　　　　　　　　원	③ 주식 · 채권 매각대금　　　　　원
		④ 증여 · 상속　　　　　　　　　　원	⑤ 현금 등 그 밖의 자금　　　　원
		[ ] 부부 [ ] 직계존비속(관계:　) [ ] 그 밖의 관계(　　　　　)	[ ] 보유 현금 [ ] 그 밖의 자산(종류:　　　)
		⑥ 부동산 처분대금 등　　　　　　원	⑦ 소계　　　　　　　　　　　원
	차입금 등	⑧ 금융기관 대출액 합계	주택담보대출　　　　　　　　원
			신용대출　　　　　　　　　　원
			그 밖의 대출　　　　　　　　원 (대출 종류:　　　　　)
		원	
		기존 주택 보유 여부 (주택담보대출이 있는 경우만 기재) [ ] 미보유　　 [ ] 보유 (　　건)	
		⑨ 임대보증금　　　　　　　　　　원	⑩ 회사지원금 · 사채　　　　　원
		⑪ 그 밖의 차입금　　　　　　　　원	⑫ 소계
		[ ] 부부 [ ] 직계존비속(관계:　　) [ ] 그 밖의 관계(　　　　　　)	원
	⑬ 합 계		원

⑭ 조달자금 지급방식	총 거래금액	원
	⑮ 계좌이체 금액	원
	⑯ 보증금 · 대출 승계 금액	원
	⑰ 현금 및 그 밖의 지급방식 금액	원
	지급 사유 (　　　　　　　　　　　　　　　)	

| ⑱ 입주 계획 | [ ] 본인입주 [ ] 본인 외 가족입주
 (입주 예정 시기:　　년　　월) | [ ] 임대
 (전 · 월세) | [ ] 그 밖의 경우
 (재건축 등) |

「부동산 거래신고 등에 관한 법률 시행령」 별표 1 제2호 나목, 같은 표 제3호 가목 전단, 같은 호 나목 및 같은 법 시행규칙 제2조 제6항 · 제7항 · 제9항 · 제10항에 따라 위와 같이 주택취득자금 조달 및 입주계획서를 제출합니다.

년　　월　　일

제출인　　　　　　　　　　　　　(서명 또는 인)

시장 · 군수 · 구청장 귀하

유의사항

1. 제출하신 주택취득자금 조달 및 입주계획서는 국세청 등 관계기관에 통보되어, 신고내역 조사 및 관련 세법에 따른 조사 시 참고자료로 활용됩니다.
2. 주택취득자금 조달 및 입주계획서(첨부서류 제출대상인 경우 첨부서류를 포함합니다)를 계약체결일부터 30일 이내에 제출하지 않거나 거짓으로 작성하는 경우 「부동산 거래신고 등에 관한 법률」 제28조 제2항 또는 제3항에 따라 과태료가 부과되오니 유의하시기 바랍니다.
3. 이 서식은 부동산거래계약 신고서 접수 전에는 제출이 불가하오니 별도 제출하는 경우에는 미리 부동산거래계약 신고서의 제출 여부를 신고서 제출자 또는 신고관청에 확인하시기 바랍니다.

210mm×297mm[백상지(80g/m²) 또는 중질지(80g/m²)]

(뒤쪽)

첨부서류	투기과열지구에 소재하는 주택의 거래계약을 체결한 경우에는 다음 각 호의 구분에 따른 서류를 첨부해야 합니다. 이 경우 주택취금자금 조달 및 입주계획서의 제출일을 기준으로 주택취득에 필요한 자금의 대출이 실행되지 않았거나 본인 소유 부동산의 매매계약이 체결되지 않은 경우 등 항목별 금액 증명이 어려운 경우에는 그 사유서를 첨부해야 합니다. 1. 금융기관 예금액 항목을 적은 경우: 예금잔액증명서 등 예금 금액을 증명할 수 있는 서류 2. 주식·채권 매각대금 항목을 적은 경우: 주식거래내역서 또는 예금잔액증명서 등 주식·채권 매각 금액을 증명할 수 있는 서류 3. 증여·상속 항목을 적은 경우: 증여세·상속세 신고서 또는 납세증명서 등 증여 또는 상속받은 금액을 증명할 수 있는 서류 4. 현금 등 그 밖의 자금 항목을 적은 경우: 소득금액증명원 또는 근로소득 원천징수영수증 등 소득을 증명할 수 있는 서류 5. 부동산 처분대금 등 항목을 적은 경우: 부동산 매매계약서 또는 부동산 임대차계약서 등 부동산 처분 등에 따른 금액을 증명할 수 있는 서류 6. 금융기관 대출액 합계 항목을 적은 경우: 금융거래확인서, 부채증명서 또는 금융기관 대출신청서 등 금융기관으로부터 대출받은 금액을 증명할 수 있는 서류 7. 임대보증금 항목을 적은 경우: 부동산 임대차계약서 8. 회사지원금·사채 또는 그 밖의 차입금 항목을 적은 경우: 금전을 빌린 사실과 그 금액을 확인할 수 있는 서류

작성방법

1. ① "자금조달계획"에는 해당 주택의 취득에 필요한 자금의 조달계획(부동산 거래신고를 하기 전에 부동산 거래대금이 모두 지급된 경우에는 조달방법을) 적고, 매수인이 다수인 경우 각 매수인별로 작성해야 하며, 각 매수인별 금액을 합산한 총 금액과 거래신고된 주택거래금액이 일치해야 합니다.

2. ②~⑥에는 자기자금을 종류별로 구분하여 중복되지 않게 적습니다.

3. ② "금융기관 예금액"에는 금융기관에 예치되어 있는 본인명의의 예금(적금 등)을 통해 조달하려는 자금을 적습니다.

4. ③ "주식·채권 매각대금"에는 본인 명의 주식·채권 및 각종 유가증권 매각 등을 통해 조달하려는 자금을 적습니다.

5. ④ "증여·상속"에는 가족 등으로부터 증여 받거나 상속받아 조달하는 자금을 적고, 자금을 제공한 자와의 관계를 해당 난에 √표시를 하며, 부부 외의 경우 해당 관계를 적습니다.

6. ⑤ "현금 등 그 밖의 자금"에는 현금으로 보유하고 있는 자금 및 자기자금 중 다른 항목에 포함되지 않는 그 밖의 본인 자산을 통해 조달하려는 자금(금융기관 예금액 외의 각종 금융상품 및 간접투자상품을 통해 조달하려는 자금 포함)을 적고, 해당 자금이 보유하고 있는 현금일 경우 "보유 현금"에 √표시를 하고, 현금이 아닌 경우 "그 밖의 자산"에 √표시를 하고 자산의 종류를 적습니다.

7. ⑥ "부동산 처분대금 등"에는 본인 소유 부동산의 매도, 기존 임대보증금 회수 등을 통해 조달하려는 자금 또는 재건축, 재개발시 발생한 종전 부동산 권리가액 등을 적습니다.

8. ⑦ "소계"에는 ②~⑥의 합계액을 적습니다.

9. ⑧~⑪에는 자기자금을 제외한 차입금 등을 종류별로 구분하여 중복되지 않게 적습니다.

10. ⑧ "금융기관 대출액 합계"에는 금융기관으로부터 대출을 통해 조달하려는 자금 또는 매도인의 대출금 승계 자금을 적고, 주택담보대출·신용대출인 경우 각 해당 난에 대출액을 적으며, 그 밖의 대출인 경우 대출액 및 대출 종류를 적습니다. 또한 주택담보 대출액이 있는 경우 "기존 주택 보유 여부"의 해당 난에 √표시를 합니다. 이 경우 기존 주택은 신고하려는 거래계약 대상인 주택은 제외하고, 주택을 취득할 수 있는 권리와 주택을 지분으로 보유하고 있는 경우는 포함하며, "기존 주택 보유 여부" 중 "보유"에 √표시를 한 경우에는 기존 주택 보유 수(지분으로 보유하고 있는 경우에는 각 건별로 계산합니다)를 적습니다.

11. ⑨ "임대보증금"에는 취득 주택의 신규 임대차 계약 또는 매도인으로부터 승계한 임대차 계약의 임대보증금 등 임대를 통해 조달하는 자금을 적습니다.

12. ⑩ "회사지원금·사채"에는 금융기관 외의 법인, 개인사업자로부터 차입을 통해 조달하려는 자금을 적습니다.

13. ⑪ "그 밖의 차입금"에는 ⑧~⑩에 포함되지 않는 차입금 등을 적고, 자금을 제공한 자와의 관계를 해당 난에 √표시를 하고 부부 외의 경우 해당 관계를 적습니다.

14. ⑫에는 ⑧~⑪의 합계액을, ⑬에는 ⑦과 ⑫의 합계액을 적습니다.

15. ⑭ "조달자금 지급방식"에는 조달한 자금을 매도인에게 지급하는 방식 등을 각 항목별로 적습니다.

16. ⑮ "계좌이체 금액"에는 금융기관 계좌이체로 지급했거나 지급 예정인 금액 등 금융기관을 통해서 자금지급 확인이 가능한 금액을 적습니다.

17. ⑯ "보증금·대출 승계 금액"에는 종전 임대차계약 보증금 또는 대출금 승계 등 매도인으로부터 승계했거나 승계 예정인 자금의 금액을 적습니다.

18. ⑰ "현금 및 그 밖의 지급방식 금액"에는 ⑮, ⑯ 외의 방식으로 지급했거나 지급 예정인 금액을 적고 계좌이체가 아닌 현금(수표) 등의 방식으로 지급하는 구체적인 사유를 적습니다.

19. ⑱ "입주 계획"에는 해당 주택의 거래계약을 체결한 이후 첫 번째 입주자 기준(다세대, 다가구 등 2세대 이상인 경우에는 해당 항목별 중복하여 적습니다)으로 적으며, "본인입주"란 매수자 및 주민등록상 동일 세대원이 함께 입주하는 경우를, "본인 외 가족입주"란 매수자와 주민등록상 세대가 분리된 가족이 입주하는 경우를 말하며, 이 경우에는 입주 예정 시기 연월을 적습니다. 또한 재건축 추진 또는 멸실 후 신축 등 해당 주택에 입주 또는 임대하지 않는 경우 등에는 "그 밖의 경우"에 √표시를 합니다.

Chapter 02

주택임대차 계약 신고제

① 주택임대차 계약의 신고

(1) 신고대상

임대차계약당사자는 주택(「주택임대차보호법」 제2조에 따른 주택을 말하며, 주택을 취득할 수 있는 권리를 포함한다)에 대하여 **보증금이 6천만원을 초과하거나 월차임이 30만원을 초과하는** 임대차 계약을 체결한 경우 그 보증금 또는 차임 등 국토교통부령으로 정하는 사항을 임대차 계약의 체결일부터 30일 이내에 주택 소재지를 관할하는 신고관청에 공동으로 신고하여야 한다. 다만, 임대차계약당사자 중 일방이 국가 등인 경우에는 국가 등이 신고하여야 한다.

⚡ 사실상 주거용으로 사용되는 경우는 모두 신고 대상이 된다.

⚡ 계약을 갱신하는 경우로서 보증금 및 차임의 증감 없이 임대차 기간만 연장하는 계약의 경우 신고대상이 아니다.

(2) 신고대상지역

특별자치시·특별자치도·시·군(광역시 및 경기도의 관할구역에 있는 군으로 한정한다)·구(자치구를 말한다)가 신고 대상지역이다.

(3) 일방 거부로 인한 단독신고

당사자 일방이 신고를 거부하는 경우 다른 일방이 단독신고 할 수 있다.

(4) 신고필증 발급

① 신고를 받은 신고관청은 그 신고 내용을 확인한 후 신고인에게 신고필증을 지체 없이 발급하여야 한다.

② 신고관청은 신고사무에 대한 해당 권한의 일부를 그 지방자치단체의 조례로 정하는 바에 따라 읍·면·동장 또는 출장소장에게 위임할 수 있다.

③ 신고 및 신고필증 발급의 절차와 그 밖에 필요한 사항은 국토교통부령으로 정한다.

② 주택 임대차 계약 신고에 대한 준용규정

주택 임대차 계약 신고의 금지행위, 주택 임대차 계약 신고 내용의 검증, 주택 임대차 계약 신고 내용의 조사 등에 관하여는 부동산거래신고의 내용을 준용한다.

③ 다른 법률에 따른 신고 등의 의제

(1) 임차인이 「주민등록법」에 따라 전입신고를 하는 경우 이 법에 따른 주택 임대차 계약의 신고를 한 것으로 본다.
이 경우 주택 임대차 계약서 또는 임대차 신고서(주택 임대차 계약서를 작성하지 않은 경우로 한정한다)를 제출해야 한다.

(2) 「공공주택 특별법」에 따른 공공주택사업자 및 「민간임대주택에 관한 특별법」에 따른 임대사업자는 관련 법령에 따른 주택 임대차 계약의 신고 또는 변경신고를 하는 경우 이 법에 따른 주택 임대차 계약의 신고 또는 변경신고를 한 것으로 본다.

(3) 임대차 계약의 신고 및 변경신고의 접수를 완료한 때에는 「주택임대차보호법」에 따른 확정일자를 부여한 것으로 본다(임대차계약서가 제출된 경우로 한정한다). 이 경우 신고관청은 「주택임대차보호법」에 따라 확정일자부를 작성하거나 「주택임대차보호법」 확정일자부여기관에 신고 사실을 통보하여야 한다.

④ 신고사항

(1) **임대차계약당사자의 인적사항**
 ① **자연인인 경우**: 성명, 주소, 주민등록번호(외국인인 경우에는 외국인등록번호를 말한다) 및 연락처
 ② **법인인 경우**: 법인명, 사무소 소재지, 법인등록번호 및 연락처
 ③ **법인 아닌 단체인 경우**: 단체명, 소재지, 고유번호 및 연락처

(2) 임대차 목적물(주택을 취득할 수 있는 권리에 관한 계약인 경우에는 그 권리의 대상인 주택을 말한다)의 소재지, 종류, 임대 면적 등 임대차 목적물 현황

(3) 보증금 또는 월 차임

(4) 계약 체결일 및 계약 기간

(5) 「주택임대차보호법」 제6조의3에 따른 계약갱신요구권의 행사 여부(계약을 갱신한 경우만 해당한다)

⑤ 신고절차

(1) 공동신고

주택 임대차 계약을 신고하려는 임대차계약당사자는 주택 임대차 계약 신고서에 공동으로 서명 또는 날인해 신고관청에 제출해야 한다.

(2) 공동신고 간주

임대차계약당사자 일방이 임대차 신고서에 단독으로 서명 또는 날인한 후 다음 각 호의 서류 등을 첨부해 신고관청에 제출한 경우에는 임대차계약당사자가 공동으로 임대차 신고서를 제출한 것으로 본다.

① 주택 임대차 계약서(계약서를 작성한 경우만 해당한다)

② 입금증, 주택 임대차 계약과 관련된 금전거래내역이 적힌 통장사본 등 주택 임대차 계약 체결 사실을 입증할 수 있는 서류 등(주택 임대차 계약서를 작성하지 않은 경우만 해당한다)

③ 계약갱신요구권을 행사한 경우 이를 확인할 수 있는 서류 등

(3) 국가 등 신고

국가 등이 주택 임대차 계약을 신고하려는 경우에는 임대차 신고서에 단독으로 서명 또는 날인해 신고관청에 제출해야 한다.

(4) 일방거부로 인한 단독신고

임대차계약당사자 중 일방이 신고를 거부해 단독으로 주택 임대차 계약을 신고하려는 임대차계약당사자는 임대차 신고서에 서명 또는 날인한 후 2)의 서류 등과 단독신고사유서를 첨부해 신고관청에 제출해야 한다. 이 경우 신고관청은 단독신고 사유에 해당하는지를 확인해야 한다.

(5) 신분증 제시

신고하려는 자는 신분증명서를 신고관청에 보여줘야 한다.

(6) 신고필증 교부

신고를 받은 신고관청은 신고 사항의 누락 여부 등을 확인한 후 지체 없이 별지 주택 임대차 계약 신고필증을 내줘야 한다.

(7) 전자계약

부동산거래계약시스템을 통해 주택 임대차 계약을 체결한 경우에는 임대차계약당사자가 공동으로 임대차 신고서를 제출한 것으로 본다.

⑧ 신고의 대행

임대차계약당사자의 위임을 받은 사람은 임대차 신고서, 임대차 변경 신고서 및 임대차 해제 신고서의 작성·제출 및 정정신청을 대행할 수 있다. 이 경우 임대차신고서등의 작성·제출 및 정정신청을 대행하는 사람은 신분증명서를 신고관청에 보여줘야 하며, 임대차신고서등의 작성·제출 및 정정신청을 위임한 임대차계약당사자가 서명 또는 날인한 위임장(임대차계약당사자가 법인인 경우에는 법인인감을 날인한 위임장)과 신분증명서 사본을 함께 제출해야 한다.

⑥ 주택 임대차 계약의 변경 신고 및 해제 신고

(1) 주택 임대차 가격의 변경 또는 주택 임대차 계약의 해제를 신고하려는 임대차계약당사자는 주택 임대차 계약 변경 신고서 또는 주택 임대차 계약 해제 신고서에 공동으로 서명 또는 날인해 신고관청에 제출해야 한다.

(2) 임대차계약 당사자 중 일방이 신고를 거부해 따라 단독으로 신고를 하려는 자는 임대차 변경 신고서 또는 임대차 해제 신고서에 단독으로 서명 또는 날인한 후 다음 각 호의 구분에 따른 서류를 첨부해 신고관청에 제출해야 한다. 이 경우 신고관청은 단독신고 사유에 해당하는지를 확인해야 한다.

① **변경 신고의 경우**: 단독신고사유서와 주택 임대차 변경 계약서 또는 임대차 가격이 변경된 사실을 입증할 수 있는 서류 등

② **해제 신고의 경우**: 단독신고사유서와 주택 임대차 계약 해제 합의서 또는 주택 임대차 계약이 해제된 사실을 입증할 수 있는 서류 등

⑦ 주택 임대차 계약 신고 내용의 정정

(1) 임대차계약당사자는 신고 사항 또는 주택 임대차 계약 변경 신고의 내용이 잘못 적힌 경우에는 신고관청에 신고 내용의 정정을 신청할 수 있다.

(2) 정정신청을 하려는 임대차계약당사자는 임대차 신고필증에 정정 사항을 표시하고 해당 정정 부분에 공동으로 서명 또는 날인한 후 주택 임대차 계약서 또는 주택 임대차 변경 계약서를 첨부해 신고관청에 제출해야 한다.

(3) 정정신청을 받은 신고관청은 정정할 사항을 확인한 후 지체 없이 해당 내용을 정정하고, 정정 사항을 반영한 임대차 신고필증을 신청인에게 다시 내줘야 한다.

(4) 임대차계약 당사자 일방이 임대차신고필증에 단독으로 서명 또는 날인한 후 주택임대차계
약서 또는 주택임대차변경계약서를 첨부해 제출한 경우에는 임대차계약 당사자가 공동으
로 주택임대차 계약신고 내용 정정신청을 한 것으로 본다.

⑧ 위반에 따른 제재(과태료)

주택임대차계약의 신고 또는 변경·해제신고를 하지 아니하거나(공동신고 거부자 포함)거
짓으로 신고한 자는 100만원 이하의 과태료에 처한다.

Chapter 03 외국인 등의 부동산 취득 등에 관한 특례

① 외국인의 의의

부동산거래신고법 제2조【정의】 이 법에서 사용하는 용어의 뜻은 다음과 같다.

4. "외국인 등"이란 다음 각 목의 어느 하나에 해당하는 개인·법인 또는 단체를 말한다.

가. 대한민국의 국적을 보유하고 있지 아니한 개인

나. 외국의 법령에 따라 설립된 법인 또는 단체

다. 사원 또는 구성원의 2분의 1 이상이 가목에 해당하는 자인 법인 또는 단체

라. 업무를 집행하는 사원이나 이사 등 임원의 2분의 1 이상이 가목에 해당하는 자인 법인 또는 단체

마. 가목에 해당하는 사람이나 나목에 해당하는 법인 또는 단체가 자본금의 2분의 1 이상이나 의결권의 2분의 1 이상을 가지고 있는 법인 또는 단체

바. 외국 정부

사. 대통령령으로 정하는 국제기구

② 토지취득의 신고제

(1) 계약으로 인한 취득신고

① 외국인 등이 대한민국 안의 "부동산 등"을 취득하는 계약(증여계약이나 교환계약 등)을 체결하였을 때에는 계약체결일부터 '60일 이내'에 신고관청에 신고하여야 한다.

② 다만, 외국인 등이 이 법 제3조에 따른 신고(매매계약의 신고)를 한 경우에는 제8조에 따른 신고의무는 적용되지 아니한다. 즉, 부동산 등의 매매계약의 경우에는 외국인특례가 적용되지 아니한다.

③ 제8조 제1항에 따른 신고를 하지 아니하거나 거짓으로 신고한 자에게는 **300만원 이하의 과태료**를 부과한다.

④ 신고관청은 위반사실을 자진 신고한 자에 대하여 대통령령으로 정하는 바에 과태료를 감경 또는 면제할 수 있다.

(2) 계약 이외의 원인으로 인한 취득신고

① 외국인 등이 계약 이외의 원인(상속, 경매, 법원의 확정판결, 법인의 합병, 법률에 따른 환매권의 행사, 건축물의 신축·증축·개축·재축)으로 대한민국 안의 부동산 등을 취득한 때에는 부동산 등을 취득한 날부터 '6개월 이내'에 신고관청에 신고하여야 한다(법 제8조 제2항).

② 위의 신고를 하지 아니하거나 거짓으로 신고한 자는 100만원 이하의 과태료를 부과한다.

③ 신고관청은 위반사실을 자진 신고한 자에 대하여 대통령령으로 정하는 바에 과태료를 감경 또는 면제할 수 있다.

(3) 국적변경시 계속보유신고

① 대한민국 안의 부동산 등을 가지고 있는 대한민국 국민이나 대한민국의 법령에 따라 설립된 법인 또는 단체가 외국인 등으로 변경된 경우 그 외국인 등이 해당 부동산 등을 계속 보유하려는 경우에는, 외국인 등으로 **변경된 날부터, '6개월 이내'**에 신고관청에 신고하여야 한다.

② 위의 신고를 하지 아니하거나 거짓으로 신고한 자는 100만원 이하의 과태료를 부과한다.

③ 신고관청은 위반사실을 자진 신고한 자에 대하여 대통령령으로 정하는 바에 과태료를 감경 또는 면제할 수 있다.

(4) 신고내용 제출

① 신고관청은 신고내용을 매 분기 종료일부터 1개월 이내에 특별시장·광역시장·도지사 또는 특별자치도지사에게 제출(「전자서명법」 제2조 제1호에 따른 전자문서에 의한 제출을 포함한다)하여야 한다. 다만, 특별자치시장은 직접 국토교통부장관에게 제출하여야 한다.

② 신고내용을 제출받은 특별시장·광역시장·도지사 또는 특별자치도지사는 제출받은 날부터 1개월 이내에 그 내용을 국토교통부장관에게 제출하여야 한다.

(5) 신고내용 조사 등

신고관청의 신고내용의 보완 및 자료제출요구, 조사결과의 보고, 고발 및 통보 등은 부동산 거래신고제의 규정을 준용한다.

③ 토지취득의 허가제

① 외국인 등이 취득하려는 '토지'가 다음 각 호의 어느 하나에 해당하는 구역 · 지역 등에 있으면 토지를 취득하는 계약을 체결하기 전에 신고관청으로부터 토지취득의 허가를 받아야 한다.

> ㉠ 군사시설 보호구역
> ㉡ 문화재보호구역
> ㉢ 생태 · 경관보전지역
> ㉣ 야생생물 특별보호구역

② 다만, 외국인 등이 토지거래계약에 관한 허가를 받은 경우에는, 외국인토지거래허가는 적용되지 아니한다.

③ **허가처분의 기속적 성격** : 신청일로부터 15일 이내 허 · 불 처분

④ 허가를 받지 아니하고 토지취득계약을 체결하거나 부정한 방법으로 허가를 받아 토지취득계약을 체결한 **외국인 등은 2년 이하의 징역 또는 2천만원 이하의 벌금**에 처하며, 또한 허가의무에 위반하여 체결한 토지취득계약은 그 효력이 발생하지 아니한다(확정적 무효).

⑤ **양벌규정** : 법인의 대표자나 법인 또는 개인의 대리인, 사용인, 그 밖의 종업원이 그 법인 또는 개인의 업무에 관하여 위반행위를 하면 그 행위자를 벌하는 외에 그 법인 또는 개인에게도 해당 조문의 벌금형을 과한다. 다만, 법인 또는 개인이 그 위반행위를 방지하기 위하여 해당 업무에 관하여 상당한 주의와 감독을 게을리하지 아니한 경우에는 그러하지 아니하다.

> 외국인 등의 부동산 등의 취득신고의 절차
> 신고 등의 방법에는 신고서를 제출하는 "방문신고"의 방법과 "전자문서"에 의한 인터넷신고의 방법이 있다.
>
> 1. 제출서류
>   ① 증여계약 : 토지취득신고서 + 증여계약서
>   ② 기타 계약 : 토지취득신고서만 제출한다(교환계약서 등은 제출할 필요가 없다).
>   ③ 상속의 경우 : 토지취득신고서 + 상속인임을 증명할 수 있는 서류
>   ④ 경매의 경우 : 토지취득신고서 + 경락결정서
>   ⑤ 환매권 행사의 경우 : 토지취득신고서 + 환매임을 증명할 수 있는 서류
>   ⑥ 법원의 확정판결의 경우 : 토지취득신고서 + 확정판결문
>   ⑦ 한국인이 외국인으로 변경된 경우 : 토지계속보유신고서(국적변경증명서류를 제출할 필요가 없다)

⑧ 한국법인이 외국법인(단체)으로 변경된 경우: 토지계속보유신고서 + 국적변경을 증명할 수 있는 서류

⑨ 토지취득 허가신청서 + 토지취득계약 당사자간의 합의서

2. 전자문서의 경우: 신고서(또는 신청서)를 전자문서로 제출하는 경우에는 첨부서류의 첨부가 곤란한 때에는 그 사본을 신고일(또는 신청일)부터 '14일 이내'에 우편 또는 모사전송의 방법으로 따로 제출하여야 한다.

3. 담당공무원의 확인: 신고 또는 신청을 받은 신고관청은 「전자정부법」 제36조 제1항에 따라 행정정보의 공동이용을 통해 건축물대장, 토지등기사항증명서 및 건물등기사항증명서를 확인해야 한다.

4. 대리인에 의한 신고: 토지취득신고·토지계속보유신고 및 토지취득허가신청은 외국인인 당사자의 위임을 받은 자가 대리할 수 있다(다만, 전자문서로 신고 또는 신청하는 경우를 제외한다. 즉, 전자문서에 의한 신고는 대리신고가 불가하다). 이 경우 대리인은 주민등록증 등 대리인의 신분을 확인할 수 있는 증명서를 내보이고 외국인인 당사자의 신분증 사본과 외국인의 서명 또는 날인된 위임장을 제출하여야 한다.

5. 신고필증의 송부: 시장·군수·구청장 신고서를 제출 받은 경우에는 제출된 첨부서류를 확인한 후 지체 없이 토지취득신고필증 또는 토지계속보유신고필증을 신고인에게 송부하여야 한다.

④ 외국인 등 부동산 등 취득의 특례제 정리

구 분		내 용	구비서류	제 재
신고제	계약을 원인으로 취득	'계약체결일'부터 "60일 이내" 신고하여야 한다.	• 신고서만 제출 (단, 증여는 증여계약서 첨부)	300만원 이하 과태료
	계약 외의 원인으로 취득	'소유권을 취득한 날'로부터 "6월 이내" [상속, 경매(대금완납시)] 법원의 확정판결, 환매권행사, 법인의 합병, 건축물의 신·증·개·재축] 신고하여야 한다.	• 신고서 • 원인증명서면	100만원 이하 과태료
	국적변경 후, 계속 보유	한국인이 외국인으로 국적이 변경됨에도 불구하고 계속 토지의 소유권을 보유하려면, '국적이 변경된 날'로부터 "6월 이내"에 신고하여야 한다.	• 신고서 • 국적변경증명서류(법인에 한함)	100만원 이하 과태료
허가제		허가대상지역에서는 거래계약을 체결하기 전에 '미리' 사전허가를 받아야 한다. 허가 없이 계약을 체결하면 무효가 되며, 형벌의 대상이 된다.	• 신청서 • 당사자간 합의서	2년 이하의 징역 또는 2천만원 이하의 벌금

Chapter 04 토지거래허가제

① 토지거래허가구역의 지정

1) 지정권자

'국토교통부장관' 또는 '시·도지사'는 다음의 구분에 따라 국토의 이용 및 관리에 관한 계획의 원활한 수립과 집행, 합리적인 토지 이용 등을 위하여 '5년 이내'의 기간을 정하여 토지거래계약에 관한 허가구역으로 지정할 수 있다.

> 1. 허가구역이 둘 이상의 시·도의 관할 구역에 걸쳐 있는 경우: 국토교통부장관이 지정
> 2. 허가구역이 동일한 시·도 안의 일부지역인 경우: 시·도지사가 지정
> ※ 다만, 다음 요건을 모두 충족하는 경우 국토교통부장관이 지정할 수 있다.
> ① 국가 또는 「공공기관의 운영에 관한 법률」에 따른 **공공기관이** 관련 법령에 따른 **개발사업을 시행**하는 경우일 것
> ② 해당 지역의 **지가변동률** 등이 인근지역 또는 전국 평균에 비하여 **급격히 상승**하거나 상승할 우려가 있는 경우일 것

토지의 투기적인 거래가 성행하거나 지가(地價)가 급격히 상승하는 지역과 그러한 우려가 있는 지역으로서 다음의 지역에 대하여 지정한다.

> 1. 「국토의 계획 및 이용에 관한 법률」에 따른 광역도시계획, 도시·군기본계획, 도시·군관리계획 등 **토지이용계획이 새로 수립되거나 변경되는 지역**
> 2. 법령의 제정·개정 또는 폐지나 그에 따른 고시·공고로 인하여 토지이용에 대한 **행위제한이 완화되거나 해제되는 지역**
> 3. 법령에 따른 **개발사업이 진행 중이거나 예정되어 있는 지역**과 그 인근지역
> 4. 그 밖에 국토교통부장관 또는 특별시장·광역시장·특별자치시장·도지사·특별자치도지사가 **투기우려가 있다고 인정하는 지역** 또는 관계 행정기관의 장이 특별히 투기가 성행할 우려가 있다고 인정하여 국토교통부장관 또는 시·도지사에게 **요청하는 지역**

2) 지정절차

(1) 지정 전 절차

① **지가동향파악**: 국토교통부장관이나 시·도지사는 토지거래허가 제도를 실시하거나 그 밖에 토지정책을 수행하기 위한 자료를 수집하기 위하여 대통령령으로 정하는 바에 따라 '지가의 동향과 토지거래의 상황'을 조사하여야 한다.

② **도시계획위원회의 심의**: 국토교통부장관 또는 시·도지사는 허가구역을 지정하려면 중앙도시계획위원회 또는 시·도 도시계획위원회의 '심의'를 거쳐야 <u>한다(필수적)</u>[다만, 지정기간이 끝나는 허가구역을 계속하여 <u>'다시' 허가구역으로 지정하려면(재지정)</u> 중앙도시계획위원회 또는 시·도 도시계획위원회의 심의 전에 미리 시·도지사(국토교통부장관이 허가구역을 지정하는 경우만 해당) 및 시장·군수 또는 구청장의 '<u>의견</u>'을 <u>들어야 한다</u>].

(2) 지정 후 절차(공고·통지)

① 국토교통부장관 또는 시·도지사는 허가구역으로 지정한 때에는 '지체 없이' 이를 '공고'하고, 그 공고 내용(지정기간, 토지소재지, 지형도, 면적)을 ⊙ '국토교통부장관'은 시·도지사를 거쳐 시장·군수 또는 구청장에게 '통지'하고, ⓛ '시·도지사'는 국토교통부장관, 시장·군수 또는 구청장에게 '통지'하여야 한다.

② 통지를 받은 '시장·군수 또는 구청장'은 '지체 없이' 그 공고 내용을 그 허가구역을 관할하는 '등기소의 장'에게 통지하여야 하며, '지체 없이' 그 사실을 '7일 이상' 공고하고, 그 공고 내용을 '15일간' 일반이 열람할 수 있도록 하여야 한다.

3) 지정 등의 효력발생

① **지정**: 허가구역의 지정은 지정권자가 허가구역의 지정을 공고한 날부터 '5일 후'에 그 효력이 발생한다(<u>허가권자가 공고한 날이 아님에 유의한다).</u>

② **재지정, 축소지정, 해제**: 공고일부터 효력발생

4) 지정의 해제 및 축소

국토교통부장관 또는 시·도지사는 허가구역의 지정 사유가 없어졌다고 인정되거나 관계 시·도지사, 시장·군수 또는 구청장으로부터 받은 허가구역의 지정 해제 또는 축소 요청이 이유 있다고 인정되면 지체 없이 허가구역의 지정을 해제하거나 지정된 허가구역의 일부를 축소하여야 한다[해제 또는 축소의 경우에도 지정의 절차(심의 등)가 준용된다].

5) 지정의 효과: 거래계약 체결 전에 '사전허가'를 받아야 한다.

① 토지거래허가대상임에도 허가를 받지 아니하고 체결한 토지거래계약은 그 효력이 발생하지 아니한다(허가를 배제·잠탈하고 거래계약을 체결한 경우, 처벌되고, 거래계약은 확정적 무효).

② 토지거래허가를 '전제'로 계약을 체결한 경우에는 처벌하지 않으나, 그 계약의 효력은 유동적 무효이다.

③ 토지거래허가 또는 변경허가를 받지 아니하고 토지거래계약을 체결하거나, 속임수나 그 밖의 부정한 방법으로 토지거래계약 허가를 받은 자는 '2년 이하의 징역 또는 계약 체결 당시의 개별공시지가에 따른 해당 토지가격의 100분의 30에 해당하는 금액 이하의 벌금'에 처한다.

④ **양벌규정의 적용** : 법인의 대표자나 법인 또는 개인의 대리인, 사용인, 그 밖의 종업원이 그 법인 또는 개인의 업무에 관하여 제26조의 위반행위를 하면 그 행위자를 벌하는 외에 그 법인 또는 개인에게도 해당 조문의 벌금형을 과(科)한다. 다만, 법인 또는 개인이 그 위반행위를 방지하기 위하여 해당 업무에 관하여 상당한 주의와 감독을 게을리 하지 아니한 경우에는 그러하지 아니하다.

② 허가대상 토지

① 경제 및 지가의 동향과 거래단위면적 등을 종합적으로 고려한 다음의 각 용도별 '면적 이하'의 토지에 대한 토지거래계약에 관하여는 토지거래계약에 관한 허가를 요하지 아니한다.

≪◆ 허가 대상 기준면적

1. 도시지역	① 주거지역 : 60m² 초과 ② 상업지역 : 150m² 초과 ③ 공업지역 : 150m² 초과 ④ 녹지지역 : 200m² 초과 ⑤ 미지정 지역 : 60m² 초과
2. 도시지역 외의 지역	① 기타 250m² 초과 ② 농지의 경우는 500m² 초과 ③ 임야의 경우는 1천m² 초과

② 국토교통부장관 또는 시·도지사가 당해 기준면적의 10%(0.1배) 이상 300%(3배) 이하의 범위에서 따로 정하여 공고한 경우에는 그에 의한다.

③ 면적을 산정할 때 일단(一團)의 토지이용을 위하여 토지거래계약을 체결한 날부터 1년 이내에 일단의 토지 일부에 대하여 토지거래계약을 체결한 경우에는 그 일단의 토지 전체에 대한 거래로 본다.
　💡 일단의 토지 : 동일인의 소유로서 서로 인접하여 하나의 용도에 이용될 수 있는 토지

④ 허가구역 지정 당시 기준 면적을 초과하는 토지가 허가구역 지정 후에 분할로 인하여 기준 면적 이하가 된 경우 분할된 해당 토지에 대한 분할 후 최초의 토지거래계약은 기준 면적을 초과하는 토지거래계약으로 본다. 허가구역 지정 후 해당 토지가 공유지분으로 거래되는 경우에도 또한 같다.

③ 허가대상 거래

허가구역에 있는 토지에 관한 소유권·지상권(소유권·지상권의 취득을 목적으로 하는 권리를 포함)을 이전하거나 설정(대가를 받고 이전하거나 설정하는 경우만 해당)하는 계약(예약을 포함)을 체결하려는 당사자는 '공동으로' 시장·군수 또는 구청장의 허가를 받아야 한다. 허가받은 사항을 변경하려는 경우에도 또한 같다.

≪◆ 토지거래허가 대상 여부

	• 소유권, 지상권의 설정 및 이전에 관한 유상의 계약 및 예약
허가받아야 하는 거래	• **매매계약, 교환계약,** 대물변제계약 및 예약 • 소유권이전청구권보전의 가등기, 지상권청구권보전의 가등기 • 담보가등기, **공매(비업무용 부동산), 부담부증여** • **확정판결(이행판결), 화해, 조정조서로 취득한 경우**
허가받을 필요 없는 경우	• **임대차계약, 증여계약, 상속, 무상의 지상권설정** • **경매, 압류부동산공매** • **공매(비업무용 부동산공매 - 3회 이상 유찰시)** • 저당권설정계약, 전세권, 임차권설정계약 등

④ 허가의 신청

허가를 받으려는 자는 그 허가신청서에 계약내용과 그 토지의 이용계획, 취득자금 조달계획 등을 적어 시장·군수 또는 구청장에게 제출하여야 한다.

(1) 허가신청서 기재사항

① 당사자 성명 및 주소(법인의 경우 명칭 및 소재지, 대표자 성명, 주소)

② 토지의 지번·지목·면적·이용현황 및 권리설정현황

③ 토지의 정착물인 건축물·공작물 및 입목 등에 관한 사항

④ 이전 또는 설정하려는 권리의 종류

⑤ 계약예정금액

⑥ 토지이용계획

⑦ 자금조달계획

(2) **첨부서류**

① 토지의 이용계획, 취득자금 조달계획 등이 기재된 토지이용계획서(농지법상 농지취득자 격증명을 발급받아야 하는 경우 농업경영계획서를 말한다)

② 토지취득자금조달계획서

(3) 시 · 군 · 구청장에게 제출한 취득자금조달계획이 변경된 경우에는 취득토지에 대한 등기 일까지 시 · 군 · 구청장에게 그 변경사항을 제출할 수 있다.

⑤ **허가의 기준**(허가를 받으면 허가받은 목적대로 일정기간 사용하여야 한다)

(1) **시장 · 군수 또는 구청장은 다음의 경우는 허가를 하여야 한다.**

> ① **자기의 거주용** 주택용지로 이용하려는 경우(**이용의무기간 2년**)
> ② 허가구역을 포함한 지역의 주민을 위한 **복지시설 또는 편익시설**로서 관할 시장 · 군수 또는 구청장이 확인한 시설의 설치에 이용하려는 경우(**이용의무기간 2년**)
> ③ 허가구역에 거주하는 **농업인 · 임업인 · 어업인** 또는 대통령령으로 정하는 자가 그 허가구역에서 농업 · 축산업 · 임업 또는 어업을 경영하기 위하여 필요한 경우(**이용의무기간 2년**)
>   ㉠ 거주지
>   ㉡ 주소지 − 30km 내
>   ㉢ 농지 수용 · 협양(3년 내 대농취득) − 80km 내(공시가 − 종전가액 이하)
> ④ 「**공익사업**을 위한 토지 등의 취득 및 보상에 관한 법률」이나 그 밖의 법률에 따라 토지를 수용하거나 사용할 수 있는 사업을 시행하는 자가 그 사업을 시행하기 위하여 필요한 경우 (**이용의무기간 4년**)
> ⑤ 허가구역을 포함한 **지역의 건전한 발전**을 위하여 필요하고 관계 법률에 따라 지정된 지역 · 지구 · 구역 등의 지정목적에 적합하다고 인정되는 **사업**을 시행하는 자나 시행하려는 자가 그 사업에 이용하려는 경우(**4년**)
> ⑥ 허가구역의 **지정 당시** 그 구역이 속한 특별시 · 광역시 · 특별자치시 · 시(「제주특별자치도 설치 및 국제자유도시 조성을 위한 특별법」 제10조 제2항에 따른 행정시를 포함) · 군 또는 인접한 특별시 · 광역시 · 특별자치시 · 시 · 군에서 **사업**을 시행하고 있는 자가 그 사업에 이용하려는 경우나 그 자의 사업과 밀접한 관련이 있는 사업을 하는 자가 그 사업에 이용 하려는 경우(**4년**)

⑦ 허가구역이 속한 특별시·광역시·특별자치시·시 또는 군에 거주하고 있는 자의 일상생활과 통상적인 경제활동에 필요한 것 등으로서 대통령령으로 정하는 용도에 이용하려는 경우

    ㉠ 농지 외 토지 수용·협양, 3년 내 대토 취득(공시가 − 종전가액 이하)**(2년)**
    ㉡ **현상보존용(이용의무기간 5년)**
    ㉢ **임대사업용(이용의무기간 5년)**

⑵ 시장·군수 또는 구청장은 다음의 경우는 허가를 하지 아니한다.

㉠ 「국토의 계획 및 이용에 관한 법률」 도시·군 계획이나 그 밖에 토지의 이용 및 관리에 관한 계획에 맞지 아니한 경우
㉡ 생태계의 보전과 주민의 건전한 **생활환경 보호에 중대한 위해를 끼칠 우려가** 있는 경우
㉢ **면적이 그 토지의 이용목적에 적합하지 아니하다고 인정**되는 경우

⑥ 허가의 처분

① 시장·군수 또는 구청장은 허가신청서를 받으면 「민원 처리에 관한 법률」에 따른 처리기간(15일 이내: 영 제8조 제3항)에 허가 또는 불허가의 처분을 하고, 그 신청인에게 허가증을 발급하거나 불허가처분 사유를 서면으로 알려야 한다(선매협의 절차가 진행 중인 경우에는 위의 기간 내에 그 사실을 신청인에게 알려야 한다).

② 허가기간에 허가증의 발급 또는 불허가처분 사유의 통지가 없거나 선매협의 사실의 통지가 없는 경우에는 그 기간이 끝난 날의 '다음 날'에 허가가 있는 것으로 본다. 이 경우 시장·군수 또는 구청장은 지체 없이 신청인에게 허가증을 발급하여야 한다.

⑦ 이의신청

① 시·군·구청장의 허가·불허가 처분에 이의가 있는 자는 그 처분을 받은 날부터 '1개월' 이내에 시장·군수 또는 구청장에게 이의를 신청할 수 있다.

② 이의신청을 받은 시장·군수 또는 구청장은 시·군·구 도시계획위원회의 심의를 거쳐 그 결과를 이의신청인에게 알려야 한다.

⑧ 허가의 배제(및 특례)

① 거래당사자의 한쪽 또는 양쪽이 국가, 지방자치단체, 「한국토지주택공사법」에 따른 한국 토지주택공사, 그 밖에 대통령령으로 정하는 공공기관 또는 공공단체인 경우에는 그 기관 의 장이 시장 · 군수 또는 구청장과 '협의'할 수 있고, 그 '협의'가 성립된 때에는 그 토지거 래계약에 관한 '허가'를 받은 것으로 본다.

② 다음의 경우에는 허가를 받을 필요가 없다.

> 1. 「공익사업을 위한 토지 등의 취득 및 보상에 관한 법률」에 따른 토지의 '수용'
> 2. 「민사집행법」에 따른 '경매'
> 3. 그 밖에 대통령령으로 정하는 경우(국유재산법에 따라 국유재산을 일반경쟁입찰로 처분 하는 경우, 택지개발촉진법에 따라 택지를 공급하는 경우, 국세 및 지방세의 체납처분 또는 강제집행을 하는 경우, **법 제9조에 따라 외국인 등이 토지취득의 허가를 받은 경우 등)**

⑨ 허가 전 '선매(先買)'제도

① 시장 · 군수 또는 구청장은 토지거래계약에 관한 허가신청이 있는 경우, 다음의 어느 하나 에 해당하는 토지에 대하여 국가, 지방자치단체, 한국토지주택공사, 그 밖에 대통령령으로 정하는 공공기관 또는 공공단체가 그 '매수를 원하는 경우'에는 이들 중에서 해당 토지를 매수할 자[선매자의 범위는 아래 10. 매수청구제의 매수자의 범위와 같다]를 지정하여, 그 토지를 '협의 매수'하게 할 수 있다.

> 1. (공) **공익**사업용 토지
> 2. (허) 토지거래계약**허가**를 받아 취득한 토지를 그 이용목적대로 이용하고 있지 아니한 토지

② 시장 · 군수 또는 구청장은 위의 토지에 대하여 토지거래계약 허가신청이 있는 경우에는 그 신청이 있는 날부터 '1개월' 이내에 선매자를 지정하여, 토지 소유자에게 알려야 하며, 선매자는 지정 통지를 받은 날부터 '1개월' 이내에 그 '토지 소유자와' 대통령령으로 정하 는 바에 따라 '선매협의'를 끝내야 한다.

③ 선매자가 토지를 매수할 때의 가격(선매가격)은 「부동산가격공시 및 감정평가에 관한 법 률」에 따라 감정평가업자가 감정평가한 **"감정가격"을 기준으로 한다**(다만, 토지거래계약 허가신청서에 적힌 가격이 감정가격보다 낮은 경우에는 허가신청서에 적힌 가격으로 할 수 있다).

④ 시장 · 군수 또는 구청장은 제2항에 따른 선매협의가 이루어지지 아니한 경우에는 '지체 없이' 허가 또는 불허가의 여부를 결정하여 통보하여야 한다.

⑩ 불허가처분시의 '매수청구'제도

① 토지거래허가신청에 대하여 '불허가처분을 받은 자'는 그 통지를 받은 날부터 '1개월 이내'에 시장·군수 또는 구청장에게 해당 토지에 관한 권리의 '매수를 청구'할 수 있다.

② 매수 청구를 받은 시장·군수 또는 구청장은 국가, 지방자치단체, 한국토지주택공사, 그 밖에 대통령령으로 정하는 공공기관 또는 공공단체 중에서 매수할 자를 지정하여, 매수할 자로 하여금 예산의 범위에서 "공시지가"를 기준으로 하여 해당 토지를 매수하게 하여야 한다(다만, 토지거래계약 허가신청서에 적힌 가격이 공시지가보다 낮은 경우에는 허가신청서에 적힌 가격으로 매수할 수 있다).

> 매수자의 범위
> 1. 국가·지방자치단체
> 2. 한국토지주택공사
> 3. 「한국농수산식품유통공사법」에 따른 한국농수산식품유통공사
> 4. 「대한석탄공사법」에 따른 대한석탄공사
> 5. 「한국토지주택공사법」에 따른 한국토지주택공사
> 6. 「한국관광공사법」에 따른 한국관광공사
> 7. 「한국농어촌공사 및 농지관리기금법」에 따른 한국농어촌공사
> 8. 「한국도로공사법」에 따른 한국도로공사
> 9. 「한국석유공사법」에 따른 한국석유공사
> 10. 「한국수자원공사법」에 따른 한국수자원공사
> 11. 「한국전력공사법」에 따른 한국전력공사
> 12. 「한국철도공사법」에 따른 한국철도공사

⑪ 토지이용에 대한 의무(허가목적대로 사용할 의무)

① **허가목적대로 사용의무** : 토지거래계약을 허가받은 자는 대통령령으로 정하는 사유가 있는 경우 외에는 '5년의 범위'에서 대통령령으로 정하는 기간에 그 토지를 허가받은 목적대로 이용하여야 한다.

② **조사의무** : 시장·군수 또는 구청장은 토지거래계약을 허가받은 자가 허가받은 목적대로 이용하고 있는지를 국토교통부령으로 정하는 바(매년 1회 이상)에 따라 조사하여야 한다.

③ **의무이행명령** : 시장·군수 또는 구청장은 토지의 이용 의무를 이행하지 아니한 자에 대하여는 상당한 기간을 정하여 토지의 이용 의무를 이행하도록 명할 수 있다(다만, 대통령령으로 정하는 사유가 있는 경우에는 이용 의무의 이행을 명하지 아니할 수 있다).

💡 이행명령은 3월 이내의 기간을 정하여 문서로 하여야 한다.

④ **이행강제금의 부과**: 시장 · 군수 또는 구청장은 이행명령이 정하여진 기간에 이행되지 아니한 경우에는 토지 '**취득가액**'(실제 거래가액을 말한다. 다만, 실제거래가격이 확인되지 아니한 경우에는 가장 최근의 개별공시지가를 기준)의 '**100분의 10의 범위**'에서 대통령령으로 정하는 금액의 이행강제금을 **부과한다**. 시장 · 군수 또는 구청장은 최초의 이행명령이 있었던 날을 기준으로 1년에 한 번씩 그 이행명령이 이행될 때까지 반복하여 이행강제금을 부과 · 징수할 수 있다(다만, 이용 의무기간이 지난 후에는 이행강제금을 부과할 수 없다).

> 이행강제금액
> 1. (방) 당초의 목적대로 이용하지 아니하고 '**방치**'한 경우 : 토지 취득가액의 **10%**(100분의 10)에 상당하는 금액
> 2. (임) 직접 이용하지 아니하고 '**임대**'한 경우 : 토지 취득가액의 **7%**(100분의 7)에 상당하는 금액
> 3. (변) 시장 · 군수 · 구청장의 승인을 받지 아니하고, 당초의 이용목적을 '**변경**'하여 이용하는 경우 : 토지취득가액의 **5%**(100분의 5)에 상당하는 금액
> 4. (기) **기타** : 토지취득가액의 7%(100분의 7)에 상당하는 금액

⑤ **이행강제금의 중지**: 시장 · 군수 또는 구청장은 **이행명령을 받은 자가 그 명령을 이행하는 경우에는** 새로운 이행강제금의 부과를 즉시 중지하되, 명령을 이행하기 전에 이미 부과된 이행강제금은 징수하여야 한다.

⑥ **이행강제금의 처분의 이의신청**: 이행강제금의 부과처분에 불복하는 자는 시장 · 군수 또는 구청장에게 이행강제금 부과처분 고지일로부터 30일 이내에 이의를 제기할 수 있다.

⑫ 포상금제도

① 신고대상

거 짓	1. 부동산 등의 실제거래가격을 **거짓**으로 신고한 자 2. 신고의무자가 아닌 자가 부동산 실거래가를 **거짓**으로 신고한 자 3. 주택임대차계약내용을 **거짓**으로 신고한 자 4. 거래계약을 체결하지 않았음에도 **거짓**으로 거래신고한 자 5. 거래신고 후 거래계약이 해제 되지 않았음에도 **거짓**으로 해제신고한 자
허 가	허가 또는 변경허가를 받지 아니하고 토지거래계약을 체결한 자 또는 거짓이나 그 밖의 부정한 방법으로 토지거래계약허가를 받은 자
이 용	토지거래계약허가를 받아 취득한 토지에 대하여 허가받은 목적대로 이용하지 아니한 자

② **포상금 지급요건**

거 짓	신고관청이 적발하기 전에 신고하고 이를 입증할 수 있는 증거자료를 제출한 경우로 서, 그 신고사건에 대하여 **과태료가 부과된 경우**
허 가	**허가관청 또는 수사기관이 적발하기 전에** 허가관청이나 수사기관에 신고하거나 고발한 경우로서 그 신고 또는 고발사건에 대한 **검사의 공소제기 또는 기소유예의 결정이 있는 경우**
이 용	**허가관청이 적발하기 전에** 허가관청에 신고한 경우로서 **그 신고사건에 대한 허가관청의 이행명령이 있는 경우**

③ **포상금액**(포상금의 지급에 드는 비용은 시·군이나 구의 재원으로 충당한다)

거 짓	거래가격 거짓신고자에게 부과하는 과태료의 **100분의 20에 해당하는 금액으로 한다.** **(단, 신고대상 거짓신고자 중 1, 2.의 신고포상금은 최대한도를 1천만원으로 함)**
허 가 이 용	**1건당 '50만원'**으로 하며, 예산의 범위에서 지급하여야 한다. 이 경우 같은 목적을 위하여 취득한 일단의 토지에 대한 신고 또는 고발은 1건으로 본다.

★ 수사기관은 신고 또는 고발 사건을 접수하여 수사를 종료하거나 공소제기 또는 기소유예의 결정을 하였을 때에는 지체 없이 허가관청에 통보하여야 한다.

> 포상금을 지급하지 아니하는 경우
> 1. 공무원이 직무와 관련하여 발견한 사실을 신고하거나 고발한 경우
> 2. 해당 위반행위를 하거나 위반행위에 관여한 자가 신고하거나 고발한 경우
> 3. 익명이나 가명으로 신고 또는 고발하여 신고인 또는 고발인을 확인할 수 없는 경우

④ **신고서 등의 제출**: 신고하려는 자는 국토교통부령으로 정하는 신고서 및 증거자료(<u>위 신고대상 중 거짓신고자에 해당하는 자를 신고하는 경우만 해당한다</u>)를 신고관청 또는 허가관청에 제출해야 한다.

⑤ **포상금의 지급**: 허가(신고)관청은 포상금지급 신청서가 접수된 날부터 '2개월' 이내에 지급하여야 한다.

⑥ **하나의 사건에 대한 2인 이상 등 신고**

　㉠ 2명 이상 신고: 허가(신고)관청은 하나의 사건에 대하여 2명 이상이 공동으로 신고 또는 고발한 경우에는 포상금을 균등하게 배분하여 지급하여야 한다(다만, 포상금을 지급받을 사람이 배분방법에 대하여 미리 합의하여 포상금의 지급을 신청하는 경우에는 그 합의된 방법에 따라 지급한다).

　㉡ 2건 이상 신고: 하나의 사건을 2명 이상이 각각 신고 또는 고발한 경우 최초로 신고 또는 고발한 자에게 지급한다.

⑬ 타 법과의 관계

① 이 법에 따라 토지거래 '허가증'을 발급받은 경우에는 「부동산등기특별조치법」상 '검인'을 받은 것으로 본다.

② 농지에 대하여 토지거래계약 '허가'를 받은 경우에는 '농지취득자격증명'을 받은 것으로 본다.

③ 토지거래허가를 받았다하더라도 '부동산거래신고'는 하여야 한다.

⑭ 허가의 취소

① 국토교통부장관, 시 · 도지사, 시장 · 군수 또는 구청장은 다음의 어느 하나에 해당하는 자에게 토지거래에 대한 **"허가 취소"** 또는 그 밖에 필요한 처분을 하거나 **조치를 명할 수 있다.**

> ㉠ 토지거래계약에 관한 허가 또는 변경허가를 받지 아니하고, 토지거래계약 또는 그 변경계약을 체결한 자
> ㉡ 토지거래계약에 관한 허가를 받은 자가 그 토지를 허가받은 목적대로 이용하지 아니한 자
> ㉢ 부정한 방법으로 토지거래계약에 관한 허가를 받은 자

② 국토교통부장관, 시 · 도지사, 시장 · 군수 또는 구청장은 토지거래계약 허가의 '취소' 처분을 하려면 '청문'을 하여야 한다.

③ 토지거래에 관한 허가취소, 처분 또는 조치명령을 위반한 자는 1년 이하의 징역 또는 1천만원 이하의 벌금에 처한다.

⑮ 권리 · 의무의 승계

① 토지거래허가와 관련하여, 토지의 소유권자 · 지상권자 등에게 발생되거나 부과된 권리 · 의무는 그 토지 또는 건축물에 관한 소유권이나 그 밖의 권리의 변동과 동시에 그 승계인에게 이전한다.

② 이 법 또는 이 법에 따른 명령에 의한 처분, 그 절차 및 그 밖의 행위는 그 행위와 관련된 토지 또는 건축물에 대하여 소유권이나 그 밖의 권리를 가진 자의 승계인에 대하여 효력을 가진다.

🏢 **자진신고자에 대한 감면제도**

[자진신고 감면대상]

1. 부동산거래신고를 하지 아니한자 및 해제신고를 하지 아니한 자
   (500만원 이하 과태료)

2. 개업공인중개사에게 거래신고를 하지 못하게 하거나, 거짓거래신고 요구 · 조장 · 방조
   (500만원 이하 과태료 사유)

3. 부동산거래신고를 거짓으로 신고한 자
   (취득가액의 5% 이하 과태료 사유)

4. 주택임대차 계약의신고, 변경, 해제신고 아니한 자 및 거짓신고자
   (100만원 이하 과태료)

5. 외국인 특례제 위반자
   1) 계약원인 미신고 · 거짓신고(300만원 이하 과태료 사유)
   2) 계약 이외 원인, 보유신고의 미신고 또는 거짓신고(100만원 이하 과태료 사유)
   💡 자진신고자는 자진신고서 및 위반행위입증 자료를 신고관청에 제출하여야 한다.

[자진신고자에 대한 감경 또는 면제의 기준]

1. 조사기관(국토부장관 또는 신고관청)의 "조사가 시작되기 **전**"에 "자진 신고"한 자로서 다음 각 목의 요건을 모두 충족한 경우 : "**과태료 면제**"
   1) 자진 신고한 위반행위가 **감면대상**에 해당할 것
   2) 신고관청에 단독으로 신고한 **최초**의 자일 것
      (거래당사자 일방이 여러 명인 경우 그 일부 또는 전부가 공동으로 신고한 경우도 포함한다)
   3) 위반사실 입증에 필요한 자료 등을 제공하는 등 **조사가 끝날 때까지 성실하게 '협조'**하였을 것

2. 조사기관의 조사가 시작된 **후** 자진 신고한 자로서 다음 각 목의 요건을 모두 충족한 경우 : **과태료의 100분의 50 감경**
   1) 위 자진신고 감면대상일 것
   2) 조사기관에 단독으로 신고한 **최초**의 자일 것
   3) 조사기관이 허위신고 사실 입증에 필요한 **증거를 충분히 확보하지 못한 상태**에서 조사에 '**협조**'하였을 것

[과태료를 감경 · 면제 제외 사유]

1. 자진 신고하려는 부동산 등의 거래계약과 관련하여 「국세기본법」 또는 「지방세법」 등 관련 법령을 위반한 사실 등이 관계기관으로부터 조사기관에 **통보**된 경우

2. 자진 신고한 날부터 **과거 1년 이내**에 자진 신고를 하여 **3회 이상** 해당 신고관청에서 과태료의 감경 또는 면제를 받은 경우

※ 자진신고 감면대상이 아닌 경우
1. 거래계약이 체결되지 않았음에도 거짓 거래신고한 자 － 3,000만원 이하 과태료
2. 거래신고 후 해제 등이 되지 않았음에도 거짓으로 해제등 신고한 자(공동신고 거부 포함)
   － 3,000만원 이하 과태료
3. 거래대금지급증명자료를 제출하지 아니하거나 거짓으로 제출한 자 － 3,000만원 이하 과태료
4. 거래대금지급증명자료 외의 자료를 제출하지 아니하거나 거짓으로 제출한 자 － 500만원
   이하 과태료

[전자문서로 제출이 가능한 경우]
 1. 부동산거래계약 신고서 및 법인신고서등
 2. 부동산거래계약 정정신청을 하는 경우 부동산거래 신고필증
 3. 부동산거래계약 변경 신고서, 부동산거래계약의 해제등 신고서
 4. 주택 임대차 신고서 및 주택 임대차 계약서
 5. 따른 주택임대차 변경 신고서 및 임대차 해제 신고서
 6. 주택임대차 계약 정정 사항을 표시한 임대차 신고필증
 7. 외국인등의 부동산등 취득 · 계속보유 신고서 또는 외국인 토지 취득 허가신청서
 8. 토지거래계약 허가 신청서 또는 토지거래계약 변경 허가 신청서
 9. 토지거래허가 또는 불허가에 따른 이의신청서
10. 토지거래 불허가에 따른 토지매수청구서
11. 취득토지의 이용목적변경 승인신청서

※ 전자문서 불가한 경우
1. 거래당사자의 주소 · 전화번호 또는 휴대전화번호를 정정하기 위해 일방 단독으로 서명 또
   는 날인하여 정정을 신청하는 경우
2. 면적변경이 없는 상태에서 거래가격이 변경되어 변경신고를 하는 경우 거래계약서 사본을
   첨부해야 하므로 전자문서 불가

제1장 중개대상물의 조사·확인
제2장 부동산거래 전자계약시스템
제3장 중개실무 관련 개별 법령
제4장 경매·공매 관련 실무

중개실무

중개대상물의 조사·확인

판례 |||||||||||||||||||||||||||||||||||||||||||||||||||||||||||||||||||||||||||||||||||||||||||||||||||||||||||||||||||||||||||||||||||||||

경계 및 측량의무 여부

1. 지적법에 의하여 어떤 토지가 지적공부에 1필지의 토지로 등록되면 그 토지의 소재, 지번, 지목, 지적 및 경계는 다른 특별한 사정이 없는 한 이 등록으로써 특정되고 소유권의 범위는 현실의 경계와 관계없이 공부상의 경계에 의하여 확정되는 것이나, 지적도를 작성함에 있어서 기점을 잘못 선택하는 등 기술적인 착오로 말미암아 지적도상의 경계선이 진실한 경계선과 다르게 작성되었다는 등과 같은 특별한 사정이 있는 경우에는 그 토지의 경계는 실제의 경계에 의하여 할 것이다(대판 92다52887).

2. 당사자가 사실상의 경계를 매매목적물의 범위로 삼은 특별한 사정이 있는 때에는 그 토지의 경계는 실제의 경계에 의하여야 한다(대판 84다카490).

3. 토지에 인접한 토지의 소유자 등 이해관계인들이 그 토지의 실제의 경계선을 지적공부상의 경계선에 일치시키기로 합의하였다면, 적어도 그때부터는 지적공부상의 경계에 의하여 그 토지의 공간적 범위가 특정된다(대판 2006다24971).

4. 토지매매에 있어서 특단의 사정이 없는 한 매수인에게 측량 또는 지적도와의 대조 등의 방법으로 매매목적물이 지적도상의 그것과 정확히 일치하는지의 여부를 미리 확인하여야 할 주의의무가 없다 (대판 84다카2344). 또한 개업공인중개사에게도 측량의 의무까지는 없다.

판례 |||||||||||||||||||||||||||||||||||||||||||||||||||||||||||||||||||||||||||||||||||||||||||||||||||||||||||||||||||||||||||||||||||||||

근저당 - 채권최고액을 설명한다.

개업공인중개사는 근저당권이 설정된 경우에 채권최고액만 설명하면 의무를 다한 것이고 현재의 채무액까지 조사하여 설명해야 할 의무가 있는 것은 아니다. 그러나 현재의 채무액도 잘못 설명하여 의뢰인에게 손해를 끼친 경우에는 그 손해를 배상해야 한다.

판례 |||||||||||||||||||||||||||||||||||||||||||||||||||||||||||||||||||||||||||||||||||||||||||||||||||||||||||||||||||||||||||||||||||||||

법정지상권 관련 주요판례

1. 법정지상권은 법률 또는 관습법에 의하여 당연히 물권변동의 효력이 성립하는 것으로 **등기를 필요로 하지 않으나, 이를 제3자에게 처분하려면 등기를 하여야 한다.**

2. 법정지상권이 건물의 소유에 부속되는 종속적인 권리가 되는 것이 아니며 하나의 독립된 법률상의 물권으로서의 성격을 지니고 있는 것이기 때문에, **건물의 소유자가 건물과 법정지상권 중 어느 하나만을 처분하는 것도 가능하다**(대판 2000다1976).

3. **법정지상권자라 할지라도 대지소유자에게 지료를 지급할 의무가 있다**(판례). 지료는 당사자의 협의에 의하여 결정할 것이나, 협의가 성립되지 않을 때에는 당사자의 청구에 의하여 법원이 이를 정한다.

4. **건물이 없는 토지(나대지)에 대하여 저당권이 설정된 후**, 저당권설정자가 그 위에 건물을 건축하였다가 담보권의 실행을 위한 경매절차에서 경매로 인하여 그 토지와 지상 건물이 소유자를 달리하였을 경우에는 **법정지상권이 인정되지 않는다.**

5. **무허가건물 또는 미등기건물이라도 법정지상권이 성립되며**, 건축 중인 건물로서 건물이 독립된 건물로 볼 수 있는 정도에 이르지 않았다 해도 건물의 규모, 종류가 외형상 예상할 수 있는 정도까지 건축이 진전되어 있는 경우라면 법정지상권이 성립될 수 있다(92 판례).

6. **최소한의 기둥과 지붕, 그리고 주벽이 이루어지는 등 독립된 부동산으로서 건물의 요건을 갖추면 법정지상권이 성립하며**, 그 건물이 미등기라 하더라도 법정지상권의 성립에는 아무런 지장이 없는 것이다(2004 판례).

7. **지상물 중 독립된 건물로 볼 수 없는 단순한 지상구조물인 자전거보관소나 철봉은 관습법상의 법정지상권이 인정되지 아니한다**(93 판례).

8. 관습법상의 법정지상권이 성립되기 위하여는 **토지와 건물 중 어느 하나가 처분될 당시에 토지와 그 지상건물이 동일인의 소유에 속하였으면 족하고, 원시적으로 동일인의 소유였을 필요는 없다**(대판 95다9075).

9. 동일인 소유의 토지와 그 지상건물에 관하여 **공동저당이 설정된 후 그 건물이 철거되고 다른 건물이 신축된 경우**, 저당물의 경매로 인하여 토지와 신축건물이 서로 다른 소유자에게 속하게 되면 **법정지상권이 성립하지 않는다**(대판 98다43601).

10. **미등기 건물을 그 대지와 함께 양수한 사람이** 그 대지에 관하여서만 소유권이전등기를 넘겨받고 건물에 대하여는 그 등기를 이전 받지 못하고 있는 상태에서 그 대지가 경매되어 소유자가 달라진 경우에는, 미등기 건물의 양수인은 미등기 건물을 처분할 수 있는 권리는 있을지언정 소유권은 가지고 있지 아니하므로 대지와 건물이 동일인의 소유에 속한 것이라고 볼 수 없어 **법정지상권이 발생할 수 없다**(대판 98다4798).

11. **법정지상권을 가진 건물 소유자로부터 건물을 양수하면서 법정지상권까지 양도받기로 한 자는** 채권자대위의 법리에 따라 전 건물소유자 및 대지소유자에 대하여 차례로 지상권의 설정등기 및 이전등기절차의 이행을 구할 수 있으므로, 이러한 법정지상권을 취득할 지위에 있는 자에 대하여 대지소유자가 소유권에 기하여 건물 철거를 구하는 것은(지상권의 부담을 용인하고 그 설정등기를 이행할 의무가 있는 자가 그 권리자를 상대로 한 청구라 할 것이다) 신의성실의 원칙상 허용될 수 없다(대판 87다카1604).

판례

권리관계 판례

1. **개업공인중개사는 선량한 관리자의주의와 신의성실로써 매도 등 처분을 하려는 자가 진정한 권리자와 동일인인지의 여부를 부동산등기부와 주민등록증 등에 의하여 조사 · 확인할 의무가 있다**(판례).

2. 개업공인중개사로서는 매도의뢰인이 알지 못하는 사람인 경우 필요할 때에는 **등기권리증의 소지 여부나** 그 내용을 확인 · 조사하여 보아야 할 주의의무가 있다.

3. 법 제17조 제1항은 중개의뢰를 받은 개업공인중개사는 중개대상물의 권리관계, 법령의 규정에 의한 거래 또는 이용제한사항 등을 확인하여 중개의뢰인에게 설명할 의무가 있음을 명시하고 있고, **위 권리관계에는 중개대상물의 권리자에 관한 사항도 포함된다고 할 것이다**(대판 2007다44156).

---

① 농지취득자격증명제

≪◆ 농지취득자격증명 등의 면제

		농취증 발급 대상이 아님
농지취득 자격증명	국 · 지	• **국가** 또는 **지**방자치단체가 농지를 취득
	상 속	• **상속**(상속인에게 한 유증을 포함)에 의하여 취득
	담 보	• **담**보농지를 취득하여 소유하는 경우
	협 의	• 농지전용 **협의**를 완료한 농지를 소유하는 경우
	분 할	• 공유농지를 **분할**하는 경우
	합 병	• 농업법인이 **합병**으로 농지를 취득하는 경우
	시 효	• **시효**의 완성으로 농지를 취득하는 경우
	도 시	• **도시지역** 내 **주거 · 상업 · 공업지역** 등으로 지정된 농지와 **녹지지역** **중 도시계획사업에 필요한 농지**
	허 가	• 토지거래허가구역 안에 있는 농지에 대하여 **허가**를 받은 경우

↑

		농업경영계획서가 면제되는 경우(다만, 농취증은 있어야 한다)
농업경영 계획서 작성	연 구	• **연구** · 실습지 목적으로 농지를 취득하여 소유하는 경우
	체 험	• (주말)**체**험영농 목적으로 농지를 취득하여 소유하는 경우
	허 · 신	• 농지전용 **허**가를 받거나 농지전용 **신**고를 한 자가 농지를 소유하는 경우
	1,500	• 농지개발사업지구 안에 소재하는 1,500m² **미만** 농지 취득시

① 매매계약이나 증여계약으로 농지를 취득하는 경우뿐만 아니라, **경매 · 공매, 판결, 조서**에 의하여 농지를 취득하는 경우에도 농지취득자격증명이 있어야 한다.
② **농지취득자격증명은 농지의 소유권이전등기신청시 첨부서류이다.** 그러나 농지취득의 원인이 되는 매매계약 등의 거래계약의 효력을 발생시키는 요건은 아니다.
③ 주말 · 체험영농, 농지전용의 허가나 신고, 연구목적의 경우에는 **농업경영계획서는 필요없지만 농지취득자격증명은 있어야 한다.**

② 분묘기지권

① **의의** : 판례가 인정되어 온 것으로서 **관습법상의 특수한 지상권(地上權)**에 해당한다.

② **성립요건**

　㉠ 분묘기지권은 다음의 요건 중 하나만 갖추면 성립된다.

> ⓐ 분묘를 설치하고 20년간 평온 · 공연하게 점유하여 '**시효취득**'을 한 경우
> ⓑ 토지소유자의 '**승**낙'을 얻어 분묘를 설치할 경우
> ⓒ '**자기** 소유'의 토지에 분묘를 설치한 자가 후에 그 분묘기지에 대한 '**특약**'없이 토지를 매매 등으로 처분한 때에는 그 분묘를 소유하기 위해 분묘기지권을 취득
> 　• '봉분'이 있어야 한다(평장 ×, 암장 ×).
> 　• '유골'이 있어야 한다(가묘 ×).

　㉡ 인정범위

　　ⓐ 시간적 범위 : 분묘의 수호와 봉사(봉제사)를 계속하며 그 분묘가 존속하는 한 **계속 존속**

　　ⓑ 장소적 범위 : 분묘의 수호 및 제사에 필요한 범위 내에서 분묘의 기지 주위의 공지(**빈 땅**)를 포함한 지역에까지(사성 부분은 제외)

　　ⓒ 인적 범위 : 제사 주재자(종손)

　㉢ 권능 : 분묘기지권에는 기존의 분묘 외에 새로운 분묘를 신설할 권능은 인정되지 않는다(합장 ×, 쌍분 ×).

　㉣ 지료지급 : 시효로 취득한 경우에 지료를 지급할 필요는 없다(판례).

판례

분묘기지권에 관한 주요판례

1. **분묘기지권은 분묘의 기지 자체(봉분의 기저 부분)뿐만 아니라,** 그 분묘의 설치 목적인 분묘의 수호 및 제사에 필요한 범위 내에서 **분묘의 기지 주의의 공지를 포함한 지역에 까지 미치는 것이고, 그 확실한 범위는 각 구체적인 경우에 개별적으로 정하여야 한다**(대판 2006다84423).

2. **분묘기지권의 효력이 미치는 지역의 범위 내라고 할지라도 기존의 분묘 외에 새로운 분묘를 신설할 권능은 포함되지 않으며, 부부 중 일방이 먼저 사망하여 이미 그 분묘가 설치되고 그 분묘기지권이 미치는 범위 내에서 그 후에 사망한 다른 일방을 단분 형태로 합장하여 분묘를 설치하는 것도 허용되지 않는다**(대판 2001다28367).

3. 분묘기지권은 그 효력이 미치는 범위 안에서 **새로운 분묘를 설치하거나 원래의 분묘를 다른 곳으로 이장할 권능은 포함되지 않는다**(대판 2007다16885).

4. **분묘가 집단으로 설치된 경우, 분묘기지권은 그 집단 설치된 전 분묘의 보전수호를 위한 것이므로, 그 분묘기지권에 기하여 보전되어 오던 분묘들 가운데 일부가 그 분묘기지권이 미치는 범위 내에서 이장되었다면, 그 이장된 분묘를 위하여서도 그 분묘기지권의 효력이 그대로 유지된다고 보아야 할 것이고,** 다만, 그 이장으로 인하여 더 이상 분묘 수호와 봉제사에 필요 없게 된 부분이 생겨났다면 그 부분에 대한 만큼은 분묘기지권이 소멸한다고 할 것이다(대판 94다15530).

5. 분묘기지권의 존속기간에 대하여는 당사자 사이에 약정이 있는 등 특별한 사정이 있으면 그에 따를 것이나, 그러한 사정이 없는 경우에는 권리자가 분묘의 수호와 봉사를 계속하며 그 분묘가 존속하고 있는 동안 존속한다고 해석함이 타당하다(대판 2005다44114).

6. 분묘가 멸실된 경우라고 하더라도 유골이 존재하여 분묘의 원상회복이 가능하여 일시적인 멸실에 불과하다면, 분묘기지권은 소멸하지 않고 존속하고 있다고 해석함이 상당하다(대판 2005다44114).

7. 분묘의 수호 관리나 봉제사에 대하여 현실적으로 또는 관습상 호주상속인인 종손이 그 권리를 가지고 있다면 그 권리는 종손에게 전속하는 것이고, 종손이 아닌 다른 후손이나 종중에서 관여할 수는 없다고 할 것이나, 공동선조의 후손들로 구성된 종중이 선조 분묘를 수호 관리하여 왔다면 분묘의 수호 관리권 내지 분묘기지권은 종중에 귀속한다(대판 2005다44114).

8. 임야의 소유권에 터 잡아 분묘의 철거를 청구하려면 분묘의 설치를 누가 하였건 그 분묘의 관리처분권을 가진 자를 상대로 하여야 할 것이고, 종손이 있는 경우라면 그가 제사를 주재하는 자의 지위를 유지할 수 없는 특별한 사정이 있는 경우를 제외하고는, 일반적으로 선조의 분묘를 수호·관리하는 권리는 그 종손에게 있다고 봄이 상당하다(대판 95다51182).

9. 분묘기지권이 소멸하는 분묘기지권 포기는 그 권리자가 의무자에 대하여 그 권리를 포기하는 의사표시를 하는 것으로 족하고 그 외에 점유까지도 포기하여야만 그 권리가 소멸하는 것이 아니다(대판 92다14762)(즉, 분묘기지권은 포기의 의사표시만으로도 소멸하며, 점유까지 포기해야 하는 것은 아니다).

10. 2000. 1. 12. 법률 제6158호로 전부 개정된 구 장사 등에 관한 법률의 시행일인 2001. 1. 13. 이전에 타인의 토지에 분묘를 설치한 다음 20년간 평온·공연하게 분묘의 기지(기지)를 점유함으로써 분묘기지권을 시효로 취득하였더라도, 분묘기지권자는 토지소유자가 분묘기지에 관한 지료를 청구하면 그 청구한 날부터의 지료를 지급할 의무가 있다고 보아야 한다(대판 2017다228007).

11. 자기 소유 토지에 분묘를 설치한 사람이 그 토지를 양도하면서 분묘를 이장하겠다는 특약을 하지 않음으로써 분묘기지권을 취득한 경우, 특별한 사정이 없는 한 분묘기지권자는 분묘기지권이 성립한 때부터 토지 소유자에게 그 분묘의 기지에 대한 토지사용의 대가로서 지료를 지급할 의무가 있다(대판 2020다295892).

③ 장사 등에 관한 법률

※ 매장을 한 자는 매장 후 30일 이내에 매장지를 관할하는 특별자치시장·특별자치도지사·시장·군수·구청장에게 신고하여야 한다.

1. "매장"이란 시신(임신 4개월 이후에 죽은 태아를 포함한다. 이하 같다)이나 유골을 땅에 묻어 장사(葬事)하는 것을 말한다.
2. "화장"이란 시신이나 유골을 불에 태워 장사하는 것을 말한다.
3. "자연장(自然葬)"이란 화장한 유골의 골분(骨粉)을 수목·화초·잔디 등의 밑이나 주변에 묻어 장사하는 것을 말한다.
4. "개장"이란 매장한 시신이나 유골을 다른 분묘 또는 봉안시설에 옮기거나 화장 또는 자연장하는 것을 말한다.
5. "봉안"이란 유골을 봉안시설에 안치하는 것을 말한다.
6. "분묘"란 시신이나 유골을 매장하는 시설을 말한다.
7. "묘지"란 분묘를 설치하는 구역을 말한다.
8. "화장시설"이란 시신이나 유골을 화장하기 위한 화장로 시설(대통령령으로 정하는 부대시설을 포함한다)을 말한다.
9. "봉안시설"이란 유골을 안치(매장은 제외한다)하는 다음 각 목의 시설을 말한다.
   가. 분묘의 형태로 된 봉안묘
   나. 「건축법」 제2조 제1항 제2호의 건축물인 봉안당
   다. 탑의 형태로 된 봉안탑
   라. 벽과 담의 형태로 된 봉안담
10. "자연장지(自然葬地)"란 자연장으로 장사할 수 있는 구역을 말한다.
11. "수목장림"이란 「산림자원의 조성 및 관리에 관한 법률」 제2조 제1호에 따른 산림에 조성하는 자연장지를 말한다.
12. "장사시설"이란 묘지·화장시설·봉안시설·자연장지 및 제28조의2·제29조에 따른 장례식장을 말한다.

① 면적 등		개인묘지	가족묘지	종중, 문중묘지	법인묘지	기 타
신고 허가		매장 후 "30일 이내"에 사후 "신고"하여야 한다(시·군·구청장).	• 설치를 하기 전에 미리 "사전허가"(시·군·구청장)를 받아야 한다. • 가족묘지는 가족당 1개소에 한한다. 종중(문중)묘지도 종중(문중)당 1개소에 한한다.			설치허가를 받으면 입목벌채 등의 허가는 받은 것으로 본다.
묘지 1기 점유면적		$30m^2$ 이하	$10m^2$ 초과 금지(합장시 $15m^2$ 초과 금지)			
설치면적		$30m^2$ 이하	$100m^2$ 이하	$1,000m^2$ 이하	10만m^2 이상	
분묘 형태	봉분	높이 1m 초과 금지				
	평분	높이 50㎝ 초과 금지				

② 설치기간 : 30년[단, 30년 1회에 한해서 연장가능(분묘의 최장 존속기간은 60년)] 설치기간 종료 후 1년 이내에 화장 또는 납골하여야 한다(위반시 1년 이하의 징역 또는 1천만원 이하의 벌금).

③ 설치제한지역 : 개인묘지와 가족묘지는 도로·철도·하천으로부터 200미터 이상(법인묘지 등은 300미터 이상), 20호 이상의 인가·학교·공중장소로 부터 300미터 이상(법인묘지 등은 500미터 이상) 떨어져 설치하여야 한다(㉠ 주거·상업·공업지역·녹지지역 중 대통령령이 정하는 지역, ㉡ 상수원보호구역(봉안시설과 자연장은 가능), ㉢ 하천구역, ㉣ 수변구역, ㉤ 접도구역, ㉥ 농업진흥지역, ㉦ 문화재보호구역, ㉧ 사방지, ㉨ 군사시설보호구역, ㉩ 붕괴·침수 우려가 있는 지역 등에는 원칙적으로 설치할 수 없다).

④ 분묘기지권의 제한 : 타인의 토지에 '승낙 없이' 분묘를 설치한 분묘의 연고자는 당해 토지 소유자·묘지 설치자 또는 연고자에 대하여 토지 사용권 기타 분묘의 보존을 위한 권리(분묘기지권 등)를 주장할 수 없다.

⑤ 타인토지 등에 설치된 무연분묘 처리
  ㉠ 토지 소유자 승낙없이 타인의 토지 등에 설치된 분묘는 토지소유자 등이 시장·군수·구청장의 허가를 받아 개장을 할 수 있다.
  ㉡ 허가를 받아 개장을 하고자 하는 때에는 미리 '3개월 이상'의 기간을 정하여 그 뜻을 당해 분묘 설치자 등에게 통보(무연분묘는 공고)하여야 한다.

💡 무연분묘 연고자는 해당 토지의 소유자·묘지설치자·연고자에 대하여 토지사용권 기타 분묘의 보존을 위한 권리를 주장할 수 없다.

💡 장사법 시행 전 이미 취득한 분묘기지권의 효력은 그대로 유지되며, 동법 시행 전에 타인토지에 승낙없이 설치된 분묘는 현재 분묘기지권을 시효로 취득하는 것이 가능하나, 법 시행 후 승낙없이 설치된 분묘는 분묘기지권을 시효취득할 수 없다(단, 토지 소유자의 승낙을 얻은 경우와 본인 소유 토지에 분묘를 설치한 후 토지를 매매하였고 당시 분묘에 대한 특약이 없는 경우는 법 시행과 무관하게 분묘기지권을 취득한다).

💡 토지소유자의 승낙없이 타인 소유의 토지에 자연장을 한 자는 토지소유자에 대하여 시효취득을 이유로 자연장 보존을 위한 권리를 주장할 수 없다.

자연장

① **자연장을 하는 자는 화장한 유골을 묻기에 적합하도록 분골 하여야 한다.**
② **용기는 생화학적으로 분해가 가능한 것이어야** 한다.
③ 자연장지의 면적

> ㉠ 개인 · 가족자연장지 : 1개소만 조성할 수 있으며, 그 면적은 개인은 30제곱미터, 가족은 100제곱미터 미만
>
> ㉡ 종중 · 문중 자연장지 : 종중 · 문중별로 각각 1개소만 조성할 수 있으며, 그 면적은 2천 제곱미터 이하
>
> ㉢ 법인 등 자연장지 : **공공법인 및 재단법인이** 조성하는 자연장지는 5만 **제곱미터 이상(원칙), 종교단체가** 신도 및 그 가족관계에 있었던 자를 대상으로 조성하려 하는 자연장지는 1개소에 한하여 조성할 수 있으며, 그 면적은 **4만 제곱미터** 이하이어야 한다.

④ **개인자연장지를 조성한 자는 자연장지의 조성을 마친 후 30일 이내에 보건복지부령으로 정하는 바에 따라 관할 시장 등에게 '신고'하여야 한다.**
⑤ **가족 · 종중 · 문중 자연장지를 조성하려는 자는 보건복지부령으로 정하는 바에 따라 관할 시장 등에게 '신고'하여야 한다.**
⑥ **법인 등 자연장지를 조성하려는 자는 대통령령으로 정하는 바에 따라 시장 등의 '허가'를 받아야 한다.**
⑦ 시장 등은 ㉠ 자연장지의 조성 · 관리를 목적으로 **「민법」에 따라 설립된 재단법인,** ㉡ 대통령령으로 정하는 **공공법인 또는 종교단체에 해당하는 자에 한하여** 법인 등 자연장지의 조성을 허가할 수 있다(사단법인 ×).
⑧ 자연장지에는 사망자 및 연고자의 이름 등을 기록한 표지와 편의시설 외의 시설을 설치하여서는 아니 된다.

Chapter 02

부동산거래 전자계약시스템

① 부동산거래 전자계약시스템

① 부동산거래 전자계약시스템이란 공인인증·전자서명, 부인방지 기술을 적용하여 종이·인감 없이도 온라인 서명으로 부동산전자계약 체결, 실거래신고 및 확정일자 부여자동화, 거래계약서·확인설명서 등 계약서류를 공인된 문서보관센터에 보관하는 전자적 방식(공인인증 등)의 부동산거래계약서 작성 및 체결 시스템이다.

② 거래당사자는 스마트폰 앱(부동산전자계약)을 통해 본인 확인을 받으면 비대면 계약체결도 가능하다.

③ 2016년부터 전자계약이 도입되어 전자형태의 문서로도 보관이 가능하며, 중개대상물의 **거래계약서와 확인·설명서 등 보관대상을 '원본, 사본 또는 전자문서'로 확대하였고 거래계약서가 공인전자문서센터에 보관된 경우는 보관대상에서 제외된다.**

④ **부동산거래계약 관련 정보시스템을 통하여 부동산거래계약을 체결한 경우에는 부동산거래계약이 체결된 때에 부동산거래신고서를 제출한 것으로 본다**(부동산거래신고 등에 관한 법률 시행규칙 제2조 제10항).

⑤ 부동산거래계약시스템을 통하여 거래계약 해제 등을 하는 경우에는 해제 등이 이루어 진 때 해제 등 신고서를 제출한 것으로 본다(규칙 제4조 제4항).

② 전자계약시스템의 이용

① 개인간 직거래는 안 되며 본인 명의의 휴대전화 지참, 전자계약시스템에 회원 가입된 중개사무소를 방문하여 전자계약이 가능하다.

② 거래의 안전성 확보를 위해 거래당사자 본인확인 및 인증을 반드시 거쳐야하며 현재는 본인명의 휴대전화인증 방식을 취하고 있다.

③ **개업공인중개사는 회원으로 반드시 가입되어야 하나, 거래당사자는 별도의 회원가입 없이도 이용이 가능하다.** 거래상자자 본인이 참석하여야 하며 본인명의의 휴대폰만 지참하고 해당 개업공인중개사가 작성한 계약서를 확인한 후 개업공인중개사 스마트폰 앱을 이용해서 전자서명을 하면 계약이 완료된다. 또한 별도의 회원가입 없이도 본인인증(휴대폰인증)을 통해 언제든지 계약서를 확인할 수 있다.

③ 전자계약시스템 이용 혜택

경제성	• 대출우대금리 적용(금융기관 사전확인) • KB국민, 우리, 신한, 부산, 경남, 대구, 전북, KEB하나, NH농협 등 중개보수 2~6개월 무이자 카드 할부납부 • 등기 관련 법무대행 보수(전세권설정, 소유권이전) 30% 절감 • 부동산 서류 발급 최소화(건축물정보, 토지정보 등 자동 조회)
편리성	• 도장 없이 계약 가능, 계약서 보관 불필요 • 임대차계약시 주택임대차 확정일자 무료 및 자동 부여 • 매매계약시 부동산실거래신고 자동 연계
안전성	• 계약서 위 · 변조 및 부실한 확인 · 설명 방지 • 무자격, 무등록자의 불법 중개행위 차단 • 개업공인중개사 및 거래당사자 신분확인 철저 • 개인정보 암호화로 안심거래 지원

④ 개업공인중개사 관련 사항

(1) 회원가입

부동산거래전자계약시스템 접속 후 회원약관 확인 후 회원가입

(2) 공인인증서 등록

전자계약을 진행하려면 공인인증서 등록은 필수적이다.

(3) 공인인증서 발급

사업자용 범용 또는 특수목적용(부동산거래)에 한하여 사용할 수 있다.

⑤ 전자계약방법

(1) 개업공인중개사

개업공인중개사 회원의 스마트폰 또는 태블릿PC에 '부동산거래 전자계약시스템 앱'을 설치하고 로그인을 하면 PC로 작성한 계약서를 확인할 수 있다. 부동산거래계약대상목록에서 서명 진행할 계약 건을 선택하고 거래당사자 정보를 확인한 후 거래당사자에게 휴대폰 본인인증을 진행한다.

(2) 거래당사자

공인중개사가 제시하는 스마트폰 또는 태블릿PC에서 서명 진행할 계약 건이 선택되면 거래정보를 확인한 후 휴대폰 본인인증을 진행한다. 거래당사자는 개업공인중개사 신원을 확인한 후 '휴대전화 본인인증' 및 '자필서명'을 거쳐 전자서명을 진행한다.

(3) 당사자가 법인인 경우

법인(법인 아닌 사단, 제단, 단체 제외)은 전자계약시스템에서 법인회원가입을 한 후 개업공인중개사를 통한 중개거래에서 전자계약이 가능하다.

(4) 개업공인중개사 서명 등

① 거래당사자의 전자서명을 마친 계약은 '확정대기 중' 상태로 조회가 가능하다.

② 개업공인중개사 또한 '휴대폰 본인인증'을 거치게 되며, '공인인증서'를 통해 전자서명을 진행한다.

(5) 공동중개의 경우

각 개업공인중개사 모두 전자계약시스템에 회원가입 및 공인인증서 등록이 필요하다.

(6) 전자문서의 보관

전자문서로 공인전자문서센터에(거래계약서 5년 확인·설명서 3년) 보관되며 보관기간 동안 언제든지 확인할 수 있다.

(7) 계약내용 변경 등

개업공인중개사의 최종전자서명이 완료되기 전까지는 계약내용 수정이 가능하다. 단, 최종서명이 완료된 경우에는 해제한 후 계약서를 다시 작성하여야 한다.

⑥ 중개보수바우처제도

(1) 중개보수 바우처 지급제도는 전자계약시스템으로 전용 $85m^2$ 및 3억원(전 · 월세 보증금 기준) 이하 주택 임대차 계약을 대학생, 사회초년생, 신혼부부에게 중개보수의 일정금액을 지원하는 제도이다.

(2) 위 (1)의 임차인은 대학생은 재학생 및 휴학생, 사회초년생은 취업 3년 이내, 신혼부부는 결혼 3년 이내 또는 예비부부에 한한다.

(3) 신청서류는 임차인 본인명의의 통장사본 1부 및 중개보수지급영수증 1부와 함께 대학생은 재학증명서 또는 휴학증명서, 사회초년생은 재직증명서, 신혼부부는 혼인관계증명서, 청첩장을 제출하여야 한다.

(4) 한국부동산원 관리자는 신청자가 전자계약시스템으로 바우처 지급신청시 5일 이내 신청자격검토 및 승인 여부를 결정하고, 신청자가 증명자료 첨부하여 바우처 지급요청을 하면 5일 이내 증명자료 확인 후 중개보수를 지급한다.

(5) 중개보수 바우처 제도는 2018년부터 시행되어 2019년 이전은 20만원을 지급하였으나 2019. 1. 1.부터 10만원을 지급한다. 단, 2018 바우처 신청자는 2019년에 바우처 청구를 하더라도 20만원을 지급한다.

Chapter 03 중개실무 관련 개별 법령

① 부동산등기특별조치법

1) 검인제도

(1) 의 의

① '계약'을 원인으로 '소유권이전등기'를 하는 경우 계약서에 **검인을 받아서** 이전등기를 신청하여야 한다.

② 등기원인을 증명하는 서면이 집행력 있는 '**판결서(조서)**'인 때에도 판결서(조서)에 검인을 받아서 이전등기를 신청하여야 한다.

(2) 검인계약서의 필요적 기재사항

검인을 받고자 하는 거래계약서에는 ① 당사자, ② 목적부동산, ③ 계약연월일, ④ 대금 및 그 지급사항, ⑤ 개업공인중개사 있을 때 개업공인중개사, ⑥ 조건·기한 있을 때 조건·기한을 반드시 기재하여야 한다.

(3) 검인신청자

① 거래당사자 중 1인(또는 위임받은 자), 거래계약서를 작성한 개업공인중개사, 변호사, 법무사 등

② 개업공인중개사는 검인을 신청할 수는 있지만, **검인의 신청의무는 없다.** 즉, 의뢰인의 요청이 있다 하더라도 검인을 받아줄 의무는 없다.

(4) 서류의 제출 : '형식적' 심사

① 계약서나 판결서(조서)의 원본 또는 정본과 그 사본 2통을 부동산 소재지 시, 군, 구청장(또는 그 권한을 위임받은 자 : 읍·면·동장)에게 제출(시, 군, 구청장은 사본을 1통을 보관하고 1통은 부동산소재지를 관할하는 세무서장에게 송부)

② **사본** : 물건이 소재하는 시·군·구가 여러 개인 경우에는 시·군·구의 수에 "1"을 더한 통수의 사본을 제출하여야 한다.

(5) 검인의 의제

① 「부동산거래신고 등에 관한 법률」상의 '토지거래허가'를 받은 경우에는 이 법상의 검인은 받은 것으로 본다.

② 「부동산거래신고 등에 관한 법률」상의 '부동산거래신고'를 한 경우에도 이 법상의 검인은 받은 것으로 본다.

💡 중개대상물 중에 '토지'와 '건축물'은 검인의 대상이나, 입목이나 광업재단, 공장재단은 검인의 대상이 아니다.

≪◆ 검인을 요하는 경우와 요하지 않는 경우

검인대상	검인을 요하지 않는 경우
• 분양권 매매계약 • 교환, 증여계약서 • 양도담보계약서 • 가등기에 기한 본등기 • **판결서, 화해조서 등**	• **경매 또는 공매로 인한 소유권이전등기** • 상속, 취득시효, 수용 등 계약이 원인이 아닌 소유권이전등기 • 당사자 일방이 국가 · 지방자치단체인 경우 • 소유권이전청구권보전의 가등기(예약서) • **입목, 광업재단, 공장재단 등기의 경우** • **토지거래허가 / 부동산거래신고 등을 한 경우**

💡 검인대상인 분양권 매매계약
   1. 「주택법」상 사업계획승인대상이 <u>아닌</u> 주택의 분양권
   2. 「건축물의 분양에 관한 법률」에 따른 분양신고 대상이 <u>아닌</u> 상업용 · 업무용 시설에 대한 분양권
   3. 「건축법」상 분양권
      위의 경우는 「부동산거래신고 등에 관한 법률」상 거래신고 대상이 아니므로 검인 대상이 된다.

💡 토지 · 건축물 등의 "매매계약서"는 부동산거래신고법상의 부동산거래신고의 대상이므로, 부동산거래신고를 하면, 검인은 받은 것으로 의제된다(즉, 검인을 받을 필요는 없다).

2) 등기신청의무

(1) 소유권이전등기 신청의무

부동산의 소유권 이전을 내용으로 하는 계약을 체결한 자는 다음에 정해진 날로부터 "60일 이내"에 소유권이전등기를 신청하여야 한다.

> ① 계약의 당사자가 서로 대가적인 채무를 부담하는 경우에는 '반대급부의 이행이 완료된 날'
> ② 계약당사자의 일방만이 채무를 부담하는 경우에는 그 '계약의 효력이 발생한 날'

(2) 소유권보존등기 신청의무

소유권보존등기가 되어 있지 아니한 부동산에 대하여 소유권이전을 내용으로 하는 계약을 체결한 자는 다음에 정하여진 날로부터 "60일 이내"에 소유권보존등기를 신청하여야 한다.

> ① 소유권보존등기를 신청할 수 있음에도 이를 하지 아니한 채 계약을 체결한 경우에는 그 계약을 체결한 날
> ② 계약을 체결한 후에 소유권보존등기를 신청할 수 있게 된 경우에는 소유권보존등기를 신청할 수 있게 된 날

(3) 부동산등기특별조치법상의 처벌규정

> 1. 등기권리자가 상당한 사유 없이 등기신청을 해태한 때(즉, 소유권보존등기나 소유권이전 등기를 "60일 이내"에 신청하지 아니한 경우에는)에는 그 '해태한 날 당시의 부동산에 대하여 「지방세법」 제10조의 과세표준에 같은 법 제11조 (취득세) 제1항의 표준세율에서 1천분의 20을 뺀 세율을 적용하여 산출한 금액의 5배 이하에 상당하는 금액의 과태료'에 처한다. 다만, 「부동산 실권리자명의 등기에 관한 법률」 제10조 제1항의 규정에 의하여 과징금을 부과한 경우에는 그러하지 아니하다(동법 제11조).
> 2. 탈세, 투기, 탈법 목적의 '미등기전매행위'는 3년 이하의 징역 또는 1억원 이하의 벌금에 처한다(동법 제8조).
> 3. 소유권이전 등기신청서에 '등기원인을 허위로 기재'하여 신청하거나, 소유권이전등기 외의 등기를 신청하면, 3년 이하의 징역 또는 1억원 이하의 벌금에 처한다(동법 제8조).
> 4. 부동산의 소유권을 이전 받을 것을 내용으로 하는 계약을 체결한 자가, 그 부동산에 대하여 다시 제3자와 소유권 이전을 내용으로 하는 계약을 체결하고자 할 때에는 먼저 체결된 계약의 계약서에 '검인'을 받아야 한다. 이를 위반할 경우 1년 이하의 징역이나 3천만원 이하의 벌금에 처한다(동법 제9조).

(4) 중간생략등기의 효력

① **원칙은 유효**: 중간생략등기에 의한 미등기전매행위는 형벌(3년 - 1억 이하)의 대상이다. 그러나 이를 단속규정으로 보고 있기 때문에, 중간생략등기의 합의가 있는 경우에는 그 유효성을 인정한다. 또한 합의가 없더라도 이미 중간생략등기가 실체관계에 부합하고 적법한 등기원인에 기해 성립되어 있는 때에는 합의가 없었음을 이유로 그 무효를 주장할 수 없으며, 따라서 그 말소청구를 하지 못한다는 것이 판례의 입장이다.

② **예외적으로 무효**: 다만, 토지거래허가구역 내의 토지의 최종매수인이 최초 매도인을 매매당사자로 하는 토지거래허가를 받아 중간생략등기를 경료하더라도 그러한 등기는 무효이다(대판 96다3982).

② 부동산 실권리자명의 등기에 관한 법률(부동산실명법)

1) 적용범위 : 부동산물권 등기

부동산에 관한 소유권 기타 '물권에 관한 등기'를 '실명'으로 하여야 한다는 것이므로, 물권이 아닌 임대차계약(채권)에 대하여는 적용되지 않는다.

2) 명의신탁약정의 무효(3무효원칙)

① 명의신탁약정을 '무효'(절대적)

② 그 명의신탁의 약정에 따라 이루어진 부동산등기도 '무효'(원칙)

③ 물권변동의 효력도 '무효'로 한다(원칙).

3) 명의신탁의 유형과 효력

(I) 등기명의신탁

① 2자간의 등기명의신탁

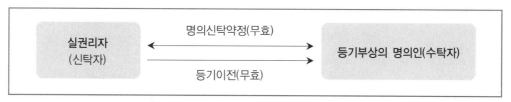

ㅁ 명의신탁자와 명의수탁자 사이의 명의신탁약정은 '무효'가 된다. 또한 이에 기한 소유권이전등기가 '무효'이며, 물권변동의 효력도 '무효'가 되어(동법 제4조 제2항), 소유권은 원 소유자인 명의신탁자(실권리자)에게 귀속된다.

ㅁ 수탁자 명의의 이전등기는 무효이므로, 신탁자는 명의신탁'해지'에 기한 소유권이전등기를 청구할 수 "없고"(대판 98다1027), **수탁자를 상대로 소유권에 기한 방해배제청구권을 행사하여 수탁자 명의의 등기의 '말소'를 청구하거나, '진정명의회복'을 위한 소유권이전등기를 청구할 수 있을 뿐이다**(대판 2002다35157). 진정명의회복을 위한 소유권이전등기청구권은 소유권에 기한 물권적 청구권이므로 소멸시효의 대상이 되지 아니한다.

> 판례
>
> **명의신탁 관련**
>
> 1. 명의신탁은 그 자체로 선량한 풍속 기타 사회질서에 위반하는 약정이라 볼 수는 없다(대판 2003다41722).
> 2. 부동산 실권리자명의 등기에 관한 법률이 비록 부동산등기제도를 악용한 투기, 탈세, 탈법행위 등 반사회적 행위를 방지하는 것 등을 목적으로 제정되었다고 하더라고, 무효인 명의신탁약정에 기하여 타인 명의의 등기가 마쳐졌다는 이유만으로 그것이 당연히 불법원인급여에 해당한다고 볼 수 없다(대판 2003다41722).

3. 부동산 실권리자명의 등기에 관한 법률은 원칙적으로 명의신탁약정과 그 등기에 기한 물권변동만을 무효로 하고, 명의신탁자가 다른 법률관계에 기하여 등기회복 등의 권리행사를 하는 것까지 금지하지는 않는 대신, 명의신탁자에 대하여 행정적 제재나 형벌을 부과함으로써 사적 자치 및 재산권 보장의 본질을 침해하지 않도록 규정하고 있다(대판 2003다41722).

4. 양자간 명의신탁의 경우 명의수탁자가 명의신탁자에 대한 관계에서 '타인의 재물을 보관하는 자'의 지위에 있다고 볼 수 없다. 그러므로 명의수탁자가 신탁받은 부동산을 임의로 처분하여도 명의신탁자에 대한 관계에서 횡령죄가 성립하지 아니한다(대판 2016도18761).

5. 양자간 명의신탁에 따라 명의신탁자로부터 소유권이전등기를 넘겨받은 부동산을 임의로 처분한 행위가 형사상 횡령죄로 처벌되지 않더라도, 위 행위는 명의신탁자의 소유권을 침해하는 행위로서 형사상 횡령죄의 성립 여부와 관계없이 민법상 불법행위에 해당하여 명의수탁자는 명의신탁자에게 손해배상책임을 부담한다(대판 2016다34007).

② 3자간의 등기명의신탁

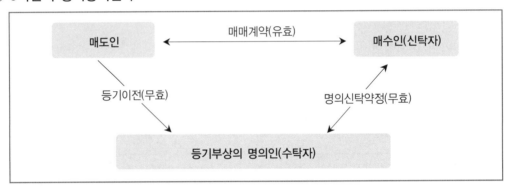

㉠ 명의신탁자와 명의수탁자 사이에 명의신탁약정은 '무효'가 되고, 여기에 기인한 소유권이전등기도 '무효'가 된다. 따라서 물권변동의 효력도 무효가 되어 소유권은 원소유자(매도인)에게 귀속된다.

㉡ "명의신탁자"는 과징금과 형벌을 감수하고서 명의수탁자 명의의 등기를 '말소'하고, 원소유자(매도인)를 상대로 계약을 원인으로 하는 소유권 '이전'등기를 청구하여 등기를 회복하여야 하는 어려움이 따른다. 또한 매도인은 수탁자 명의의 등기의 말소를 청구할 수 있지만, 신탁자는 매도인에 대한 소유권이전등기청구권을 보존하기 위하여 매도인을 '대위'하여 수탁자명의의 등기'말소'를 청구할 수 있을 뿐이다(대판 2001다61654).

㉢ 이른바 3자간 등기명의신탁에 있어서 수탁자가 자의로 명의신탁자에게 바로 소유권이전등기를 경료해 준 경우, 그러한 소유권이전등기도 결국 실체관계에 부합하는 등기로서 '유효'하다(대판 2004다6764).

  ② 3자간 등기명의신탁(중간생략형 명의신탁)에서의 횡령 여부

   명의신탁자가 매수한 부동산에 관하여 부동산실명법을 위반하여 명의수탁자와 맺은 명의신탁약정에 따라 매도인으로부터 바로 명의수탁자 명의로 소유권이전등기를 마친 이른바 중간생략등기형 명의신탁을 한 경우, 명의신탁자는 신탁부동산의 소유권을 가지지 아니하고, 명의신탁자와 명의수탁자 사이에 위탁신임관계를 인정할 수도 없다. 따라서 명의수탁자가 명의신탁자의 재물을 보관하는 자라고 할 수 없으므로, 명의수탁자가 신탁 받은 부동산을 임의로 처분하여도 명의신탁자에 대한 관계에서 횡령죄가 성립하지 아니한다(대판 2014도6992).

  ◎ 명의수탁자가 명의신탁자 앞으로 바로 경료해 준 소유권이전등기는 결국 실체관계에 부합하는 등기로서 유효하다(대판 2004다6764).

③ **계약명의신탁**(契約名義信託)

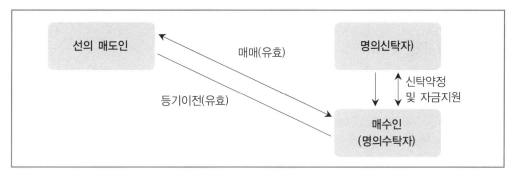

  ㉠ 계약명의신탁자와 계약명의수탁자 사이의 명의신탁 약정은 '무효'이나, 매도인과 매수인(수탁자) 사이의 매매계약은 '유효'하고, 매도인이 "선의"인 경우(계약명의신탁의 사실을 모르는 경우)에는 소유권이전등기의 효력은 "유효"하다. 그러므로 물권변동의 효력은 "유효"하여, 이 경우 '매수인(수탁자)'이 완전히 유효한 소유권을 취득하게 된다(동법 제4조 제2항 단서 : 대판 98도4347). 그러나 매도인이 '악의'인 경우에는 명의신탁약정과 그에 따른 등기 및 물권변동은 '무효'로 된다.

  ㉡ "계약명의신탁자"는 계약명의수탁자에게 명의신탁약정의 무효를 이유로 소유권 이전등기를 청구할 수 없으며, 다만, 명의신탁자는 명의수탁자를 상대로 '부당이득반환' 청구를 할 수는 있을 것이다. 이 과정에서 신탁자 등은 과징금 및 형벌의 처분을 받을 것이다.

  ㉢ 명의신탁자는 애초부터 당해 부동산의 소유권을 취득할 수 없었으므로 수탁자는 당해 부동산 자체가 아니라, 명의신탁자로부터 제공받은 '매수자금'을 부당이득하였다고 할 것이므로, 이를 반환하면 된다(대판 2002다66922).

⎡판례⎤ ‖‖

부당이득반환청구

1. **부동산 '경매' 절차에서 부동산을 매수하려는 사람이 다른 사람과의 명의신탁약정 아래 그 사람의 명의로 매각허가결정을 받아 자신의 부담으로 매수대금을 완납한 경우**, 경매목적 부동산의 소유권은 매수대금의 부담 여부와는 관계없이 그 명의인이 취득하게 되고, 매수대금을 부담한 명의신탁자와 명의를 빌려 준 명의수탁자 사이의 명의신탁약정은 부동산 실권리자명의 등기에 관한 법률 제4조 제1항에 의하여 무효이므로, **명의신탁자는 명의수탁자에 대하여 그 부동산 자체의 반환을 구할 수는 없고, 명의수탁자에게 제공한 매수자금에 상당하는 금액의 부당이득반환청구권을 가질 뿐이다**(대판 2006다73102).

2. **명의신탁자의 이와 같은 부당이득반환청구권은** 부동산 자체로부터 발생한 채권이 아닐 뿐만 아니라, 소유권 등에 기한 부동산의 반환청구권과 동일한 법률관계나 사실관계로부터 발생한 채권이라고 보기도 어려우므로, 결국 민법 제320조 제1항에서 정한 **유치권 성립요건으로서의 목적물과 채권 사이의 견련관계를 인정할 수 없다**(대판 2008다34828).

4) 명의수탁자가 제3자에게 처분한 처분행위의 효력

① **제3자에 대한 효력**: 등기명의신탁이나 계약명의신탁을 불문하고 제3자가 선의·악의를 불문하고 소유권을 완전 유효하게 취득한다. 그러므로 명의신탁자 등은 제3자의 선의·악의를 불문하고 제3자에게 대항하지 못하며, 제3자는 완전 유효하게 그 소유권을 취득하게 된다.

⎡판례⎤ ‖‖

제3자의 소유권취득 관련

1. 매도인에게 매매목적물에 관한 소유권 기타 처분권한이 없다고 하더라도 매매계약은 유효하게 성립하므로, 부동산 실권리자명의 등기에 관한 법률 제4조 제1항에 따라 무효로 되는 명의신탁약정에 의하여 소유권보존등기를 마친 '**명의수탁자**'가 제3자와의 사이에 그 부동산에 관하여 매매계약을 체결한 경우에도 매매계약은 '**유효**'하고, 그 매매계약이 해제된 때에는 매수인에 대하여 원상회복을 구할 수 있다(대판 2003다41722).

2. 명의수탁자는 신탁재산을 '**유효**'하게 제3자에게 처분할 수 있고, 제3자가 명의신탁사실을 알았다 하여도 그의 소유권취득에 영향이 없는 것이다. 다만, 명의수탁자로부터 신탁재산을 매수한 제3자가 명의수탁자의 명의신탁자에 대한 **배신행위에 "적극 가담"한 경우**에는 명의수탁자와 제3자 사이의 계약은 반사회적인 법률행위로서 "**무효**"라고 할 것이고, 따라서 명의수탁 받은 부동산에 관한 명의수탁자와 제3자 사이의 매매계약은 "**무효**"로 보아야 할 것이다(대판 91다29842).

5) 명의신탁약정의 범위에서 제외되는 대상(즉, 허용되는 것)

① 양도담보 및 가등기담보, ② 구분소유자의 공유등기(상호명의신탁), ③ 신탁등기는 처벌되고 금지되는 명의신탁에 해당되지 아니한다.

6) 실명등기의 의무

"누구든지" 부동산에 관한 물권을 명의신탁약정에 의하여 명의수탁자의 명의로 등기하여서는 아니 된다(실명법 제3조 제1항).

7) 배우자, 종중(宗中) 및 종교단체에 대한 특례

다음의 경우는, 조세포탈이나 강제집행의 면탈 또는 법령상 제한의 회피를 목적으로 하는 경우를 제외하고는 "유효"하다.

① '배우자' 명의로 부동산에 관한 물권을 등기한 경우
② '종중(宗中)'이 보유한 부동산에 관한 물권을 종중(종중과 그 대표자를 같이 표시하여 등기한 경우를 포함한다) 외의 자의 명의로 등기한 경우
③ '종교단체'의 명의로 그 산하 조직이 보유한 부동산에 관한 물권을 등기한 경우

판례

유효한 명의신탁 관련
1. 명의신탁등기가 '부동산 실권리자명의 등기에 관한 법률'의 규정에 따라 무효로 된 경우에도 그 후 명의신탁자가 수탁자와 혼인을 함으로써 **법률상의 배우자가 되고, 위 특례의 예외사유에 해당되지 않으면 그때부터는 위 특례가 적용되어,** 그 명의신탁등기가 유효로 된다고 보아야 한다(대결 2001마1235).
2. 제3자에 대한 관계에 있어서 명의신탁계약 해지의 효과는 소급하지 않고, 장래에 향하여 효력이 있음에 불과하여 그 부동산의 소유권이 당연히 신탁자에게 복귀된다고 볼 수 없고, 등기명의를 신탁자 앞으로 이전하기 전까지는 **여전히 '외부관계'에 있어서 소유권은 '수탁자'에게 있으므로** 명의신탁이 해지된 경우에도 수탁자가 신탁자 앞으로 등기 명의를 이전하기 전에 수탁자로부터 부동산을 취득한 자는 그 취득행위에 무효 또는 취소사유가 없는 한 적법하게 소유권을 취득한다(대판 90다19848).
3. '대외적 관계'에 있어서는 '수탁자'만이 소유권자로서 그 재산에 대한 제3자의 침해에 대하여 배제를 구할 수 있으며, 신탁자는 수탁자를 대위하여 수탁자의 권리를 행사할 수 있을 뿐, 직접 제3자에게 신탁재산에 대한 침해의 배제를 구할 수 없다(대판 77다1079).
4. '외부적'으로는 '수탁자'만이 소유자로서 유효하게 권리를 행사할 수 있으므로 수탁자로부터 신탁부동산을 취득한 자는 명의신탁 사실을 알았는지의 여부를 불문하고 그 부동산의 소유권을 유효하게 취득한다(대판 91다6221). 다만, 제3자가 수탁자의 배신행위에 적극 가담한 경우에는 명의수탁자와 제3자 사이의 계약은 반사회적인 법률행위로서 무효이다(대판 91다29842).
5. 명의신탁에 의하여 부동산의 소유자로 등기된 자는 그 사실만으로 당연히 부동산을 점유하는 것으로 볼 수 없음은 물론이고, 설사 그의 점유가 인정된다고 하더라도, 그 점유권원의 성질상 자주점유라 할 수는 없는 것이다. 따라서 **명의수탁자가 평온 공연하게 10년간 그 부동산을 점유한 경우에도 자주점유한 것이 아니므로 시효취득할 수는 없다**(대판 2001다8097, 8103).

8) 과징금 · 이행강제금 및 벌칙

(1) 법 제5조(과징금)

다음 각 호의 어느 하나에 해당하는 자에게는 해당 부동산가액(價額)의 100분의 30에 해당하는 금액의 범위에서 과징금을 부과한다.

① 제3조 제1항을 위반한 **명의신탁자**

② 제3조 제2항을 위반한 **채권자** 및 같은 항에 따른 서면에 채무자를 거짓으로 적어 제출하게 한 **실채무자(實債務者)**

(2) 이행강제금

과징금 부과일로부터 1년이 경과한 때에 부동산평가액의 10%, 1차 이행강제금 부과일로부터 다시 1년이 경과한 때에는 부동산평가액의 20%

(3) 벌 칙

① 명의신탁자는 5년 이하의 징역 또는 2억원 이하의 벌금

② 명의수탁자는 3년 이하의 징역 또는 1억원 이하의 벌금

부동산실명법상의 장기 미등기에 대한 처벌

제10조【장기 미등기자에 대한 벌칙 등】 ① 다음 각 호의 어느 하나에 해당하는 날부터 "3년 이내"에 소유권이전등기를 신청하지 아니한 등기권리자(장기 미등기자)에게는 부동산평가액의 100분의 30의 범위에서 과징금(부동산등기 특별조치법 제11조에 따른 과태료가 이미 부과된 경우에는 그 과태료에 상응하는 금액을 뺀 금액을 말한다)을 부과한다(다만, 정당한 사유가 있는 경우에는 그러하지 아니하다).

1. 계약당사자가 서로 대가적(代價的)인 채무를 부담하는 경우에는 '반대급부의 이행이 사실상 완료된 날'
2. 계약당사자의 어느 한쪽만이 채무를 부담하는 경우에는 그 '계약의 효력이 발생한 날'

④ 장기미등기자가 과징금을 부과 받고도 소유권이전등기를 신청하지 아니하면 이행강제금을 부과한다.

⑤ 장기 미등기자(제1항 단서에 해당하는 자는 제외) 및 그를 교사하여 제1항을 위반하여 소유권이전등기를 신청하지 아니하게 한 자는 5년 이하의 징역 또는 2억원 이하의 벌금에 처한다.

≪ 부동산 실권리자명의 등기에 관한 법률 벌칙 정리

5년 이하 징역 · 2억 이하 벌금	장기미등기, 신탁자, 양/담 허위 소명자	
과징금 및 이행강제금 (위 5년 이하 징역 · 2억 이하 벌금의 경우에만 해당)	과징금	부동산가액의 30% 내
	이행강제금	첫 해: 10%, 둘째 해: 20%
3년 이하 징역 · 1억 이하 벌금	수탁자	

③ 주택임대차·상가건물 임대차보호법

≪◆ 양 임대차보호법의 적용범위

구 분	「주택임대차보호법」	「상가건물 임대차보호법」
제정목적	국민주거생활의 안정	국민경제생활의 안정
적용범위	① 주거용 건물의 임대차 ② 사실상의 주된 용도가 주거용이면 적용(공부가 기준×, 일부 용도가 다른 용도○, 미등기·무허가건물 ○, 미등기 전세○) ③ 외국인도 보호 ○ ④ 법인은 보호되지 × 　(다만, <주-지-중> 토지주택공사, 지방공사, 중소기업은 인정) ⑤ 일시사용을 위한 임대차 적용×	① (사업자등록이 가능한) 상가건물의 임대차 ② 다만, 대통령령이 정한 보증금(환산보증금)을 초과하는 임대차는 적용되지 않는다. 　1. 서울특별시 : 9억원 이하 　2. 과밀억제권역(서울 제외) 및 부산광역시 : 6억 9천만원 이하 　3. 광역시(과밀억제권역에 포함된 지역과 군지역, 부산 제외), 안산시, 용인시, 김포시 및 광주시, 화성시, 파주시, 세종특별자치시 : 5억 4천만원 이하 　4. 기타 지역 : 3억 7천만원 이하 　(2019. 4. 2. 시행 이후 체결되거나 갱신되는 계약부터 적용) ③ 외국인도 보호 ○ ④ 법인도 보호 ○ ⑤ 일시사용을 위한 임대차 적용× ※ 다만, 임차인의 "대항력", "권리금"의 보호, "계약갱신요구권", 3기 연체 시 해지, 표준계약서 권장제도는 환산보증금액에 관계없이 모두 인정

판례

주택임대차보호법상의 "주거용 건물"

1. 주거용 건물에 해당하는지 여부는 공부상의 표시만을 기준으로 할 것이 아니라, 실지용도에 따라 정하여야 한다(대판 95다51953).

2. 「주택임대차보호법」 제2조가 주거용 건물의 전부 또는 일부의 임대차에 관하여 적용된다고 규정하고 있을 뿐, 임차주택이 관할관청의 허가를 받은 건물인지, 등기를 마친 건물인지 아닌지를 구별하고 있지 아니하며, 건물 등기부상 건물내역을 제한하고 있지도 않다(대판 2009다26879).

3. 주거용과 비주거용의 구분시점은 '계약을 체결한 때를 기준'으로 하므로, 만약 계약 당시에는 주거용 건물구조가 아니었으나, 계약 후 주거용 건물로 개조한 경우에는 원칙적으로 본 법이 적용되지 않는다(대판 85다카1367).

4. 계약 당시에는 주거용 건물구조가 아니었으나, 계약 후 임차인이 임대인의 '동의'를 얻어 주거용 건물로 개조한 경우에는, '그때로부터' 「주택임대차보호법」이 적용될 수 있다(대판 85다카1367).

5. 여인숙을 경영할 목적으로 임차하여 방 10개 중 현관 앞의 방을 내실로 사용하면서, 여관, 여인숙이란 간판을 걸고 여인숙업을 경영하였다면 「주택임대차보호법」상의 주거용 건물에 해당하지 아니한다(대판 86다카2407).

6. 방 2개와 주방이 딸린 다방이 영업용으로서 비주거용 건물이므로, 설사 그 중 방 및 다방의 주방을 주거목적에 사용한다고 하더라도 이는 어디까지나 다방의 영업에 부수적인 것으로서, 「주택임대차보호법」 적용대상이 아니다(대판 95다51953).

7. 건물의 일부가 임대차의 목적이 되어, 주거용과 비주거용으로 겸용되는 경우에는 구체적인 경우에 따라, 그 임대차의 목적, 전체 건물과 임대차 목적물의 구조와 형태 및 임차인의 임대차 목적물의 이용관계 그리고 임차인이 그 곳에서 일상생활을 영위하는지 여부 등을 아울러 고려하여, 합목적적으로 결정하여야 한다(대판 95다51953).

8. 주거용 건물의 임대차라 함은 임차목적물 중 건물의 용도가 점포나 사무실 등이 아닌 주거용인 경우의 임대차를 뜻하는 것일 뿐이지, 같은 법의 적용대상을 대지를 제외한 건물에만 한정하는 취지는 아니다(대판 96다7595). (주: 대지를 포함한다)

≪◆ (존속기간 등) **임대차 존속의 보호**

구 분	「주택임대차보호법」	「상가건물임대차보호법」
존속 기간의 보호	〈2년 보장〉 ① 기간의 미정 및 2년 미만 약정시: 2년 보장 ② "임차인"은 2년 미만을 주장할 수도 있다. ③ 임대차가 종료한 경우에도 보증금을 반환받을 때까지는 임대차가 계속 '존속' 된다.	〈1년 보장〉 ① 기간의 미정 및 1년 미만 약정시: 1년 보장 ② "임차인"은 1년 미만을 주장할 수도 있다. ③ 임대차가 종료한 경우에도 보증금을 반환받을 때까지는 임대차가 계속 '존속' 된다.

계약의 갱신	〈묵시적 갱신(법정갱신)〉 ① 임대인이 계약종료 '6월부터 1월' 전까지 갱신거절의 통지를 하지 않고, 임차인이 계약종료 '1월' 전까지 계약종료 통지를 하지 않은 경우 ② 종전 계약과 동일한 조건으로 다시 계약을 한 것으로 본다(법정갱신). ③ <u>법정갱신 기간은 '2년' 보장</u>(임차인은 갱신기간 중 언제라도 임대차 해지 통보를 할 수 있고, <u>해지통보가 도달한 날로부터 3개월 후 해지</u>) ④ <u>임차인이 "2기"의 차임액을 연체</u>, 또는 임차인의 의무를 현저히 위반시에는 법정갱신이 인정되지 않음	〈묵시적 갱신(법정갱신)〉 ① 임대인이 임차인의 갱신요구기간 내에 갱신거절의 통지를 하지 않은 경우 ② 종전 계약과 동일한 조건으로 다시 계약을 한 것으로 본다(법정갱신). ③ <u>법정갱신 기간은 '1년' 보장</u>(임차인은 갱신기간 중 언제라도 임대차 해지 통보를 할 수 있고, <u>해지통보가 도달한 날로부터 3개월 후 해지</u>) ④ <u>임차인이 "3기"의 차임액을 연체</u>, 또는 임차인의 의무를 현저히 위반시에는 임대인은 임대차계약을 해지할 수 있다.
	〈임차인의 계약갱신요구권〉 후술(後述) 〈임차권의 승계〉 ① 동거 상속인(가정공동생활) ⇨ 단독 상속 ② 상속권자가 없는 경우 ⇨ 사실혼자가 단독승계 ③ 비동거 상속인 ⇨ 2촌 이내 친족과 사실혼자가 공동으로 승계	〈임차인의 계약갱신요구권〉 ① '임차인'은 기간만료 전 6개월부터 1개월 사이에 계약갱신을 요구할 수 있고, 임대인은 정당한 사유 없이 거절 불가(미요구 시 종료) (＊정당한 사유: 임차인이 3기의 차임을 연체, 고의·중과실로 임차건물의 파손, 무단 전대차 등) ② 최초 임대차기간을 '포함'하여 '10년'의 범위 내에서 갱신요구 ③ (동의받은) 전차인은 임차인을 '대위'하여 임차인의 보장기간 내에서 대위행사 가능
"대항력"	〈주택 입주 + 주민등록(전입신고)〉 • 전입신고: 주민센터 등 • 익일 오전 0시부터 대항력 발생	〈건물 인도 + 사업자등록(신청)〉 • 사업자 등록신청: 관할 세무서장 • 익일 오전 0시부터 대항력 발생

넓혀 보기

상가임대차의 계약갱신요구권

① '임차인'은 임대차기간 만료 전 '6월부터 1월'까지 사이에 임대인에 대하여 임대차계약의 갱신을 요구할 수 있다. 이때 임대인은 '정당한 사유' 없이 이를 거절하지 못한다. 다만 다음의 경우에는 임대인이 갱신을 거절할 수 있다.

> ⊙ 임차인이 임차한 건물의 전부 또는 일부를 '고의' 또는 '중대한 과실'로 파손한 경우
> ⓛ 임차인이 '3기'의 차임액에 달하도록 차임을 연체한 사실이 있는 경우
> ⓒ 임차한 건물의 전부 또는 일부가 멸실되어 임대차의 목적을 달성하지 못할 경우
> ⓔ 임대인이 다음의 어느 하나에 해당하는 사유로 목적 건물의 전부 또는 대부분을 "철거"하거나 재건축하기 위하여 목적 건물의 점유를 회복할 필요가 있는 경우
>   가. 임대차계약 체결 당시 공사시기 및 소요기간 등을 포함한 철거 또는 재건축 계획을 임차인에게 구체적으로 고지하고 그 계획에 따르는 경우
>   나. 건물이 노후·훼손 또는 일부 멸실되는 등 안전사고의 우려가 있는 경우
>   다. 다른 법령에 따라 철거 또는 재건축이 이루어지는 경우
> ⓜ 쌍방 합의하에 임대인이 임차인에게 상당한 보상을 제공한 경우
> ⓗ 임차인이 거짓 그 밖의 부정한 방법으로 임차한 경우
> ⓢ 임차인이 임대인의 동의 없이 목적 건물의 전부 또는 일부를 무단 전대한 경우
> ⓞ 그 밖에 임차인이 임차인으로서의 의무를 현저히 위반하거나 임대차를 존속하기 어려운 중대한 사유가 있는 경우

② 임차인의 계약갱신요구권은 최초의 임대차 기간을 "포함"한 전체 임대차 기간이 "10년"을 초과하지 않는 범위 내에서만 행사할 수 있다.

💡 계약갱신요구에 의한 갱신시 주택임대차보호법과는 달리 임차인은 언제든지 임대인에게 계약해지 통지할 권한이 있는 것은 아니다.

판례

상가건물 임대차보호법상의 계약갱신요구권 판례

1. 상가건물의 임대인 지위가 양수인에게 승계된 경우 이미 발생한 연체차임채권은 따로 채권양도의 요건을 갖추지 않는 한 승계되지 않고, 따라서 양수인이 연체차임채권을 양수받지 않은 이상, 승계 이후의 연체 차임액이 3기 이상의 차임액에 달하여야만 비로소 임대차계약을 해지할 수 있는 것이다(대판 2008다3022).
2. 두 법 조항상의 각 임대차갱신제도는 그 취지와 내용을 서로 달리하는 것이므로, 임차인의 갱신요구권에 관하여 전체 임대차기간을 5년으로 제한하는 같은 조 제2항의 규정은 같은 조 제4항에서 정하는 법정갱신에 대하여는 적용되지 아니한다(대판 2009다64307).
3. 상가건물 임대차보호법이 적용되는 상가건물의 공유자인 임대인이 같은 법 제10조 제4항에 의하여 임차인에게 '갱신 거절'의 통지를 하는 행위는 실질적으로 임대차계약의 해지와 같이 공유물의 임대차를 종료시키는 것이므로, 공유물의 '관리행위'에 해당하여 공유자의 '지분의 과반수'로써 결정하여야 한다(대판 2010다37905).

4. 상가건물의 공유자인 임대인이 같은 법 제10조 제4항에 의하여 임차인에게 갱신 거절의 통지를 하는 행위는 실질적으로 임대차계약의 해지와 같이 공유물의 임대차를 종료시키는 것이므로 공유물의 관리행위에 해당하여 공유자의 지분의 과반수로써 결정하여야 한다(대판 2010다37905).

5. **임대인의 갱신 거절의 통지의 선후와 관계없이 임차인은 법 제10조 제1항에 따른 계약갱신요구권을 행사할 수 있고, 이러한 임차인의 계약갱신요구권의 행사로 인하여 종전 임대차는 법 제10조 제3항에 따라 갱신된다**(대판 2013다35115).

6. 임대차기간 중 어느 때라도 차임이 3기분에 달하도록 연체된 사실이 있다면 임차인과의 계약관계 연장을 받아들여야 할 만큼의 신뢰가 깨어졌으므로 임대인은 계약갱신 요구를 거절할 수 있고, 반드시 임차인이 계약갱신요구권을 행사할 당시에 3기분에 이르는 차임이 연체되어 있어야 하는 것은 아니다(대판 2020다255429).

≪◆ **주택임대차보호법상 계약갱신요구권**

임대인의 갱신거절사유	1. 임차인이 2기의 차임액에 해당하는 금액에 이르도록 차임을 연체한 사실이 있는 경우 2. 임차인이 거짓이나 그 밖의 부정한 방법으로 임차한 경우 3. 서로 합의하여 임대인이 임차인에게 상당한 보상을 제공한 경우 4. 임차인이 임대인의 동의 없이 목적 주택의 전부 또는 일부를 전대(轉貸)한 경우 5. 임차인이 임차한 주택의 전부 또는 일부를 고의나 중대한 과실로 파손한 경우 6. 임차한 주택의 전부 또는 일부가 멸실되어 임대차의 목적을 달성하지 못할 경우 7. 임대인이 다음 각 목의 어느 하나에 해당하는 사유로 목적 주택의 전부 또는 대부분을 철거하거나 재건축하기 위하여 목적 주택의 점유를 회복할 필요가 있는 경우 　가. 임대차계약 체결 당시 공사시기 및 소요기간 등을 포함한 철거 또는 재건축 계획을 임차인에게 구체적으로 고지하고 그 계획에 따르는 경우 　나. 건물이 노후·훼손 또는 일부 멸실되는 등 안전사고의 우려가 있는 경우 　다. 다른 법령에 따라 철거 또는 재건축이 이루어지는 경우 8. 임대인(임대인의 직계존속·직계비속을 포함한다)이 목적 주택에 실제 거주하려는 경우 9. 그 밖에 임차인이 임차인으로서의 의무를 현저히 위반하거나 임대차를 계속하기 어려운 중대한 사유가 있는 경우

갱신요구 횟수	임차인은 계약갱신요구권을 1회에 한하여 행사할 수 있다. 이 경우 갱신되는 임대차의 존속기간은 2년으로 본다.
갱신계약조건	1. 갱신되는 임대차는 전 임대차와 동일한 조건으로 다시 계약된 것으로 본다. 2. 차임증감창구가능(증액은 1년 1회) 증액청구는 약정한 차임이나 보증금의 20분의 1의 금액을 초과하지 못한다. 다만, 특별시·광역시·특별자치시·도 및 특별자치도는 관할 구역 내의 지역별 임대차 시장 여건 등을 고려하여 본문의 범위에서 증액청구의 상한을 조례로 달리 정할 수 있다.
임대차계약의 해지	1. 계약이 갱신된 경우에도 불구하고 임차인은 언제든지 임대인에게 계약해지를 통지할 수 있다. 2. 해지는 임대인이 그 통지를 받은 날부터 3개월이 지나면 그 효력이 발생한다.
임차인의 손해배상청구권	1. 임대인이 실거주 목적의 사유로 갱신을 거절하였음에도 불구하고 갱신요구가 거절되지 아니하였더라면 갱신되었을 기간이 만료되기 전에 정당한 사유 없이 제3자에게 목적 주택을 임대한 경우 임대인은 갱신거절로 인하여 임차인이 입은 손해를 배상하여야 한다. 2. 손해배상액은 거절 당시 당사자간에 손해배상액의 예정에 관한 합의가 이루어지지 않는 한 다음 각 호의 금액 중 큰 금액으로 한다. 　1) 갱신거절 당시 월차임의 3개월분에 해당하는 금액(차임 외에 보증금이 있는 경우에는 그 보증금을 제7조의2 각 호 중 낮은 비율에 따라 월 단위의 차임으로 전환한 금액(환산월차임) 　2) 임대인이 제3자에게 임대하여 얻은 환산월차임과 갱신거절 당시 환산월차임 간 차액의 2년분에 해당하는 금액 　3) 임대인 실거주 목적의 사유로 인한 갱신거절로 인하여 임차인이 입은 손해액

판례

주택임대차보호법상의 대항력

1. 임대차는 그 등기가 없는 경우에도 임차인이 주택의 인도와 주민등록을 마친 때에는 그 익일부터 제3자에 대하여 효력이 생긴다. 이 경우 전입신고를 한 때에 주민등록이 된 것으로 본다. **주택임차권은 주민등록으로 공시가 되므로 '주민등록(전입신고)'이 '정확하게' 되어 있는 경우에만 '대항력'을 인정할 수 있다.**

2. **신축 중인 연립주택이나 다세대주택의 동 · 호수 표시 없이 그 부지 중 일부 지번으로만 주민등록을 한 경우에는 대항력이 인정되지 않고, 특정 동 · 호수로 주민등록을 정정하면 그 시점부터 대항력이 인정된다**(대판 95다4842 ; 94다13176).

3. 대항요건은 그 대항력 취득시에만 구비하면 족한 것이 아니고, 그 대항력을 유지하기 위하여서도 계속 존속하고 있어야 하므로(대판 2000다37012), **일시적이나마 다른 곳으로 주민등록을 이전하였다면 그 전출 당시에 대항요건을 상실한다**(대판 98다34584). **다만 그 가족의 주민등록을 그대로 둔 채 임차인만 주민등록을 일시 다른 곳으로 옮긴 경우라면 대항력이 소멸되지 않는다**(대판 95다30338).

4. 임차인이 전입신고를 올바르게 하였다면 이로써 그 임대차의 대항력이 생기는 것이므로 **설사 담당공무원의 착오로 주민등록표상에 거주지 지번이 다소 틀리게('안양동 545의5'가 '안양동 545의2'로) 기재되었다 하여도 그 대항력에 영향을 끼칠 수는 없다**(대판 91다18118).

5. **정확한 지번과 동, 호수로 주민등록 전입신고서를 작성 · 제출하였는데 담당공무원이 착오로 수정을 요구하여, 잘못된 지번으로 수정하고 주민등록 전입신고서를 다시 작성 · 제출하여 그대로 주민등록이 된 사안에서, 그 주민등록이 임대차의 공시방법으로서 유효하지 않고 이것이 담당공무원의 요구에 기인한 것이라 하더라도 마찬가지이다**(대판 2009.1.30).

6. 주민등록이 주택임차인의 의사에 의하지 않고 **'제3자에 의하여 임의로 이전'되었고,** 그와 같이 주민등록이 잘못 이전된 데 대하여 주택임차인에게 책임을 물을 만한 사유도 없는 경우, 주택임차인이 **이미 취득한 대항력은 주민등록의 이전에도 불구하고 그대로 유지된다**(대판 2000다37012).

7. 다가구용 단독주택으로 소유권보존등기가 경료된 건물의 일부를 임차한 임차인은 이를 인도받고 임차 건물의 지번을 정확히 기재하여 전입신고를 하면 주택임대차보호법 소정의 대항력을 적법하게 취득하고, **나중에 다가구용 단독주택이 다세대주택으로 변경되었다는 사정만으로 임차인이 이미 취득한 대항력을 상실하게 되는 것은 아니라 할 것이다**(대판 2006다70516).

8. 다세대 주택의 임차인이 등기부상의 층 · 호수와 불일치하는 주소지로 전입신고를 하였으나, **등기부상의 건물내역과 임차인의 주민등록 주소를 비교하여 볼 때 주민등록상의 층 · 호수가 등기부상의 층 · 호수를 의미한다고 인식할 수 있다면, 임차인의 주민등록이 임대차의 공시방법으로 유효하다**(대판 2002다15467).

9. 甲이 주택에 관하여 소유권이전등기를 경료하고 주민등록(전입신고)까지 마친 다음 처와 함께 거주하다가 乙에게 매도함과 동시에 그로부터 이를 다시 임차하여 계속 거주하기로 약정하고, 임차인을 甲의 처로 하는 임대차계약을 체결한 후에야 乙 명의의 소유권이전등기가 경료 된 경우, **甲의 처(妻)가 주택임대차보호법상의 임차인으로서의 대항력을 갖는 시기는 乙 명의의 소유권이전등기를 한 다음 날(익일)부터이다**(대판 99다59306).

10. 대항력과 우선변제권의 두 가지 권리를 "겸유"하고 있는 임차인이 먼저 우선변제권을 선택하여 **배당요구를 하였으나, 그 순위가 늦은 까닭으로 보증금 전액을 배당 받을 수 없었던 때에는 보증금 중 경매절차에서 배당 받을 수 있었던 금액을 뺀 나머지에 대하여 경락인에게 '대항하여' 이를 반환받을 때까지 임대차 관계의 '존속'을 주장할 수 있다**(2001 판례).

11. 대항력과 우선변제권의 두 가지 권리를 겸유하고 있는 임차인이 먼저 우선변제권을 주장하여 배당요구를 하였으나, 그 후 경매법원의 계약서 제출요구를 받고 다시 제출한 **배당요구신청서에 확정일자가 없다고 명백히 밝힌 경우에는, 우선변제권을 포기한 것으로 처리되며,** 위 임차인은 낙찰대금에서 그 보증금을 우선변제 받을 수 없고, 낙찰자는 임차인의 보증금을 인수한다(대판 2001다51725).

12. 주택임대차보호법상의 대항력과 우선변제권의 두 가지 권리를 "겸유"하고 있는 임차인이 우선변제권을 선택하여 **제1경매절차에서 보증금 전액에 대하여 배당요구를 하였으나 보증금 전액을 배당받을 수 없었던 때에는,** 경락인에게 대항하여 이를 반환받을 때까지 임대차관계의 존속을 주장할 수 있을 뿐이고, **임차인의 우선변제권은 경락으로 인하여 소멸하는 것이므로 제2경매절차에서 우선변제권에 의한 배당을 받을 수 없다**(대판 98다4552).

13. **주택임차인이 그 지위를 강화하고자 "별도로" 전세권설정등기를 마친 경우, 주택임차인이 주택임대차보호법 제3조 제1항의 대항요건을 상실하면 이미 취득한 '주택임대차보호법상'의 대항력 및 우선변제권을 상실한다**(대판 2004다69741).

14. 주택에 관하여 최선순위로 전세권설정등기를 마치고 등기부상 새로운 이해관계인이 없는 상태에서 전세권설정계약과 계약당사자, 계약목적물 및 보증금(전세금액) 등에 있어서 동일성이 인정되는 임대차계약을 체결하여 주택임대차보호법상 대항요건을 갖추었다면, 전세권자로서의 지위와 주택임대차보호법상 대항력을 갖춘 임차인으로서의 지위를 함께 가지게 된다. 이러한 경우, **최선순위 전세권자로서 배당요구를 하여 전세권이 매각으로 소멸되었다 하더라도 변제받지 못한 나머지 보증금에 기하여 대항력을 행사할 수 있고, 그 범위 내에서 임차주택의 매수인은 임대인의 지위를 승계한 것으로 보아야 한다**(대판 2010마900).

15. 주택임대차보호법상 임차인으로서의 지위와 전세권자로서의 지위를 함께 가지고 있는 자가 그 중 **임차인으로서의 지위에 기하여 경매법원에 배당요구를 하였다면 배당요구를 하지 아니한 전세권에 관하여는 배당요구가 있는 것으로 볼 수 없다**(대판 2009다40790).

16. 주택에 관하여 임대차계약을 체결한 임차인이 자신의 **지위를 강화하기 위한 방편으로 따로 전세권설정계약서를 작성하고 전세권설정등기를 한 경우에,** 이 경우 원래의 임대차는 '대지 및 건물' 전부에 관한 것이나 사정에 의하여 전세권설정계약서는 '건물'에 관하여만 작성되고 전세권등기도 건물에 관하여만 마쳐졌다고 하더라도, 전세금액이 임대차보증금액과 동일한 금액으로 기재된 이상, '대지 및 건물' 전부에 관한 임대차의 계약증서에 확정일자가 있는 것으로 봄이 상당하다 할 것이다(대판 2001다51725).

17. 간접점유자에 불과한 임차인 자신의 주민등록으로는 대항력의 요건을 적법하게 갖추었다고 할 수 없으며, **당해 주택에 실제로 거주하는 직접점유자(전차인)가 자신의 주민등록을 마친 경우에 한하여 비로소 그 간접점유자가 대항력을 취득할 수 있다**(대판 2001.1.19)

18. 채권자가 채무자 소유의 주택에 관하여 채무자와 임대차계약을 체결하고 전입신고를 마친 다음 그 곳에 거주하여 형식적으로 주택임대차로서의 대항력을 취득한 외관을 갖추었다고 하더라도, **임대차계약의 주된 목적이 주택을 사용·수익하려는 것에 있는 것이 아니고 실제적으로는 대항력 있는 임차인으로 보호 받아, 후순위 권리자 기타 채권자보다 우선하여 채권을 회수하려는 것에 있었던 경우에는 그러한 임차인에게 주택임대차보호법이 정하고 있는 대항력을 부여할 수 없다**(대판 2007다55088).

19. "임차인"이 임대인의 지위 승계를 원하지 않는 경우에는 임차인이 임차주택의 양도 사실을 안 때로부터 상당한 기간 내에 '이의를 제기함으로써', 승계되는 임대차관계의 '구속으로부터 벗어날 수 있다'고 봄이 상당하고, 그와 같은 경우에는 "양도인의 임차인에 대한 보증금반환채무는 소멸하지 않는다"(대판 2001다64615).

20. '미등기' 또는 '무허가' 건물도 주택임대차보호법의 적용대상이 된다.

21. **아파트 수분양자가 입주 잔금을 지급할 무렵 분양계약에 따라 분양자로부터 아파트를 인도받고 나아가 그 임대권한을 묵시적으로 부여받았다고 보아**, 수분양자로부터 아파트를 임차하여 주택임대차보호법 제3조 제1항에 정한 대항요건을 갖춘 임차인이 분양계약의 해제에도 불구하고 자신의 임차권으로 분양자의 명도청구에 대항할 수 있다.

22. 소유권이전등기청구권을 보전하기 위하여 가등기를 경료 한 자가 그 가등기에 기하여 본등기를 경료 한 경우에(가등기의 순위보전의 효력에 의하여 중간처분이 실효되는 효과를 가져오므로), **가등기가 경료 된 후 비로소 대항력을 취득한 상가건물의 임차인으로서는 그 가등기에 기하여 본등기를 경료 한 자에 대하여 임대차의 효력으로 대항할 수 없다.**

23. 민법상 임차인은 임대인의 동의 없이 그 권리를 양도하거나 임차물을 전대하지 못하고 임차인이 이에 위반한 때에는 임대인은 계약을 해지할 수 있으나(민법 제629조), **임차인의 당해 행위가 임대인에 대한 배신적 행위라고 할 수 없는 특별한 사정이 인정되는 경우에는, 임대인은 자신의 동의 없이 전대차가 이루어졌다는 것만을 이유로 임대차계약을 해지할 수 없으며**, 임차권 양수인이나 전차인은 임차권의 양수나 전대차 및 그에 따른 사용·수익을 임대인에게 주장할 수 있다(대판 2009다101275, 대판 2005다64255).

24. 대항력을 갖춘 임차인이 저당권설정등기 이후에 임대인과 보증금을 증액하기로 합의하고 초과부분을 지급한 경우, 임차인이 저당권설정등기 이전에 취득하고 있던 임차권으로 선순위로서 저당권자에게 대항할 수 있음은 물론이나, **저당권설정등기 후에 건물주와의 사이에 임차보증금을 증액하기로 한 합의는 저당권자에게는 대항할 수 없다고 할 수 밖에 없으므로, 저당권설정등기 이후에 증액한 임차보증금으로써는 소유자(즉, 경락자)에게 대항할 수 없는 것이다**(대판 90다카11377).

25. **대항력을 갖춘 임차인이 당해 주택을 양수한 때에는** 임대인의 보증금반환채무는 소멸하고, 양수인이 임차인이 임대인의 자신에 대한 보증금반환채무를 인수하게 되어, 결국 **임차인의 보증금반환채권은 혼동으로 인하여 소멸하게 된다**(대판 96다38216).

판례

상가건물 임대차보호법상의 대항력 판례

1. 상가건물을 임차하고 사업자등록을 마친 사업자가 임차 건물의 전대차 등으로 당해 사업을 개시하지 않거나, **사실상 폐업한 경우에는 그 사업자등록은 부가가치세법 및 상가건물 임대차보호법이 상가임대차의 공시방법으로 요구하는 적법한 사업자등록이라고 볼 수 없다**(대판 2005다64002).

2. 사업자가 **폐업신고를 하였다가 다시 같은 상호 및 등록번호로 사업자등록을 하였다고 하더라도 상가건물 임대차보호법상의 대항력 및 우선변제권이 그대로 존속한다고 할 수 없다**(대판 2006다56299).

3. **상가건물을 임차하고 사업자등록을 마친 사업자가 임차 건물을 전대차한 경우에는** 임차인이 상가건물 임대차보호법상의 대항력 및 우선변제권을 유지하기 위해서는, **건물을 직접 점유하면서 사업을 운영하는 전차인이 그 명의로 사업자등록을 하여야 한다**(대판 2005다64002).

4. **가등기가 경료 된 후 비로소 상가건물 임대차보호법 소정의 대항력을 취득한 상가건물의 임차인으로서는 그 가등기에 기하여 본등기를 경료한 자에 대하여 임대차의 효력으로 대항할 수 없다**(대판 2007다25599).

5. **상가건물의 '일부'를 임차하여 사업자등록을 하는 경우에는 일부를 표시하는 '도면'을 첨부하여 사업자등록을 하여야 대항력이 발생된다**(대판 2008다44238).

6. 새로운 소유자와 임차인이 동일한 목적물에 관하여 종전 임대차계약의 효력을 '소멸'시키려는 의사로, 그 와는 **별개의 임대차계약을 '새로이 체결'하여 그들 사이의 법률관계가 이 '새로운 계약'에 의하여 규율되는 것으로 정할 수 있다. 그리고 '종전'의 임대차계약을 기초로 발생하였던 대항력 또는 우선변제권 등도 종전 임대차계약과 함께 '소멸'하여 이를 새로운 소유자 등에게 주장할 수 없다고 할 것이다**(대판 2013다211919).

≪◆ **보증금의 보호**(우선변제권, 최우선변제권)

구 분	「주택임대차보호법」	「상가건물 임대차보호법」
우선변제권 (후순위보다 우선배당)	대항요건 + 확정일자 • 확정일자: 동사무소, 공증인사무소, 등기소 • (대항력 +) 확정일자로부터 발생	대항요건 + 확정일자 • 확정일자: 관할 세무서장 • (대항력 +) 확정일자로부터 발생
우선변제권의 승계	① 금융기관 등이 우선변제권을 취득한 임차인의 보증금반환채권을 계약으로 양수한 경우에는 양수한 금액의 범위에서 우선변제권을 승계한다. ② 우선변제권을 승계한 금융기관 등은 다음의 어느 하나에 해당하는 경우에는 우선변제권을 행사할 수 없다. 　1. 임차인이 대항요건을 상실한 경우 　2. 임차권등기가 말소된 경우 　3. 「민법」 제621조에 따른 임대차등기가 말소된 경우 ③ 금융기관 등은 우선변제권을 행사하기 위하여 임차인을 대리하거나 대위하여 임대차를 해지할 수 없다.	

최우선변제권 (선순위보다도 우선배당)	대항력 + 소액보증금 (소액보증금의 일정액 보호) ① 소액보증금(2021. 5. 11. 이후) 　• 서울 : 1억 5천만원 이하 − 　　5,000만원 한도 　• 과밀, 인천, 용인, 화성, 김포,세종시 : 　　1억 3천이하 − 4,300만원 한도 　• 광역시(인천, 군 제외), 안산, 광주, 　　파주, 이천, 평택 　　7,000만원 이하 − 2,300만원 한도 　• 기타,광역시의 군지역(강화군, 옹진군) : 　　6,000만원 이하 − 2,000만원 한도 ② 주택가액(배당금액)의 "1/2 범위 내" 　에서 가능 ③ 하나의 주택에 임차인이 2명 이상이 　고, 그 각 보증금 중 일정액을 모두 　합한 금액이 주택가액의 2분의 1을 　초과하는 경우에는 그 각 보증금 중 　일정액을 모두 합한 금액에 대한 **각** 　**임차인의 보증금 중 일정액의 비율** 　**로** 그 주택가액의 2분의 1에 해당하 　는 금액을 분할한 금액을 각 임차인 　의 보증금 중 일정액으로 본다. ④ 하나의 주택에 임차인이 2명 이상이 　고 이들이 그 주택에서 가정공동생 　활을 하는 경우 이들을 1명의 임차인 　으로 보아 이들의 각 보증금을 합산 　한다.	대항력 + 소액보증금 (소액보증금의 일정액 보호) ① 소액보증금(2014. 1. 1. 이후) 　• 서울특별시 : 6,500만원 이하 − 　　2,200만원 한도 　• 과밀억제권역 : 5,500만원 이하 − 　　1,900만원 한도 　• 광역시, 안산, 용인, 김포, 광주 : 　　3,800만원 이하 − 1,300만원 한도 　• 기타 : 3,000만원 이하 − 1,000만원 　　한도 ② 상가건물가액의 "1/2 범위 내"에서 　가능 ③ 하나의 상가건물에 임차인이 2인 이 　상이고, 그 각 보증금 중 일정액의 　합산액이 상가건물의 가액의 2분의 　1을 초과하는 경우에는 그 각 보증금 　중 일정액의 합산액에 대한 **각 임차** 　**인의 보증금 중 일정액의 비율로** 그 　상가건물의 가액의 2분의 1에 해당 　하는 금액을 분할한 금액을 각 임차 　인의 보증금 중 일정액으로 본다(시 　행령 제7조).
임차권 등기명령 신청제도 (주택/상가)	계약종료 + 임대인의 보증금(일부나 전부) 미반환시 (거주이전의 자유를 보장하기 위함) • 임차인 "단독"으로 법원에 청구 • 등기 후 효력 : 대항력·우선변제권 "취득" 및 "유지" • **등기 후 새로운 세입자는 '최우선변제권' 없음**	

보증금 증액 제한	• 연 1/20(5%) 초과 × • 증액 후 1년 이내 증액 제한됨	• 연 1/20(5%) 초과 × • 증액 후 1년 이내 증액 제한됨
보증금을 월세로 산정시 (2014. 1. 1. 시행)	**법 제7조의2 【월차임 전환시 산정률의 제한】** 보증금의 전부 또는 일부를 월 단위의 차임으로 전환하는 경우에는 그 전환되는 금액에 **다음 각 호 중 "낮은 비율"을 곱한 월차임(月借賃)의** 범위를 초과할 수 없다. 1. 대통령령으로 정하는 비율 (연 1할) 2. 한국은행에서 공시한 기준금리 + 2%	**법 제12조 【월 차임 전환시 산정률의 제한】** 보증금의 전부 또는 일부를 월 단위의 차임으로 전환하는 경우에는 그 전환되는 금액에 **다음 각 호 중 "낮은 비율"을 곱한 월차임의** 범위를 초과할 수 없다. 1. 대통령령으로 정하는 비율 (연 1할 2푼) 2. 한국은행에서 공시한 기준금리의 × 4.5배수

임차인보호	① 〈편면적 강행규정〉 **이 법의 규정에 위반된 약정으로서 임차인에게 불리한 것은 효력이 없다.**
	② 〈「소액사건심판법」의 준용〉 임차인이 임대인에게 제기하는 보증금반환청구소송에 관하여는 「소액사건심판법」을 준용한다.
	③ 〈표준계약서의 작성 등〉
	  • 임대차 표준계약서: **"법무부장관"**은 보증금, 차임액, 임대차기간, 수선비 분담 등의 내용이 기재된 상가건물임대차표준계약서를 정하여 그 사용을 권장할 수 있다.
	  • 권리금표준계약서: **"국토교통부장관"** 권장사항	

경매신청	① **임차권에 기해 (임의)경매신청권은 없음** ② **강제경매신청은 가능** ③ 임차인(법인을 포함)이 임차주택에 대하여 보증금반환청구소송의 확정판결이나 그 밖에 이에 준하는 집행권원(執行權原)에 따라서 경매를 신청하는 경우에는, **반대의무(反對義務)의 이행이나 이행의 제공을 집행개시의 요건으로 하지 아니 한다**(주택임대차보호법 제3조의2).	

주택임대차 우선변제권

1. 임대차 계약서에 임대차 목적물을 표시하면서 아파트의 명칭과 그 전유 부분의 동 · 호수의 기재를 누락하였다는 사유만으로 주택임대차보호법 제3조의2 제2항에 규정된 확정일자의 요건을 갖추지 못하였다고 볼 수는 없다(대판 99다7992).

2. 임대차계약서가 분실 또는 멸실하였더라도 **공증인가사무소에 보관된 확정일자발급대장에 확정일자를 받은 사실이 인정된다면, 우선변제권은 소멸되지 않는다**(대판 96다12474).

3. 대항요건 및 확정일자를 갖춘 임차인과 소액임차인은 임차주택과 그 대지가 함께 경매될 경우뿐만 아니라, **임차주택과 별도로 그 대지만이 경매될 경우에도 그 대지의 환가대금에 대하여 우선변제권을 행사할 수 있고**, 이와 같은 우선변제권은 임차인을 보호하고자 인정되는 것이므로, **임대차 성립 당시 임대인의 소유였던 대지가 타인에게 양도되어 임차주택과 대지의 소유자가 서로 달라지게 된 경우에도 마찬가지이다**(대판 2004다26133).

4. 대항력을 갖춘 주택임차인이 임대인의 동의를 얻어 적법하게 임차권을 양도하거나 전대한 경우, 원래의 임차인이 갖는 임차권의 대항력은 소멸되지 아니하고 동일성을 유지한 채로 존속한다고 보아야 한다. 이러한 경우 **임차권 양수인은 우선(최우선)변제권을 행사할 수 있고, 전차인은 원래의 임차인이 가지는 우선(최우선)변제권을 대위 행사할 수 있다**(대판 2009다101275).

주택임대차 최우선변제권(소액보증금 중 일정액에 대한 우선변제권)

1. 채권자가 채무자 소유의 주택에 관하여 채무자와 임대차계약을 체결하고 전입신고를 마친 다음 그곳에 거주하였다고 하더라도, **임대계약의 주된 목적이 주택을 사용 · 수익하려는 것에 있는 것이 아니고, 소액임차인으로 보호받아 선순위 담보권자에 우선하여 채권을 회수하려는 것에 주된 목적이 있었던 경우에는, 그러한 임차인을 주택임대차보호법상 소액임차인으로 보호할 수 없다**(대판 2007다23203).

2. 처음 임대차계약을 체결할 당시에는 보증금액이 많아 주택임대차보호법상 소액임차인에 해당하지 않았지만, **그 후 새로운 임대차계약에 의하여 정당하게 보증금을 감액하여 소액임차인에 해당하게 되었다면, 그러한 임차인은 같은 법상 소액임차인으로 보호받을 수 있다**(대판 2007다23203).

3. '점포 및 사무실'로 사용되던 건물에 근저당권이 설정된 후, 그 건물이 주거용 건물로 용도 변경되어 이를 임차한 소액임차인도 (특별한 사정이 없는 한) **보증금 중 일정액을 근저당권자보다 우선하여 변제받을 권리가 있다**(대판 2009다26879).

4. '**대지(나대지)**'에 관한 저당권 설정 후에 비로소 건물이 신축된 경우, 건물의 소액임차인에게는 **최우선변제권이 인정되지 않는다.** 저당권자가 예측할 수 없는 손해를 입게 되는 범위가 지나치게 확대되어 부당하므로, 이러한 경우에는 소액임차인은 대지의 환가대금에 대하여 우선변제를 받을 수 없다고 보아야 한다(대판 99다25532).

판례 |||||||||||||||||||||||||||||||||||||||||||||||||||||||||||||||||||||||||||||||||||||||||||||||||||||||||||||||||||

보증금 증액청구

주택임대차보호법 제7조(보증금 증액 제한)에서, 위 규정은 임대차계약의 '존속 중' 당사자 일방이 약정한 차임 등의 증감을 청구한 때에 한하여 적용되고, **임대차계약이 "종료된 후" 재계약을 하거나 또는 임대차계약 종료 전이라도 당사자의 "합의로" 차임 등이 증액된 경우에는 적용되지 않는다**(대판 2002다23482).

임차권 등기 후, 보증금의 반환의무는 선 이행 의무

이행지체에 빠진 임대인의 임대차보증금의 반환의무와 그에 대응하는 임차인의 권리를 보전하기 위하여 새로이 경료 하는 임차권등기에 대한 임차인의 말소의무를 동시이행관계에 있는 것으로 해석할 것은 아니고, **임대인의 임대차보증금의 반환의무가 임차인의 임차권등기 말소의무보다 먼저 이행되어야 할 의무이다**(대판 2005다4529).

상가임대차 우선변제권 판례

임차인이 수 개의 구분점포를 동일한 임대인으로부터 임차하여 하나의 사업장으로 사용하면서 단일한 영업을 하는 경우 등과 같이, 임차인과 임대인 사이에 구분점포 각각에 대하여 별도의 임대차관계가 성립한 것이 아니라 일괄하여 단일한 임대차관계가 성립한 것으로 볼 수 있는 때에는, 비록 구분점포 각각에 대하여 별개의 임대차계약서가 작성되어 있더라도 그 구분점포 전부에 관하여 상가건물 임대차보호법 제2조 제2항의 규정에 따라 환산한 보증금액의 합산액을 기준으로 상가건물 임대차보호법 제14조에 의하여 우선변제를 받을 임차인의 범위를 판단하여야 한다(대판 2013다27152).

상가임대차 양수 관련 판례

임대를 한 상가건물을 여러 사람이 공유하고 있다가 이를 분할하기 위한 경매절차에서 건물의 소유자가 바뀐 경우, 양수인이 임대인의 지위를 승계한다. 임차건물의 소유권이 이전되기 전에 이미 발생한 연체차임이나 관리비 등은 별도의 채권양도절차가 없는 한 원칙적으로 양수인에게 이전되지 않고 임대인만이 임차인에게 청구할 수 있다(대판 2016다218874).

≪◆ 상가건물 임대차의 권리금의 보호

구 분	「상가건물 임대차보호법」
권리금계약	**제10조의3【권리금의 정의 등】** ① '권리금'이란 임대차 목적물인 상가건물에서 영업을 하는 자 또는 영업을 하려는 자가 영업시설·비품, 거래처, 신용, 영업상의 노하우, 상가건물의 위치에 따른 영업상의 이점 등 유형·무형의 재산적 가치의 양도 또는 이용대가로서 임대인, 임차인에게 보증금과 차임 이외에 지급하는 금전 등의 대가를 말한다. ② '권리금 계약'이란 '신규임차인'이 되려는 자가 '**임차인에게**' 권리금을 지급하기로 하는 계약을 말한다. [본조신설 2015.5.13]

권리금행사의 보호	**법 제10조의4【권리금 회수기회 보호 등】** ① '임대인'은 임대차기간이 끝나기 '6개월 전부터 임대차 종료 시'까지 다음 각 호의 어느 하나에 해당하는 행위를 함으로써 권리금 계약에 따라 임차인이 주선한 신규임차인이 되려는 자로부터 권리금을 지급받는 것을 방해하여서는 아니 된다(다만, 제10조 제1항 각 호의 어느 하나에 해당하는 사유가 있는 경우에는 그러하지 아니하다). 1. 임차인이 주선한 신규임차인이 되려는 자에게 **권리금을 요구하거나**, 임차인이 주선한 신규임차인이 되려는 자로부터 **권리금을 수수하는 행위** 2. 임차인이 주선한 신규임차인이 되려는 자로 하여금 **임차인에게 권리금을 지급하지 못하게 하는 행위** 3. **임차인이 주선한 신규임차인이 되려는 자에게** 상가건물에 관한 조세, 공과금, 주변 상가건물의 차임 및 보증금, 그 밖의 부담에 따른 금액에 비추어 **현저히 고액의 차임과 보증금을 요구하는 행위** 4. **그 밖에 정당한 사유 없이** 임대인이 임차인이 주선한 신규임차인이 되려는 자와 **임대차계약의 체결을 거절하는 행위** ② 다음 각 호의 어느 하나에 해당하는 경우에는 제1항 제4호의 정당한 사유가 있는 것으로 본다(주 : 임대차계약을 거절할 수 있는 사유). 1. 임차인이 주선한 **신규임차인이 되려는 자가** 보증금 또는 차임을 지급할 '**자력**'이 없는 경우 2. 임차인이 주선한 **신규임차인이 되려는 자가 임차인으로서의 '의무'를 위반할 우려가 있거나** 그 밖에 임대차를 유지하기 어려운 상당한 사유가 있는 경우 3. 임대차 목적물인 상가건물을 '**1년 6개월**' 이상 **영리목적으로 사용하지 아니한 경우** 4. 임대인이 선택한 신규임차인이 임차인과 권리금 계약을 체결하고 그 권리금을 지급한 경우 ⑤ 임차인은 임대인에게 임차인이 주선한 신규임차인이 되려는 자의 보증금 및 차임을 지급할 자력 또는 그 밖에 임차인으로서의 의무를 이행할 의사 및 능력에 관하여 자신이 알고 있는 정보를 제공하여야 한다. [본조신설 2015.5.13.]
권리금행사 방해에 대한 손해배상책임	**법 제10조의4【권리금 회수기회 보호 등】** ③ 임대인이 제1항을 위반하여 임차인에게 손해를 발생하게 한 때에는 그 손해를 배상할 책임이 있다. 이 경우 그 손해배상액은 신규임차인이 임차인에게 지급하기로 한 권리금과 임대차 종료 당시의 권리금 중 '낮은 금액'을 넘지 못한다. ④ 제3항에 따라 임대인에게 손해배상을 청구할 권리는 임대차가 종료한 날부터 '3년' 이내에 행사하지 아니하면 시효의 완성으로 소멸한다.
권리금보호의 제외	**제10조의5【권리금 적용 제외】** 제10조의4는 다음 각 호의 어느 하나에 해당하는 상가건물임대차의 경우에는 적용하지 아니한다. 1. 임대차 목적물인 상가건물이 「유통산업발전법」 제2조에 따른 대규모점포 또는 준대규모 점포의 일부인 경우 2. 임대차 목적물인 상가건물이 「국유재산법」에 따른 국유재산 또는 「공유재산 및 물품 관리법」에 따른 공유재산인 경우 [본조신설 2015.5.13]

	[권리금 보호 영역의 확대(2018.10.16 시행)] **제10조의4【권리금 보호제】** 다음 각 호의 어느 하나에 해당하는 상가건물의 임대차의 경우에는 적용하지 아니한다. 　1. 임대차 목적물인 상가건물이 「유통산업발전법」 제2조에 따른 대규모점포 도는 준대규모 점포의 일부인 경우(다만, 전통시장 및 상점가 육성을 위한 특별법 제2조 제1호에 따른 **전통시장은 제외한다**) ★ 종전에는 단서부분이 없어서 전통시장에서의 권리금보호가 되지 않았다. 이제는 전통시장에서의 권리금 보호가 인정되게 되었다(제10조의5 제1호 신설).
표준권리금 계약서	**제10조의6【표준권리금계약서의 작성 등】** "**국토교통부장관**"은 임차인과 신규임차인이 되려는 자가 권리금 계약을 체결하기 위한 '**표준권리금계약서**'를 정하여 그 사용을 권장할 수 있다. **제10조의7【권리금 평가기준의 고시】** 국토교통부장관은 권리금에 대한 감정평가의 절차와 방법 등에 관한 기준을 고시할 수 있다. [본조신설 2015. 5.13]

판례 |||||||||||||||||||||||||||||||||||||||||||||||||||||||||||

상가 권리금 관련 판례

1. 최초의 임대차기간을 포함한 전체 임대차기간이 10년을 초과하여 임차인이 계약갱신요구권을 행사할 수 없는 경우에도 임대인은 권리금 회수기회 보호의무를 부담한다(대판 2017다225312).

2. 신규임차인이 되려는 자를 임대인에게 주선하였는데, 임대인이 임대차 기간에 이러한 신규임차인이 되려는 자에게 권리금을 요구하는 등 임차인이 신규임차인으로부터 권리금을 회수하는 것을 방해한 때에는 임대인은 임차인이 입은 손해를 배상할 책임이 있고, 이때 권리금 회수 방해를 인정하기 위하여 반드시 임차인과 신규임차인이 되려는 자 사이에 권리금 계약이 미리 체결되어 있어야 하는 것은 아니다(대판 2018다239608).

3. 임차인이 임대인에게 권리금 회수 방해로 인한 손해배상을 구하기 위해서 임차인이 신규임차인이 되려는 자를 주선하였어야 한다(원칙적 적극). 그러나 임대인이 정당한 사유 없이 임차인이 주선할 신규임차인이 되려는 자와 임대차계약을 체결할 의사가 없음을 확정적으로 표시한 경우, 임차인이 실제로 신규임차인을 주선하지 않았더라도 임대인에게 권리금 회수 방해로 인한 손해배상을 청구할 수 있다(대판 2018다284226).

4. 임대차계약 종료에 따른 임차인의 임차목적물 반환의무와 임대인의 권리금 회수 방해로 인한 손해배상의무가 동시이행관계에 있는지 여부에 대하여, 임차인의 임차목적물 반환의무는 임대차계약의 종료에 의하여 발생하나, 임대인의 권리금 회수 방해로 인한 손해배상의무는 상가건물 임대차보호법에서 정한 권리금 회수기회 보호의무 위반을 원인으로 하고 있으므로 양 채무는 동일한 법률요건이 아닌 별개의 원인에 기하여 발생한 것일 뿐 아니라 공평의 관점에서 보더라도 그 사이에 이행상 견련관계를 인정하기 어렵다(대판 2018다242727).

≪◆ 임대차분쟁 조정위원회

구분	「주택임대차보호법」	「상가건물 임대차보호법」
설치 (필수기구)	1. 대한법률구조공단의 지부 및 한국부동산원의 지사 또는 사무소 2. 특별시 · 광역시 · 특별자치시 · 도는 지자체실정고려 둘 수 있다.	좌동(左同)
심의 · 조정 사항	1. 차임 또는 보증금의 증감분쟁 2. 임대차 기간 분쟁 3. 보증금 또는 임차주택의 반환 분쟁 4. 임차주택 수선 · 유지 분쟁 5. 계약이행 및 계약내용 해석분쟁 6. 계약갱신 및 종료 분쟁 7. 계약불이행 등에 따른 손배청구분쟁 8. 중개보수 등 비용부담분쟁 9. 표준계약서사용 분쟁	1. 차임 또는 보증금의 증감 분쟁 2. 임대차 기간 분쟁 3. 보증금 또는 임차상가건물의 반환 분쟁 4. 임차상가건물의 유지 · 보수 분쟁 5. 권리금 분쟁 6. 계약이행 및 계약내용 해석 분쟁 7. 계약갱신 및 종료 분쟁 8. 계약불이행 등에 따른 손배청구 분쟁 9. 중개보수 등 비용부담 분쟁 10. 표준계약서사용 분쟁
인적구성	위원장 1명 포함 5명 이상 30명 이하 (성별고려)	좌동(左同)
위 원	공단이사장, 공사사장, 부동산원 원장, 지자체장이 임명 또는 위촉	좌동(左同)
임 기	3년, 연임가능	좌동(左同)
조정절차	1. 분쟁당사자 주택관할 조정위원회 조정신청 2. 위원장 피신청인에게 조정신청서 송달	좌동(左同)
처리기간	60일 이내(30일 범위 내 연장)	좌동(左同)
조정안 통지	당사자 14일 이내 수락의사 서면표시 (미표시 거부간주)	좌동(左同)

경매 · 공매 관련 실무

① 민사집행법에 의한 법원경매

개업공인중개사는 법원 경매물건과 한국자산관리공사 물건의 알선과 입찰을 대리할 수 있으며 법원경매 물건의 입찰을 대리하는 것을 업으로 하기 위해서는 요건을 구비하여 지방법원장에게 매수신청대리업자로 등록을 하고 감독을 받아야 한다.

1) 법원 경매의 종류

구 분	종 류	의의 및 원인	특 징
집행원인	임의경매	담보물권(담보권실행 위한 경매)	물적 책임 · 예견된 경매 · 특정재산
	강제경매	집행권원(집행명의)	인적 책임 · 예견치 못한 경매 · 일반재산
절 차	신매각	매수 신고 없는 경우, 매각불허가 결정	유찰시(**최저가 저감**), 불허가결정시(최저가 저감×) 등
	재매각	잔금(매각대금)미납시	① 재매각절차에서는 종전의 매수인은 매수신청을 할 수 없으며, 매수신청의 보증금을 돌려받지 못한다. ② 재매각절차에서도 최저가는 저감되지 않는다. ③ 매수인이 재매각기일 '3일' 이전까지 대금 및 그 이자 등을 지급한 때에는 재매각 절차는 취소된다.

2) 경매절차 및 내용

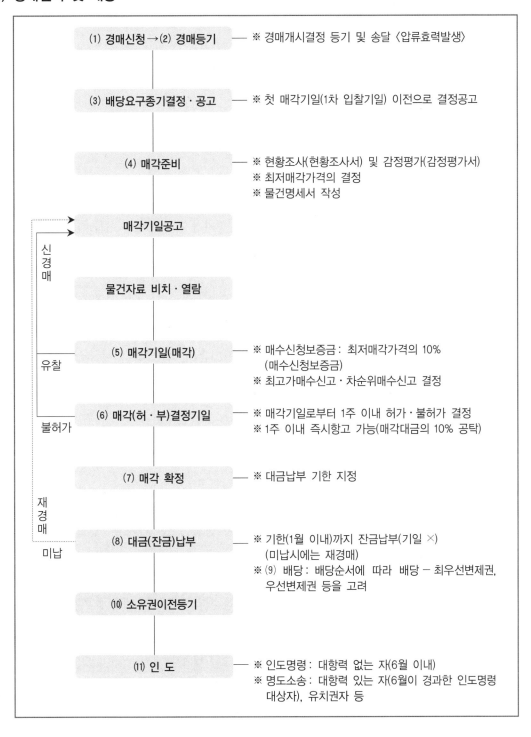

⑴ **경매신청**

⑵ **경매개시결정 등기**(강제경매신청 또는 임의경매신청)**와 송달**(경매의 적법유효요건)

⑶ **매각**(경매)**준비**

① 현황조사 및 감정평가

② 최저매각가(최저입찰가)결정

③ **매각물건명세서 작성**: 현황조사보고서, 감정평가서, 권리신고 및 배당요구서 등을 토대로 물건명세서를 작성한다.

④ **배당요구의 종기결정 및 공고**: 배당 요구할 수 있는 종기를 첫 매각기일(1차 입찰기일) 이전의 날로 정하고 공고한다. − 배당요구의 유무에 따라 매수인이 인수해야 할 부담이 바뀌는 경우, 배당 요구할 채권자는 배당요구의 종기가 지난 후에는 이를 철회하지 못한다.

> 📖 **넓혀보기**
>
> **배당요구**
> ① 원칙적으로 배당은 채권자가 배당요구를 하여야 배당을 하여 준다. 다만, 그 권리가 경매개시결정 등기 이전에 등기가 된 경우에는 등기부를 통하여 채권자임을 확인할 수 있으므로, 배당요구를 하지 않아도 배당을 하여 준다(당연 배당자).
> ② 임차권등기가 첫 경매개시결정등기 전에 등기된 경우, 그 임차인은 별도로 배당요구를 하지 않아도 당연히 배당받을 채권자에 속하는 것으로 보아야 한다(대판 2005다33039).

⑷ **입찰공고**

매각기일 14일 전(2주 전)에 일간신문에 공고한다. 매각기일 7일 전(1주전)부터 일반인의 물건명세 등 자료를 열람할 수 있다.

⑸ **매 각**

① **매각방법**: 호가경매, 기일입찰, 기간입찰 3가지 방법이 있다(1기일 2입찰제 가능).

② **입 찰**

  ㉠ 매수신청 보증금(입찰보증금)의 납부: 법원이 정한 "최저매각가"의 10% 납부한다.

  ㉡ 유찰의 경우: 최저 매각가를 통상 20~30%를 저감하여 다시 매각에 부친다. <신매각>

입찰에 참여할 수 없는 자	입찰에 참여할 수 있는 자
1) 제한능력자	1) **채권자**
2) **채무자**	2) 담보권자
3) **재경매에 있어서 전 낙찰자**	3) 제3취득자
4) 집행관·감정인 및 그 친족	4) 채무자의 가족
5) 경매법원을 구성하는 법관 및 법원의 직원	5) 물상보증인(임의경매의 경우)
6) **경매 관련 유죄판결 확정일로부터 '2년' 미경과**	

③ **개찰** : 최고가 매수인결정 및 차순위 매수신고 접수

> 차순위매수신고
> 최고가 매수신고액에서 매수신청보증금을 공제한 금액보다 높은 가격으로 응찰한 자에게
> 자격이 있음

(6) 매각의 허 · 부결정

① 매각기일로부터 "1주일 이내" 매각결정기일에 선고한다.

② **매각불허가결정의 경우** : 신매각을 실시하며, 매수신청보증금은 몰취된다.

> ① 매수신청이 불가능한 자는 불허가 결정된다.
> ② 농취증을 제출하지 못한 경우에는 불허가 결정된다.

(7) 허가결정의 확정

① **매각결정기일로부터 1주일(7일 이내)에 이해관계인의 즉시항고가 없는 경우**

　－ 허가가 확정

② **항고의 경우**

　－ 항고보증금의 공탁 : 허가 결정에 항고하는 모든 항고인은 "매각대금"의 10%를 항고보
　증금으로 공탁하여야 하며, 항고가 기각되면(소유자 · 채무자) 보증금은 몰수된다.

(8) 매각 잔대금의 납부

대금지급 "기한"(1월 이내)까지 대금납부와 동시에 소유권을 취득한다.

(9) 배 당

채권자가 매수인인 경우에 법원에 납부할 금액과 배당확정 된 금액의 상계 신청이 가능하다.

> 배당순서
> ① 경매비용 · (경매목적 부동산에 투입한 필요비와 유익비)
> ② 소액임차보증금 중 일정액, 최종 3월분의 임금채권과 최종 3년간의 퇴직금 및 재해보상금
> ③ 당해세
> ④ (시간순) 당해세 이외의 국세 및 지방세, 물권(전세권 · 저당권 등), 확정일자 있는 임차권
> ⑤ 일반임금채권
> ⑥ 의료보험료, 산업재해보상보험료, 국민연금 보험료 등
> ⑦ 일반채권

(10) 소유권이전등기

(11) 인 도

구 분	대상자	비 고
인도명령	법적 대항력이 없는 자(채무자, 소유자 등)	소유권취득 후 **6개월** 이내
명도소송	법적 대항력이 있는 자	**유치권자, 6개월**이 경과된 인도명령 대상자

3) 권리분석(소제주의, 인수주의)

(1) 말소기준권리

※ 저당권, 근저당권, 압류, 가압류, 담보가등기 / 경매개시 결정등기(이 중 가장 앞선 권리가 최종기준권리가 되고, 이를 기준으로 소제와 인수가 결정된다)

(2) 소제되는 권리

① 저당권, 근저당권, 압류, 가압류, 담보가등기, 경매등기(즉, 말소기준권리)는 항상 소제된다.

② 저당권, 근저당권, 압류, 가압류, 담보가등기(즉, 말소기준권리)보다 뒤에 오는 용익물권 등은 소제된다.

③ (다른 말소기준권리가 없는 경우에는) 경매개시결정등기보다 뒤에 설정된 용익물권 등은 소제된다.

(3) 인수되는 권리

① 법정지상권, 유치권(압류효력 발생 후 성립한 경우 매수인에게 대항할 수 없다), 분묘기지권은 말소기준권리와 관계없이 낙찰자에게 인수된다.

② 말소기준권리보다 앞에 오는 용익물권 등은 낙찰자(= 매수인)에게 인수된다.

> **넓혀 보기**
>
> 권리분석표
>
> | | | |
> |---|---|---|
> | [인수] | 1. **말소기준권리보다 선순위**의 지상권, 지역권, 전세권, 대항력을 갖춘 임차권 등은 인수된다. | 2. 다만, 전세권이나 대항력을 갖춘 임차권이 '배당요구'를 한 경우에는 소제된다. |
> | [말소 기준 권리] | 1. 저당, 근저당, 압류, 가압류, 담보가등기, 경매개시결정등기가 말소기준권리이며, 말소기준권리는 항상 소제된다. | 2. 말소기준권리가 여러 개가 있으면 그 중에서 '최선순위'가 '최종'말소기준권리가 된다. |
> | [소제] | 1. **말소기준권리보다 후순위**의 지상권, 지역권, 전세권, 대항요건을 갖춘 임차권 등은 소제된다. | 2. 다만, (경매등기이전에 성립된) 유치권, 법정지상권(발생), 분묘기지권은 순위에 관계없이 인수된다. |
>
> 💡 보전가등기나, 가처분등기는 말소기준보다 선순위는 인수되며, 말소기준보다 후순위는 소제된다. 담보가등기와 가압류등기와 구별하여야 한다.

② 한국자산관리공사의 공매

1) 비업무용 부동산공매(= 수탁자산 공매 = 수탁재산 공매)

금융기관이나 기업체가 소유하고 있는 비업무용 부동산을 한국자산관리공사가 위탁을 받아 대신 공개매각을 해주는 것으로, 이는 **매매계약과 본질적으로 다를 바가 없다.**

(1) 매각조건 및 특징

① **매각조건**: 금융기관이나 기업체가 제시하는 조건대로 자산관리공사는 매각을 하게 된다.

② **안전성**: 금융기관이나 기업체가 법원 경매를 통하여 취득한 것이기 때문에 등기부가 정리되어 있어서 등기부가 깨끗하여 권리분석이 용이하다.

③ **대금납부 편의제도**: ㉠ 분납가능 및 선납감액, ㉡ 사전입주가 가능, ㉢ 명의변경이 가능, ㉣ 대금완납 전 소유권 이전이 가능, ㉤ 담보대출도 가능

④ **매각방법**: 원칙적으로 입찰의 방식으로 한다. 다만, 각 입찰에서 유찰되면 다음 차수의 입찰시간까지 '수의계약'을 할 수 있다.

(2) 낙찰 이후 절차

낙찰되거나 수의계약 신청을 하면 5일 이내에 매매계약서를 작성해야 한다. 소유권의 취득은 대금을 납입하고 매각의뢰기관으로부터 소유권 이전에 필요한 서류를 교부받아 등기소에 소유권 이전등기를 함으로써 소유권을 취득한다.

2) 국세징수법상의 압류재산공매(법원경매와 유사)

국세징수법에 따라 국가기관(국세청) 등에서 세금을 납부하지 못한 체납자의 재산을 압류한 후 체납된 세금을 받기 위하여 자산관리공사에 매각을 의뢰한 물건이다.

① **법원경매와 유사**: 압류재산에 대한 공매는 법원의 경매와 유사하다. 그러므로 권리분석도 까다롭고 복잡한 것이 일반적이다.

② **법원경매와의 차이점**

구 분	법원경매	압류부동산 공매
명도문제	인도명령, 명도소송	명도소송
유찰 시 저감률	20~30%(통상)	10%(통상)

③ **소유권 취득**: 법원경매와 마찬가지로 대금을 완납하면 이전등기에 관계없이 소유권을 취득하게 된다.

3) 법원경매와 자산관리공사의 (비업무용 부동산)공매의 비교

구 분	법원경매	수탁재산(비업무용 부동산)공매
매각방법	입 찰	입찰 또는 **수의계약(유찰시)**
가격인하율	통상 20~30% 인하	통상 10% 인하
대금납부	일시불	분할납부가능(최고 5년)
사전점유 및 사용	불 가	가능(매수대금 1/3 납부시)
계약자 명의변경	불 가	가 능
명도책임	낙찰자(= 매수인 = 경락인)	자산관리공사
토지거래허가	**면 제**	원칙 : **허가를 요함** (다만, 3회 이상 유찰 시 면제)
농지취득 자격증명	적 용	적 용
장 점	• 가격이 저렴함 • 물량이 많고 선택의 폭이 넓음 • **농지취득자격증명 이외의 모든 허가절차가 면제됨**	• 비업무용은 권리관계에 흠이 없음 (권리분석이 용이) • 장기할부 등 대금납부조건이 유리함 • 명도책임을 자산관리공사가 부담하므로 안전함
단 점	• 권리분석이 까다롭고 분쟁의 소지가 많음 • 낙찰자가 명도책임을 부담	• 시가보다는 싸지만 법원경매보다 비싼 편임 • 물량이 법원경매에 비해 적어 선택의 폭이 좁음

③ 매수신청대리인등록 등에 관한 대법원규칙 및 예규

개업공인중개사가 경매매수신청대리업을 하기 위해서는 대법원규칙에 따라 지방법원에 경매매수신청대리 등록을 하고 법원의 감독을 받아야 한다.

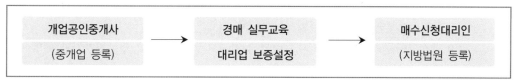

개업공인중개사	→	경매 실무교육	→	매수신청대리인
(중개업 등록)		대리업 보증설정		(지방법원 등록)

1) 매수신청대리권의 범위

① 매수신청 '**보증**'의 제공
② 매수신청의 '보증'을 돌려 줄 것을 신청하는 행위
③ '**차순위**'매수신고
④ 공유자 또는 임대주택 임차인의 우선매수신고에 따라 차 순위매수신고인으로 보게 되는 경우 그 '**차 순위**'매수신고인의 지위를 포기하는 행위
⑤ 공유자의 '**우선**'매수신고
⑥ 임대주택법에 따른 임차인의 임대주택 '**우선**'매수신고
⑦ '**입찰표**'의 작성 및 제출

2) 매수신청대리의 대상물

① 토지
② 건물 그 밖의 토지의 정착물
③ 입목
④ 광업재단
⑤ 공장재단

3) 매수신청대리인 등록

1. 등록기관: 지방법원장
   중개사무소(중개법인은 주된 사무소)가 있는 곳을 관할하는 "지방법원의 장"에게 등록하여야 한다.
2. 등록요건
   ① 법원 경매에 대한 '**실무교육**'을 수료하여야 한다.
   ② 법원 경매와 관련하여 '**업무보증**'을 설정하여야 한다.
   ③ 공인중개사인 개업공인중개사이거나 중개법인이어야 한다(부칙상 개 · 공 제외).
   ④ '결격사유'에 해당하지 아니하여야 한다.

3. 결격사유

> ① 매수신청대리인 **등록이 취소된 후 3년이 지나지 아니한 자**(단, 폐업에 의한 등록 취소는 제외한다)
> ② **「민사집행법」**에 의한 민사집행절차에서의 매각에 관하여 유죄판결을 받고 그 판결 확정일로부터 **2년이 지나지 아니한 자**
> ③ 매수신청대리업무정지처분을 받고 폐업신고를 한 자로서 **업무정지기간(폐업에 불구하고 진행되는 것으로 본다)이 경과되지 아니한 자**
> ④ 매수신청대리업무정지처분을 받은 개업공인중개사인 법인의 업무정지의 사유가 발생한 당시의 사원 또는 임원이었던 자로서 **당해 개업공인중개사에 대한 업무정지기간이 경과되지 아니한 자**
> ⑤ 위 **결격사유에 해당하는 자가 사원 또는 임원으로 있는 중개법인**

4. 등록의 절차
   ① 등록수수료 − 공인중개사 : 2만원, 중개법인 : 3만원(정부수입인지로 납부)
   ② 등록의 처분 − 지방법원장은 '**14일' 안에** 종별을 구분하여 등록을 하여야 한다.

5. 등록증 등의 게시의무
   ① **보증의 설정을 증명서류**
   ② **매수신청대리 보수 요율**

4) 대리업무 관련 제도

(1) 법원행정처장의 정보제공 요청권

법원행정처장은 국토교통부장관, 시장·군수·구청장 또는 공인중개사협회가 보유·관리하고 있는 개업공인중개사에 관한 행정정보가 필요한 경우에는 국토교통부장관, 시장·군수·구청장 또는 협회에게 이용목적을 밝혀 당해 행정정보의 제공, 정보통신망의 연계, 행정정보의 공동이용 등의 협조를 요청할 수 있다.

(2) 실무교육

① 매수신청대리인 등록신청일 전 '1년' 안에 "법원행정처장"이 지정하는 교육기관에서 실무교육을 이수(다만, 중개업의 폐업신고 후 1년 안에 다시 등록신청을 하고자 하는 자는 제외)

② **교육시간 : 32시간 이상 44시간 이내로 한다**(내용 : 직업윤리, 민사소송법, 민사집행법, 경매실무 등 필수과목 및 교육기관이 자체적으로 정한 부동산경매 관련과목의 수강과 교육과목별 평가로 한다).

(3) 협회의 공제사업

책임준비금의 적립비율 : 공제료 수입액의 100분의 10 이상

5) 대리행위의 방식

(1) 대리행위의 방식

① **매 사건별 위임장 제출**(원칙) : 개업공인중개사는 매수신청대리행위를 하는 경우 각 대리행위마다 대리권을 증명하는 문서(본인의 인감증명서가 첨부된 위임장과 대리인등록증 사본 등)를 제출하여야 한다. 다만 같은 날 같은 장소에서 대리행위를 동시에 하는 경우에는 하나의 서면으로 갈음할 수 있다.

② **중개법인의 첨부서류** : 중개법인의 경우에는 대리권을 증명하는 문서 이외에 대표자의 자격을 증명하는 문서를 첨부 · 제출하여야 한다.

③ **직접출석** : 개업공인중개사는 대리 행위시 매각장소(집행법원)에 직접 출석해야 한다.

   💡 소속공인중개사는 경매대리를 할 수 없다. 중개법인은 대표자가 직접 출석하여야 한다. 그러므로 중개법인은 대표자만 경매에 대한 실무교육을 수료하면 된다.

(2) 사건카드의 작성 · 비치(보존)

개업공인중개사는 법정서식에 의한 매수신청대리 **사건카드를 작성 · 비치하고**, 사건을 위임받은 때에는 사건카드에 위임받은 순서에 따라 일련번호, 경매사건번호, 위임받은 연월일, 보수액과 위임인의 주소 · 성명 기타 필요한 사항을 기재하고, 서명날인(공인중개사법상의 등록인장 사용)한 후 5년간 이를 보존하여야 한다.

6) 매수신청대리인의 의무

(1) 신의칙상의 의무

(2) 비밀준수의무

(3) 법규 등의 준수의무

(4) 신고의무

개업공인중개사는 다음의 어느 하나에 해당하는 경우에는 그 사유가 발생한 날로부터 '10일 이내'에 '지방법원장'에게 그 사실을 신고하여야 한다.

> ① **중개사무소를 이전한 경우**
> ② 중개업을 휴업 또는 폐업한 경우
> ③ 분사무소를 설치한 경우
> ④ 공인중개사 자격이 취소, 정지된 경우
> ⑤ 중개사무소 개설등록이 취소, 업무정지된 경우

(5) 매수신청대리 대상물의 확인·설명의무

① **확인·설명의 방법**: 개업공인중개사가 매수신청대리를 위임받은 경우(매수신청대리 대상물의 권리관계, 경제적 가치, 매수인이 부담하여야 할 사항 등에 대하여) 위임인에게 성실·정확하게 설명하고 등기부등본 등 설명의 근거자료를 제시하여야 한다.

② **확인·설명 사항**(표·권·제·경·취권)

> ㉠ 당해 **대상물의 표시(기본적인 사항) 및 권리관계**
> ㉡ **법령**의 규정에 따른 **제한사항(공법상 제한)**
> ㉢ 당해 대상물의 **경제적 가치**
> ㉣ 소유권을 취득함에 따라 **부담·인수하여야 할 권리** 등

③ **확인설명서의 작성의무**: 개업공인중개사는 위임계약을 체결한 경우에는 확인·설명 사항을 서면으로 작성하여 서명·날인한 후 위임인에게 교부하고, 그 사본을 사건카드에 철하여 5년간 보존하여야 한다.

7) 손해배상책임의 보장(보증의 설정금액) = **중개업과 동일**

> ① 중개법인: 2억원 이상(분사무소는 1억원 이상 추가·설정)
> ② 공인중개사인 개업공인중개사: 1억원 이상

8) 금지행위(부작위 의무)(이·명·입·사)

> ① 이중으로 매수신청대리인 등록신청을 하는 행위〈이중등록〉
> ② 매수신청대리인이 된 사건에 있어서 매수신청인으로서 매수신청을 하는 행위〈자기입찰〉
> ③ 동일 부동산에 대하여 이해관계가 다른 2인 이상의 대리인이 되는 행위〈이중대리〉
> ④ 명의대여를 하거나 등록증을 대여 또는 양도하는 행위〈등록증 양도·대여〉
> ⑤ 다른 개업공인중개사의 명의를 사용하는 행위〈명의 양수〉
> ⑥ 형법 제315조에 규정된 경매·입찰방해죄에 해당하는 행위〈경매범죄〉
> ⑦ 사건카드 또는 확인·설명서에 허위기재하거나 필수적 기재사항을 누락하는 행위
> ⑧ 그 밖에 다른 법령에 따라 금지되는 행위

9) 명칭의 표시주의 의무

매수신청대리인 등록을 한 개업공인중개사는 그 사무소의 명칭이나 간판에 고유한 지명 등(법원행정처장이 인정하는 특별한 경우를 제외하고는) "법원"의 명칭이나 휘장 등을 표시하여서는 아니 된다.

10) 행정처분

(1) **등록취소**(결·폐·취·당시)

① **절대적**(필요적) **등록취소사유** : '지방법원장'이 대리인 등록을 취소'하여야' 한다.

> ㉠ 공인중개사법상 중개사무소 개설등록의 **결격사유**에 해당하는 경우
> ㉡ 공인중개사법상 중개사무소의 **폐업신고**를 한 경우
> ㉢ 공인중개사법상 공인중개사 **자격이 취소**된 경우
> ㉣ 공인중개사법상 중개사무소 개설 **등록이 취소**된 경우
> ㉤ **등록당시** 매수신청대리인의 등록요건을 갖추지 않았던 경우
> ㉥ **등록당시** 매수신청대리인의 결격사유가 있었던 경우

② **임의적**(재량적) **등록취소사유** : '지방법원장'이 대리인 등록을 취소'할 수' 있다.

> ㉠ 매수신청대리인의 등록 후 그 등록요건을 갖추지 못하게 된 경우
> ㉡ 매수신청대리인의 등록 후 그 결격사유가 있게 된 경우
> ㉢ 사건카드를 작성하지 아니하거나 보존하지 아니한 경우
> ㉣ 확인설명서를 교부하지 아니하거나 보존하지 아니한 경우
> ㉤ 수수료 이외의 명목으로 보수를 받은 경우, 예규에서 정한 수수료를 초과하여 받은 경우, 수수료의 영수증을 교부하지 아니한 경우.
> ㉥ 비밀준수의무, 집행관의 명령에 따라야 할 의무, 매수신청대리인의 금지행위의 규정을 위반한 경우
> ㉦ 지도·감독상의 명령이나 중개사무소의 출입, 조사 또는 검사에 대하여 기피, 거부 또는 방해하거나 거짓으로 보고 또는 제출한 경우
> ㉧ 최근 1년 안에 이 규칙에 따라 2회 이상 업무정지처분을 받고 다시 업무정지처분에 해당하는 행위를 한 경우

③ **등록증의 반납** : 매수신청 대리인의 등록취소처분을 받은 개업공인중개사는 처분을 받은 **날로부터 "7일 이내"에 관할 "지방법원장"**에게 그 등록증을 반납하여야 한다. 「공인중개사의 업무 및 부동산거래신고에 관한 법률」의 규정에 따라 중개사무소의 개설등록이 취소된 경우로서 개인인 개업공인중개사가 사망한 경우에는 그 개업공인중개사와 세대를 같이 하고 있는 자, 법인인 개업공인중개사가 해산한 경우에는 당해 법인의 대표자 또는 임원이었던 자가 등록취소처분을 받은 날로부터 7일 이내에 그 등록증을 관할 지방법원장에게 반납하여야 한다.

④ **표시**(제거)**의무** : 개업공인중개사는 매수신청대리인 "등록이 취소"된 때에는 사무실 내·외부에 매수신청 대리업무에 관한 표시 등을 '제거'하여야 하며, "업무정지처분"을 받은 때에는 업무정지사실을 당해 중개사사무소의 출입문에 '표시'하여야 한다.

⑵ **업무정지** - 업무정지기간은 "1월 이상 2년 이하"로 한다.

---

1. 절대적(필요적) 업무정지사유(휴·정)

   "지방법원장"은 개업공인중개사(이 경우 분사무소를 포함한다)가 다음의 어느 하나에 해당하는 경우에는 그 기간 동안 매수신청대리 '업무를 정지하는 처분을 하여야' 한다.

   ① 「공인중개사의 업무 및 부동산거래신고에 관한 법률」상의 규정에 따라 중개사무소를 **휴업**하였을 경우

   ② 「공인중개사의 업무 및 부동산거래신고에 관한 법률」상의 규정에 위반하여 공인중개사 자격을 **정지**당한 경우

   ③ 「공인중개사의 업무 및 부동산거래신고에 관한 법률」상의 규정에 위반하여 업무의 **정지**를 당한 경우

   ④ 지도·감독상의 명령 등의 의무위반을 제외한 임의적 등록취소사유 중 어느 하나에 해당하는 경우

2. 임의적(재량적) 업무정지사유(방·게·인·사·명·휘)

   "지방법원장"은 매수신청대리인 등록을 한 개업공인중개사(이 경우 분사무소를 포함한다)가 다음의 어느 하나에 해당하는 경우에는 기간을 정하여 매수신청대리업무의 정지를 '명할 수' 있다. 다만, 업무정지처분 전에 의견진술의 기회를 주어야 한다.

   ① 「민사집행법」 제108조 제1호 내지 제3호 가운데 어느 하나에 해당하는 경우, 즉 다른 사람의 매수신청을 방해한 경우, 부당하게 다른 사람과 담합하거나 그 밖에 매각의 적정한 실시를 **방해**한 경우, 이들을 교사한 경우

   ② 매수신청대리의 등록증 등을 **게시**하지 아니한 경우

   ③ 사건카드작성, 매수신청대리 대상물의 확인설명서 작성, 수수료 영수증의 작성시 등록한 **인장**을 사용하지 아니한 경우

   ④ **사무소** 이전 등의 신고를 하지 아니한 경우

   ⑤ 감독상의 명령이나 중개사무소의 출입·조사 또는 검사에 대하여 기피, 거부 또는 방해하거나 거짓으로 보고 또는 자료제출을 한 경우(이 사유는 임의적 등록취소사유이나, 등록이 취소되지 아니한 경우에는 여기에서 업무정지 처분을 받을 수 있다)

   ⑥ 사무소의 명칭이나 간판에 "법원"의 **명칭이나 휘장 등을 표시**하였을 경우(법원행정처장이 인정하는 특별한 경우는 제외)

   ⑦ 그 밖에 이 규칙에 따른 명령이나 처분에 위반한 경우

핵심다지기

대법원예규(보수)

1. 상담 및 권리분석 보수
   ① 50만원의 범위 안에서 당사자의 합의에 의하여 결정한다.
   ② 주의사항
      - 4개 부동산 이상의 일괄매각의 경우에는 3개를 초과하는 것부터 1부동산당 5만원의 범위 안에서 상한선을 증액할 수 있다(예를 들어, 5개 부동산의 일괄매각의 경우 3개를 초과하는 2개 때문에 60만원까지로 수수료의 상한선 범위가 증액될 수 있음)
      - 개별매각의 여러 물건을 함께 분석하는 경우에는 1부동산당 5만원의 범위 안에서 상한선을 증액할 수 있다.

2. 매수신청대리 보수
   ① 매각허가결정이 확정되어 매수인으로 된 경우 : 감정가의 1% 이하 또는 최저매각가격의 1.5% 이하의 범위 안에서 당사자의 합의에 의하여 결정한다.
   ② 최고가매수신고인 또는 매수인으로 되지 못한 경우 : 50만원의 범위 안에서 당사자의 합의에 의하여 결정한다.

3. 실 비
   ① 30만원의 범위 안에서 당사자의 합의에 의하여 결정한다.
   ② 주의사항
      - 실비는 매수신청대리와 관련하여 발생하는 특별한 비용(원거리 출장비, 원거리 교통비 등)으로써 개업공인중개사는 이에 관한 영수증 등을 첨부하여 청구하여야 한다.
      - 매수신청대리와 관련하여 발생하는 통상의 비용(등기부등본 비용, 근거리 교통비 등)은 위 수수료에 당연히 포함된 것으로 보고 별도로 청구하지 않는다.

이상기

주요 약력
공인중개사 자격취득
공인중개사 강의경력 27년
현직 행정사(8회 합격) 사무소 운영

방송강의
한국경제tv
한국직업방송
RTN부동산TV

학원강의
전 랜드스쿨, 한국법학원, 공인모, 박문각 고시학원 등 다수학원 강의
현 강남박문각고시학원 공인중개사법 교수
현 에듀윌 행정사 교수
현 종로박문각 행정사 교수

2023 박문각 공인중개사
이상기 필수서 ②차 공인중개사법·중개실무

초판인쇄 | 2023. 1. 5. **초판발행** | 2023. 1. 10. **편저** | 이상기 편저
발행인 | 박 용 **발행처** | (주)박문각출판 **등록** | 2015년 4월 29일 제2015-000104호
주소 | 06654 서울시 서초구 효령로 283 서경빌딩 4층 **팩스** | (02)584-2927
전화 | 교재 주문 (02)6466-7202, 동영상문의 (02)6466-7201

저자와의
협의하에
인지생략

정가 20,000원
ISBN 979-11-6987-097-9